新时代高校体育教学与训练研究

胡　超　李哲铭　杨瑞帆　著

哈尔滨出版社
HARBIN PUBLISHING HOUSE

图书在版编目（CIP）数据

新时代高校体育教学与训练研究 / 胡超, 李哲铭, 杨瑞帆著. -- 哈尔滨 : 哈尔滨出版社, 2022.6
ISBN 978-7-5484-6567-6

Ⅰ. ①新… Ⅱ. ①胡… ②李… ③杨… Ⅲ. ①体育教学-教学研究-高等学校 Ⅳ. ①G807.4

中国版本图书馆CIP数据核字(2022)第100240号

书　　名：新时代高校体育教学与训练研究
XINSHIDAI GAOXIAO TIYU JIAOXUE YU XUNLIAN YANJIU

作　　者：胡　超　李哲铭　杨瑞帆　著
责任编辑：韩金华
封面设计：舒小波

出版发行：哈尔滨出版社（Harbin Publishing House）
社　　址：哈尔滨市香坊区泰山路82-9号　　邮编：150090
经　　销：全国新华书店
印　　刷：北京宝莲鸿图科技有限公司
网　　址：www.hrbcbs.com
E-mail：hrbcbs@yeah.net
编辑版权热线：（0451）87900271　87900272
销售热线：（0451）87900201　87900203

开　　本：787mm×1092mm　1/16　印张：10.25　字数：248千字
版　　次：2022年6月第1版
印　　次：2022年6月第1次印刷
书　　号：ISBN 978-7-5484-6567-6
定　　价：68.00元

Preface 前言

新时代要求高等院校进行素质教学、素质训练，就目前的形势来看，高等院校体育教学与训练要求适应社会的发展与体育事业的发展需要，在教学与训练的过程中就必须克服传统封闭办学的种种弊端，实现教育体系与体育体系的充分结合。通过教学与训练的相互融合、相互渗透，摒弃长期以来形成的弊端。

对于高校学生而言，其整体素质并不高，大部分学生不具备良好的学习习惯，同时以自我为中心所占比重较高。再者学生缺乏自制力，缺少学习兴趣。在此情况下，教学与管理工作难度较大，甚至部分学生还出现了违法乱纪的问题。但通过调查可知，高校学生对体育课程的兴趣浓厚，在各种运动训练或比赛中，均自觉、主动地表现自我。同时对相关内容的学习与训练具有较强的积极性，在日常教学与训练中，渴望得到相应的指导与培养。

在体育教学与训练实践中应结合高校学生的特点，坚持因地制宜、因材施教的原则。并且要保证各项工作的科学性、实效性与合理性。通过系统体育教学与训练模式的构建，将吸引学生的注意力，同时也能够激发其学习与受训的热情。

在体育教学实践中，教师应注重自身语言的运用，其中包括口头语言与肢体语言两种。通过与学生的沟通与交流，以此掌握其身心状况。对于高校学生来说，其文化基础较为薄弱，教师在讲解相关理论知识时，应考虑学生的接收能力。如果讲解过于深奥，则会增加学生的理解难度。长久以往，其学习兴趣将不断减弱。因此，教学中教师应利用丰富、生动的语言，营造愉悦、轻松的教学氛围，并对学生进行及时与有效指导。

例如课前引导环节，教师应利用抑扬顿挫的语调、简明扼要的语言，让学生了解教学目标与教学内容。同时借助肢体语言，不仅能够吸引学生的注意力，还能够保证课前引导的丰富性与生动性。在教学中教师利用形象的口头语言与优美的肢体语言，还可以为学生创设不同的情景。将情景教学法应用教学之中，易于培养学生的综合能力，如思维力、想象力等，进而利于教学目标的达成，改进教学模式。目前，高校体育的课程设置缺乏活力，难以激发学生的学习热情与兴趣，大部分学生在课堂上处于睡觉、聊天、玩游戏等状态。为了改变此情况，高等院校应注重自身课程设置的调整与改进。通过调查，了解当前学生的兴趣爱好，将其与教学活动有机结合，并且要保证教学形式的丰富性与多样性。同时，在教学过程中，教师应提前了解教材内容。通过备课，保证各内容的有效衔接与科学安排。实际实施时，应注重教学的趣味性、竞争性与合作性。例如在讲解足球相关内容时，教师可将著名足球明星融合教学，如马拉多纳、梅西等。通过对相关明星体育知识与内容的讲解，不仅可以拓宽学生的知识面，还能够保证教学工作的有序开展。同时，在教学中也应融合其他内容，如音乐、绘画、教学视频等。此时利于打造活泼、愉悦的教学环境，进而利于教学目标的达成。

高校体育教学方法创新是必要的，为了保证教法的有效性，教师应具备完整的知识体系。在此基础上，结合教学实践。此时的教学方法创新，不仅可以引导学生主动学习，还可以拓宽其思维，并使其具有创新精神。体育教学与训练之间是有差别的，也是相互联系的，只有将二者牢牢地结合起来，才能更好地服务于学生的综合水平提高。《新时代高校体育教学与训练研究》根据对体育教学与训练的探讨，阐述了体育教学与训练的一些内容、目前状态、对策与创新。希望能提高对体育教学与训练的认识，为体育教学与训练提供参考。

本书由中国人民解放军空军预警学院的胡超、李哲铭、杨瑞帆共同创作完成。

作者
2022.4

Contents 目录

第一章　新时代背景下体育教学与训练的必要性

第一节　高校体育教学与训练的现状

一、高校体育教学理论的定位

高校体育理论的定位就是要寻找一个高校体育理论的参照系，寻找话语的起点，那么就把这个参照系和话语的起点叫做高校体育理论的定位。它涉及三个基本问题：第一、理论的基础；第二、评价的标准；第三、最终的目的。个人素养的培养和社会赋予高校体育的职责是素质教育的体现，是高校体育发展的方向。高校体育理论涉及两个层面：一个是个人素养；另一个是社会要求。

（一）个人素养

各门学科对素质的解释不同，但有一点是共同的，那就是素质要以人的生理和心理实际作基础，以其自然属性为基本前提的。也就是说，个体生理的、心理的成熟水平的不同决定着个体素质的差异。因此，对人的素质的理解要以人的身心组织结构及其质量水平为前提。人的素质包括身体素质、心理素质和文化素质。体育素质包括身体素质、心理素质和体育文化素质。

后天环境对人的素养起着决定性的影响，高校教育的影响更是举足轻重。在学科教育中，各学科都共同承担着提高学生素养的任务，而各学科又在素养教育中发挥着自己独特的作用。高校体育教育的价值体现在可以通过体育的文化思想和精神提升学生的精神生活，培养既有健康体魄又有健全人格，有明确的生活目标、高雅审美情趣、又懂得健康生活的人。掌握体育科学文化知识，提高体育的技能，培养体育素质，养成自觉参加体育锻炼的习惯，逐步形成体育的综合能力。高校体育理论培养大学生个人的素养主要包括：体育精神、体育知识、体育技能、体育操守、体育审美。

1. 体育精神

体育精神是指在体育教育过程中对人格气质和精神修养的启迪和影响，是高校体育理论高层次的目标。体育精神一方面是精神，一方面是精髓。作为一种具有能动作用意识的外在表现，是体育行为的动力源泉，是一种心理资源。作为一种规范，它应具体表现为体育精神面貌、体育精神风范、体育心态、体育期望等。高校体育理论围绕着体育精神，培养学生的拼搏进取精神、公平竞争精神、集体主义精神、遵纪守法精神、艰苦奋斗精神、创新求实精神。体育精神是一个浓缩了人类思想作用于体育文化精华而抽象的产物。

体育精神是体育文化的重要组成部分，具体表现为：

体育精神是一种竞赛精神，追求公平、公正、平等、自由的精神，自我挑战的精神和公平竞争的精神，是构建当代人类自我完善和社会交往的基石。

体育精神是一种生活态度，强调通过自我锻炼、自我参与而拥有健康的体魄、乐观情趣和对美好生活的热爱与追求。这种乐观的生活态度是我们拥有自信和战胜一切困难的动力。

体育精神是一种人生哲学，体育精神是将身心和精神方面的各种品质均衡地结合起来，使其和谐完美的发展，使人的潜能和美德得以开发与提升，使人的精神与心灵得到提高的一种人生哲学。

体育精神是一种现代伦理精神，追求和谐、自由、健康、积极，倡导人类的文明与优良秩序，是对人类优良道德与伦理的继承和发扬。

2. 体育知识

知识是对事实或思想的一套有系统的阐述、提出合理的判断或者经验性的结果，他通过某种交流手段、以某种系统的方式传播给其他人。

马克卢普在《美国知识生产分配》一书中认为，“根据已认识的事务所工作的客观解释，比不上根据认识者对已认识事物的含义所作的主观解释（即：谁认识、为什么认识和认识的目的）那样令人满意。”然后，马克卢普用“已认识的事物对认识者的主观含义作为标准”，区分了五种类型的知识：

实用知识：对一个人的工作、决策和行动有用的知识。

学术知识：满足一个人在学术方面的好奇心，是自由派教育、人文主义和科学知识、以及一般文化的一部分；总是积极集中力量于评价现有问题和文化价值观之后得到的知识。

闲谈和消遣知识：满足一个人在非学术方面的好奇心，或者满足他对轻松娱乐和感观自己方面的欲望的知识。

精神知识：个别或群体主动信仰，可以控制自己行为的知识。

不需要的知识：他不是一个人的兴趣所在，通常是偶然得到、无目的地保留下来的知识。

体育知识是人的意识对体育运动规律的正确反映，是人支配身体合理有效从事体育运动的心理基础，是合理健康运动的保障。因此体育知识教学是高校体育教学的重要组成部分。

目前我国普通高校就如何进行体育知识教学，使其在培养学生体育技能、锻炼习惯和增进学生健康过程中发挥作用的问题上颇有争议。有些学校认为目前大学生体育知识贫乏。上理论课不仅可以弥补这一缺陷，还可以改变高校体育教学的形象，使其有别于中小学体育，因此大幅度提高理论课时数的比例。有些人认为高校连年“扩招”，体育场地无法满足教学需要。因此提出要多上理论课，以减轻体育场地的压力；更多的学校因条件所限及对体育知识教学的规律缺乏认识、教学方式陈旧老套致使整个体育教学未能达到应有的效果。

3. 体育技能

通过练习获得的能够完成一定任务的动作系统。技能按其熟练程度可分为初级技能和技巧性技能。初级技能只表示“会做”某件事，而未达到熟练的程度。初级技能如果经过有目的、有组织的反复练习，动作就会趋向自动化，而达到技巧性技能阶段。这些技能必须有坚实的理论作为依据。

体育技能是学生通过学习所能完成的一系列体育动作，通过反复练习而固定下来的自动化的、完美化的、创造化的动作体系。因此它具备一定的定式和变式，不同的运动项目要求掌握不同的体育技能。

掌握体育技能一般有以下三个主要阶段：

掌握局部动作，此阶段为单个动作控制细节，成绩起伏较大，常常把自己的习惯动作掺杂进来，容易发生错误动作，动作呆板不协调。此阶段不容易产生兴趣，出现厌学现象。

动作交替阶段，此阶段为单个动作基本掌握，但连贯起来容易出现停顿，动作结合不紧密，运动成绩平平，在练习过程中能够发现的错误。此阶段不能急于求成，急于求成会养成错误的习惯。

动作协调完善阶段，此阶段为技能发展的最后阶段，相对稳定。体育技能基本掌握，应反复练习灵活运用，各动作相互协调，提高难度。此阶段会提高兴趣，动作技能快速提高。

4.体育操守

操守是指人的品德和气节，它是为人处世的根本，在人们的社会生活中有着重要作用。主要体现为行为自律，自我约束自己，是一种社会舆论的指向。

体育操守是在体育行为中表现出的教养，一般是指个体在体育运动中，为了培养高尚的品德所进行的自我锻炼、自我教育、自我陶冶的功夫及其所达到的公德水平和精神境界。高校体育操守最直接的目的就是使大学生按照运动竞赛的规则、社会道德的要求，通过积极的自我教育、自我反省，不断提高自身的道德认识和选择能力，不断克服自身的不道德意识与不良行为，从而形成较高的个体道德品质和文化修养。

高校体育理论不仅仅定向于知识层面、技能层面和精神层面，还定向于在课程与训练中对人格、道德和行为规范的训练。尽管对这种操守的教育在其他学科都有所体现，高校体育不是直接作为高校的德育教育，但是它孕育、渗透在整个高校体育理论教学教育的过程当中。体育操守对大学生而言既要有崇高的理想作为个人修养的目标，又要把握教养的具体要求，是自己逐渐达到更高的文化素养境界，这个过程需要个体在体育运动中循序渐进、逐步提高。从大学生的课堂行为入手，着重培养学生在学习与掌握运动技能时的自觉与善学行为、练习时主动、乐学与磨练意志的行为、竞赛道德与礼节行为，并扩展到社会道德、健康行为，形成良好的行为习惯，从而提高个人行为素养，包括规范课堂教学行为、学习行为、技能行为、竞赛行为、交往行为和礼节行为。

5.体育审美

美是人类社会实践的产物，是人类积极生活的显现，是客观事物在人们心目中引起的愉悦的情感。审美观从审美的角度看世界，是世界观的组成部分。审美观是在人类的社会实践中形成的，和政治、道德等其他意识形态有密切的关系。不同的时代、不同的文化和不同社会集团的人具有不同的审美观。审美观具有时代性、民族性、人类共同性，在阶级社会具有阶级性。

体育审美是可体、可感、可观、可闻的形象属性，否则就无法进入人类的审美领域。不论是艺术美和自然美，还是体育美都是具体的感性存在，成为主体直接把握的对象。体育中人体动作的形态就是这种对象的存在，就是美的内容与形式相结合的美的形象。

我们之所以把审美列入体育素养的要求，那是因为体育中的技术动作、技战术的运用蕴含着无限的美。任何事物发展到最高阶段都会激发人们从审美的角度去欣赏、去赞美。在现实的高校体育中，广大学生已从以往的关注他人美，到现实的体育运动中的自我感受美、追求美、实现美，并把自己的这种审美意识迁移到生活和学习的专业领域。在不断拓宽审美视角的基础上，提高审美能力和审美品位，这也是高校体育素养中要明确的、要培养的目的和任务。

（二）社会要求

1.自然化

自然化是指将文化与历史的东西作为自然的东西进行表述的过程，自然化是一种意识形态话语的分辨特征。自然化的意识形态生成力体现为社会、历史、经济与文化所限定的（因而是可以改变的）情景与意义被当作自然而然的东西。也就是说不可避免的、永恒的、普适的、遗传的（因而也是不容争辩的）东西而成为某种“经验”。

自然化表现在形态自然与心理自然，这些因素都受遗传因素的影响；同时也表现为自然流露等自然状态，包括自然地站立行、跑与跳、情感和运动感知的自然化。

高校体育理论的自然化是一种学生个体内在的心理、生理、生态的自然需求和表达，也是一种高校体育理论知识通过理论和实践相结合的方式符合教学规律的教学过程。不同的运动项目能够培养出不同的身体素质和心理品质，从中得到情趣的体会和个性的补偿。人们还根据各自的目标和现状来选择相应的活动方式，使其个性得到补充发展，全面实现自己的社会价值。

自然化表现在：

遗传因素的影响，决定了体育项目的选择，同时也应有效地利用体育锻炼来改善和提高一些先天的身体与心理问题。

年龄与性别的影响，决定了阶段体育的任务和强度、发展方向和最终目标的自然性。

体育活动的自然回归，原始的自然的动作加以深入强化，完善日常生活和工作的需要。

2.社会化

社会化就是由自然人到社会人的转变过程，每个人必须经过社会化才能使外在于自己的社会行为规范、准则内化为自己的行为标准。这是社会交往的基础，并且社会化是人类特有的行为，是只有在人类社会中才能实现的。

社会化表现为一种生活方式，如何把体育活动融入到生活中，成为社会生活的一部分，养成良好的生活习惯、健康的生活方式，积极地促进社会体育的发展，达到全民健身的目的。

现代生活方式节奏的加快、压力的加大、生活圈子的缩小，常常使得我们感到空虚和压抑。而各种体育俱乐部和协会为我们提供了人际交往的渠道和场所，更为我们的健康、情趣、交往、形体美提供了有力的平台。大学生可以在业余的时间里按照各自的喜好与兴趣，打破地域、身份、专业的限制走到一起相互交往、相互合作，寻求乐趣和情感的欲望。

对当今社会活动与大学生生活方式进行分析，对变化的生活方式辩证地理解，分析利弊。

健康行为不仅仅是一次爬山、一次竞赛，而是持续的生活方式。对健康的生活方式加以认识，积极主动地养成良好的生活习惯。

3.体育化

体育化是通过体育运动来改善人体的机能、调剂生活、愉悦身心，体育更是一种美的追求。体育化表现为身心调适，能够满足人们对自身形体美的追求，因为人体美的诸多因素都和体育运动有着密切的关系。人们通过电视、网络了解信息、学习知识、丰富生活填补心理的空间。体育不仅是一种时尚，并且已经深入每个家庭，成为人们日常生活不可缺少的内容。

通过体育知识掌握与运用来调节身心。

把体育知识融合到体育实践当中去，用知识指导实践，强化技术运用；使其产生兴趣，懂得欣赏，体会体育带给我们的乐趣。

二、体育运动训练的原则

（一）“专项”原则

“专项”原则是指运动员在进行运动训练时，针对某一种特定的运动项目进行专一的、反复的练习的一种训练原则。这种原则的特点就是让运动员对于运动训练有着强烈的明确的目的性、专业性及高效性。它的优势则是能够在提高学生专业运动技能的同时，使他们能够更加认真且专业地从事这种体育活动。

（二）“一般”原则

“一般”原则是指教练员在对运动员们进行运动训练时，让他们学习更多的运动项目。这种原则的训练方式最主要的就是强身健体。因而任何人都可以在学习运动项目时选择这种大范围的训练方式。它没有门槛，只要想学并且只是想要强身健体，那么就可以利用这种训练原则。但是这种训练原则是没有办法让专业的运动员提升自身的专业运动技能的，因此教练员在对专业的运动员进行运动训练时应用这种训练原则是行不通的。由此可见，要想运动员真正意义上提高他们的专业运动技能，就应该将“专项”原则和“一般”原则结合在一起，同时运用这两种训练原则。只有这样才能让运动员们真正地提高专业运动技能，并且还能在进行“一般”原则的情况下拓展他们对于其他运动项目的爱好，从而为他们以后的运动专业训练奠定基础。

（三）区别对待原则

每个运动员的身体素质都是不一样的，有些身体素质好能够承受的训练就比较大；有些身体素质差能承受的运动训练程度就比较小。因此体育教练员在对运动员进行运动训练的时候，要根据运动员的实际身体素质来制定运动训练目标。比如身体素质较好的运动员，就可以将他的体育训练运动量相应合理的加大；而对于身体素质较差的运动员，则要针对他的实际承受能力将运动训练量控制在一定的范围内。如果说体育教练员在进行运动训练时只一味地追求人人平等的话，那么就会使身体素质较差的人无法承受。更甚者会导致他们的身体机能被损坏，从而严重地影响到他们的正常生活。

三、高校体育开展拓展训练课程教学的科学理论基础

实践过程是拓展训练的重要环节，它直接影响到拓展训练的效果。同时，理论知识在整个拓展训练过程中也具有重要的引导作用，不容忽视。无论在课程设计、项目实施中，都会运用到相关学科的知识，诸如体育学、心理学、管理学等方面的理论。同时，这些知识对于拓展训练本身的理论构建与研究也同样重要。从七个学科探讨高校开展拓展训练的理论基础问题（如图 1-1）。

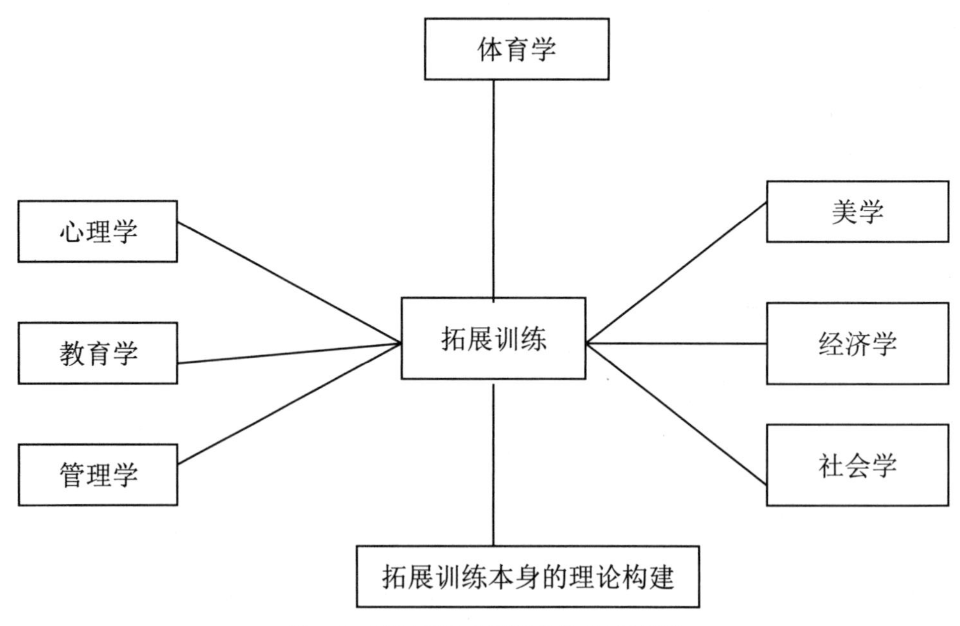

图 1-1　高校开展拓展训练的学科理论基础

（一）体育学理论基础

体育课教学有其自身的规律和特点，根据这些规律和特点而制定相应的教学任务、目标、组织形式以及实施方案。高校体育引入拓展训练课程，必须把两者的特点和规律进行整合分析。特别是在教学目标、运用原理、方法手段等方面进行比较分析，制订适合高校体育开展的拓展训练课程教学计划。在具体实施上，拓展训练的开展同体育课教学一样，受教学任务、内容、学生特点等因素制约，其发展变化反映社会变革发展对人才要求的不断完善。拓展训练是一种以身体活动为载体的全新教育模式，其目的是在促进学生身心全面发展的基础上，培养学生顽强的意志品质和稳定的心理素质，以提高环境适应能力。这与体育教学的目的不谋而合，也可以说拓展训练其实就是体育功能的社会体现和纵向延伸。拓展训练和体育教学采用的都是体验式教学，拓展训练借助场地设施，设计有针对性的模拟场景，通过拓展项目的实施让学生发现自我、认识自我、提升自我。同时，通过项目体验带来的不同刺激促进学生形成稳定健康的心理素质，并得到一种高峰体验。这种原理和途径与体育教学的模仿和竞赛很相似。由此可见，拓展训练与体育教学在特点、教学目的以及所运用的原理和途径上存在众多相同之处。体育学理论知识为拓展训练课程教学提供了良好的借鉴和引导。

总之，体育学理论在高校体育开展拓展训练课程教学的理论构建中具有极其重要的地位和作用。体育学是从整体上认识体育全过程的一般规律，抽象地反映出体育的主要特征，准确解释其本质的一门学科。体育学的知识体系在拓展训练课程教学中的大胆运用，使拓展训练本身显得更加充实，这也为拓展训练提供了持续发展的动力。同时，体育学也以拓展训练为学习载体，将其理论变得更加丰富、直观、有趣，使学习者有更多的机会在暗含其理论的活动中体验和感悟，在活动后巩固那些终生难忘的知识。

（二）心理学理论基础

1. 拓展训练的心理学内涵

拓展训练的个人项目和团体项目通过情景设计和体验式教学，使学生在思想上发现自我认识自我、提升自我，培养学生积极的心理素质、良好的社会适应、优秀的创造思维，从而使学生面临困难和挑战时用积极的人生态度挖掘自身的潜力去寻求解决问题的方法，进而获得成功。这种学习形式符合韦纳的归因理论，即把成功与失败归结为何种因素，对情感认知和工作学习有着重要的影响。拓展训练所依据的心理学原理还有迁移理论和认知理论。分享回顾是拓展训练的环节，学生能挖掘到拓展项目与自身学习生活间的相同之处，并通过分享回顾相互交流和吸收彼此的成功体验，这就大大拓宽了经验有效迁移的范围。拓展训练是一种体验式学习模式，其学习流程是：体验、感受、分享、总结、应用。它改变了传统教学中以教师为主学生为辅的教学模式，教学内容都由学生亲自去体验，充分尊重学生的主体地位和积极性。教师在实施过程中做必要的讲解和引导，让学生在体验学习的过程中形成认知结构，通过顿悟和理解获得心理体验，这符合心理学的认知理论。

2. 拓展训练的心理学意义

从拓展训练教学过程来看，它能对学生的身心产生较为全面的复合教育功能。在实现拓展训练目标的过程中，通过知识、技能的学习，促进了学生心理的健康发展。并且，通过拓展教师的引导示范、场地设施的布置等非语言行为，可以潜移默化地培养学生良好的兴趣、稳定的情绪和坚强的意志品质，促进学生非智力因素的发展。由于拓展训练的特殊性，与学生直接接触，且距离近、交流时间长，加上拓展教师的关心、鼓励、信任、赞赏，将大大增强学生的沟通、交际能力，加快学生的社会化进程。

可以说，心理学是拓展训练对个体发展影响研究的基础。拓展训练的项目本身是大学生学习知识和完善自我的一个载体，因此不仅要注重参与拓展训练时的心理感受，同时还要关注参与者真实的心理反应。高校体育拓展训练是符合现代人和现代组织的一种全新的体验式学习，所依据的理论基础是：归因理论、迁移理论和学习的认知理论。它成功地吸取了其中可以运用的部分，并在实践中进行了发展，而不是一味地沿袭守旧。

（三）教育学理论基础

1. 教育学是拓展训练

教育价值观的依据在某些具体的问题上，拓展训练作为一种突破传统教育思想和模式要求的全新学习与教育方式，受到了人们的广泛关注与肯定，但它本身仍然符合一些传统教育的规律。教育学的观点认为个体的主观能动性是其身心发展的动力，从个体发展的各种可能变为现实这一意义上来讲，个体的活动是个体发展的决定性因素。拓展训练设计的场景与环境，是将生活中的许多可能遇到又可能发生的问题在时间与空间上进行合理地控制，给学生一个新奇、有趣、觉得有能力完成，但又需付出努力的过程。而且这种努力需要合理的个体与团队行动方式才可完成，这就引起了学生心理上的需求，促成了学生心理的矛盾运动，成为学生心理发展的动力，推动学生的心理发展。这种状态能最大限度地调动学生的主观能动性，会使学生朝着积极的方向努力，求得解决问题的办法，从而达到发展的目的。

2. 拓展训练能够在学习中实现多方面的互动性

拓展训练的许多项目是在拓展教师与学生的共同交流与互动中进行的。由于情景的设置，这种互动包括学生与当时情景的互动、学生内心矛盾产生、斗争、决断的心理互动、学生与训练器械的互动、学生与学生的互动、学生与拓展教师的互动。同时，拓展训练能够通过学生在项目中的表现，通过相互观察、自我观察他们的一言一行、一举一动，然后反思自己存在的问题。这种“行动—观察—反思”的学习模式，能够使自己得到一个“螺旋式”的提高，更有助于学习动力的保持，也有助于自我的检查与提高。在拓展训练的这种“互动式”的学习中，“互动”不仅有外显的互动，如师生、学生之间的互动，而且更多的是内在的互动，如学生自我的心理互动、与情景的互动。

总之，教育学是以教育事实为根据、以规律为对象，以规范、控制和改变对象为任务。教育学的功能表现为教育理论对人的思想品德教育方面的作用，特别是要充分地考虑教育现象的特殊性。高校体育开展拓展训练的过程中，其内容含有丰富的教育因素，在向大学生提供系统科学理论的同时，以一定的思想观点给其以影响。教育学的教育性是独特的，而这正符合当代大学生的特点，这种独特性通过教育理论为中介，帮助大学生确立正确的教育观念和道德观念。这一过程是学习和掌握教育理论的过程，也就是大学生学会辩证地、科学地思考过程，是辩证思维积极活动和得到锻炼的过程。通过学习，掌握了教育的概念体系，也就促进了教育理论思维的发展，从而能用教育的眼光看待高校体育开展拓展训练课程教学的理论和实践。

（四）管理学理论基础

1. 管理学是拓展训练内涵的重要体现

管理是人类各种活动中最重要的活动之一。自从人们开始组成群体来实现个人无法达到的目标以来，管理组织工作就成为协调个体努力必不可少的因素。在拓展训练课程里，会有诸如管理的层级问题、管理者的角色问题。比如“孤岛求生”就将“盲人岛”的角色和任务定义为基层管理者，“哑人岛”的角色和任务定义为中层管理者，“珍珠岛”的角色和任务定义为高级管理者。同样，不同层次的学生在完成项目时会有不同的工作重点，各自也将担负不同职责。高级管理者负责全局的发展与制定长期决策；中层管理者负责执行与实施决策，同时需要起到桥梁和纽带的作用，做好上传下达、上接下连的工作；基层人员工作需要积极主动、努力而有效地完成具体的工作。

由此可见，拓展训练的实施与开展，一刻也离不开严格的组织管理，是管理学原理的最好体现。

2. 管理理论贯穿于拓展训练的全过程

关于管理环境，关于计划的制订，关于组织、领导、控制等理论在拓展训练中时时被提起、环环都运用。在管理学中“沟通”是其中的一个重要章节。在拓展训练中，沟通是许多项目中都需要的。此外还专门有针对沟通设计的项目，用以解决沟通对完成任务的重要性的了解。

总之，在拓展训练课程教学中，管理理论知识能帮助大学生抓住问题实质，认识事物发展方向，使大学生逐步形成比较科学的管理风格。管理学以一般组织的管理为研究对象，探讨和研究管理的基本概念、原理、理论和方法。在管理和领导理论引导下，大学生可以根据自己的兴趣、气质、性格、职业期望和倾向等，采取科学、系统、有效的方法和步骤完成拓展训练目标。从本质上讲，管理学的理论和原理在拓展训练课程教学中的运用，不仅使大学生理解了许多重要的管理学概念、方法和理论，领会到了管理学的思想和核心，也提高了学生的综合素质，提高了学生的系统分析能力、决策能力和组织协调能力，增强了学生的创新精神、合作精神等。对于当代大学生走向社会有较大的帮助，这正是拓展训练课程在高校体育开展的目的之所在。

（五）生物学理论基础

1. 人体机能适应性规律

从生物学角度看，适应一词系指使有机体在他们特定生活环境条件下获得生存下去的解剖、生理和行为的特质。适应性原来的基本含义则是：生物必须生存在与之相适合的一定的环境中。当环境发生变化而影响生物的生存，生物则将在形态机能上和行为方式上作出调整，以顺应变化了的环境。

现代社会的变化尤为剧烈和复杂，组织和个体的适应能力及应变能力将决定其生存和发展。在拓展训练项目安排中选择了“对答如流”“雨点变奏曲”“快指”等项目，对学生进行针对性的训练，并提醒学生注意改变不良的习惯和惰性；锻炼学生根据事物的发展变化，随时随地审时度势及时作出机智果断应变的能力。

2. 人体生理活动变化规律

人的生理活动是人的其他活动的前提，人的生理活动的正常进行，是人的生命存在和社会存在的标志。只要有人的正常的生理活动的存在，人的精神活动、人对世界包括对自身的一系列活动才有可能正常地进行和发展。

拓展训练是使人在个体生长发育的可塑性范围内与发展的可能性中，通过积极的、有意识的情境设计，实现个体协调、合理的发展。同时，人体生理活动变化规律作为拓展训练的生物学原则，不仅限定了拓展训练的基本活动方式必然是身体活动，也规定了“身体力行”的进行自我体育实践是体育运动的内在要求；并且决定了为有效地对个体不同部分、不同属性、不同层次产生积极的运动效应，应形成和构建丰富多彩的拓展训练形式和运动方法。

（六）社会学理论基础

1. 拓展训练与人的社会化

人的社会化是指生活在社会中的个人，在从生物人到社会人的成长和发展过程中，接受社会文化和规范，使自己逐步适应社会生活、取得社会成员的资格并形成独特自我发展和完善的过程。人的社会化是一个复杂的教化过程，一个社会成员或群体是否实现社会化，不仅关系到他们自身的生存与发展，同时也关系到社会的稳定与进步。因此，人的社会化程度，在一定意义上说，是反映社会发展、文明与进步的标志。拓展训练是一种走向社会、融入大自然的健身运动。参加拓展训练的人群以健身为媒介，可以直接交流沟通，提高人的社交与处事能力，以及搜集信息的能力。

总之，人的社会化对个体、对社会都有着重要而深远的意义。通过拓展训练活动实现人的社会化是一种生活化的自然演进的过程。社会化的最终标志是使个体适应社会的制度规范和道德规范，让我们把这种规范化为拓展训练活动过程中的各种生活化的自然演进的因素，促进人的社会化，提高人的社会职能。

2. 拓展训练与社会角色

社会角色是有着特定的权利、义务和行为规范的人。对个体来讲，角色决定了被他人所预期的行为。并且，它还是自我感觉的主要来源；角色使个体拥有某些经历，而这些经历将有可能影响到其后的态度、情感和行为。人总是以不同的角色来适应社会，按照社会对不同的角色要求来支配自己的行为。自主性的拓展训练是进行角色扮演与表现自我的最愉快的场所。因为拓展训练能够在轻松愉快的环境中，满足社会生活中的个体要求，为他们提供尝试社会角色的各种机会。在拓展训练中，通过扮演不同的社会角色，可有助于人们具体地感受社会生活，了解社会对不同角色的期待，理解角色的多样性和稳定性，锻炼扮演角色的技能，培养角色的心理习惯和社会角色感；有助于现实生活的角色扮演和接受社会、适应社会。

（七）经济学理论基础

1. 拓展训练与经济发展

经济是拓展训练行业发展的基础，经济发展水平从根本上制约着这一行业的发展水平。因此，全面建设小康社会而带来的经济发展会给拓展训练行业创造更多的发展机遇，这是不言而喻的。但这仅仅是问题的一个方面，在一定的条件下，影响往往是相互的。拓展训练行业的发展，也能对社会经济发展的各个方面发挥良好的促进作用。从一定意义上讲，参与拓展训练是一种休闲消费，要促进消费就要发展相应的消费产业。而拓展训练将以其特有而又鲜明的时代特性使休闲娱乐与休闲健身有机地结合为一体，促进人们的健康消费。它必将成为社会发展的新的经济增长点。

2. 研究拓展训练的经济学意义

拓展训练的方式是多种多样的，拓展训练所需要的产品和服务也是多种多样的。为满足拓展训练的多种需要，就提出了一个发展规模庞大、种类繁多的拓展训练产业的要求。而且，随着社会经济的发展，休闲需要的增多，拓展训练产业的规模将越来越大。这个新的经济增长点，最终必将成为整个社会经济的重要支柱产业。

总之，拓展训练能够促进消费、盘活经济、繁荣市场。同时，拓展训练的兴起又是建立在一定的经济基础之上的。也就是说，经济为拓展训练服务，拓展训练又促进经济发展。这种辩证关系，正是拓展训练的经济学意义之所在。

（八）美学理论基础

1. 拓展训练的美学内涵

美学是以对美的本质及其意义的研究为主题的学科。美是人的社会实践的产物，是人的本质的对象化，是真与善的内容同和谐的形式相统一的、丰富独特的、能引起人们的愉悦心情的生活形象。拓展训练作为一种全新的体验式学习方式，它通过人体各器官、各组织有机地运动、规范协调的身体动作，创造了平衡、对称、协调等运动美的形式。根据拓展训练项目的不同，人体各运动器官及整个形体的各种不同变化和一系列步行变换都属于动态性的造型，给人以生动、活跃、振奋、激动的情感体验。处于运动状态的形体或部位、瞬间静止不动的态势，这些都为审美提供自由的主体、自由的时间和空间，使主体有时间欣赏审美对象。

2.拓展训练的美学意义

拓展训练作为一种特有的社会文化现象，在某种意义上说，它正是希望通过自己的努力形成积极的人生态度，促进人格的完善与心理的健康，重新恢复并不断创造着人性的完整性。参加拓展训练活动，欣赏运动之美，人们可以从中吸取丰富的精神营养，感受到坚定刚毅、顽强拼搏、积极进取、勇往直前、不畏艰难、勇于挑战、团结协作等品德之美。从而引起心灵的震撼和共鸣，受到感情的熏陶，实现自我的升华。同时，拓展训练也并不是单纯的社会现象，更是一个意蕴深厚的文化范畴和美学命题。可以说，拓展训练，是美的载体、美的传播媒介；而美，又是拓展训练通向未来的航标。未来的拓展训练，是构成科学、文明、健康、美好生活的重要组成部分。从美学角度研究拓展训练，是为了在拓展训练中创造更多、更新的美。人的发展没有止境，社会生活的发展没有止境，人的审美需求没有止境，拓展训练所体现的运动之美，也就具有永恒的魅力。因此，研究拓展训练的美学意义，是拓展训练发展的需要，是人类文明发展到一个新阶段的象征。从美学的角度认识拓展训练，是鸟瞰拓展训练、丰富拓展训练理论的新方式。美学能帮助人们认识拓展训练，更好地理解、判断和洞察其实质，使之日臻完善和丰富。

总之，拓展训练课程教学体系的形成和发展，是吸收和采纳与之有关的其他众多学科的理论、知识、方法的过程。体育学、心理学、教育学、管理学、社会学、生物学、经济学、美学等学科从不同角度揭示了拓展训练课程的本质性问题，为高校体育开展拓展训练课程教学提供了科学的原则和依据，是拓展训练课程在高校体育开展的理论基础。

四、高校体育教学与训练现状分析

近年来，我国人民生活水平有了一定提升，部分地区已经实现了小康社会。党的十六大指出，全面建设小康社会，发展社会主义文化的同时，也要注重体育事业的发展，从而全面提升全民健康水平。基于此，体育事业的发展受到了全民的重视。我国各大高校为迎合体育事业的发展，纷纷开设了体育专业。借助体育运动以及体育训练，学生能够掌握基础的体育原理以及训练方法，这也为学生参加体育竞赛奠定了一定基础。利用体育教学以及训练，培养出了很多具有体育创新能力的人才，为体育事业的发展作出了一定贡献。虽然近年来体育事业发展较为迅速，但也存在一定问题亟待解决，以便有效提升教学质量，为社会发展培养实用型人才。

（一）高校体育教学现状及定位

新教改规定，体育课是学生的必修课之一。对于课时以及场地设施都有明确要求，同时要求学校配备专业的教师进行教学。高等学校体育教学担负着教与育的双重任务。实际教学过程中，需要学生掌握基本的体育常识、技术以及技能。同时还需要锻炼学生的体能，使学生的体质以及健康得到保障。在此基础上，还需要渗透思想品德教育，从而培养优秀的体育人才。现阶段，我国经济发展较快，高校教育开始逐步融入社会。加强体育教学对于促进学生身心发展、增强体质有一定帮助，学生在德智体方面也有一定发展。然而，多数高校体育教学模式过于传统，没有很好地重视实践教学，导致学生学习积极性较差。在教学过程中，教师始终处于主导地位，对教学过于重视，没有重视学生学习方法，导致教学过程中缺乏互动；学生对教师教学方法产生不满，因而学习积极性不高，无法有效调动学习热情，影响教学质量。

（二）高等学校体育教学与训练问题

1. 课程设置问题

现阶段，我国体育教学与训练在方法、课程设置、内容讲解上均较为单一，无法有效培养体育人才。而且现阶段的大学课程中，只有大一将体育课作为必修课，大二时体育课已经变为选修课程。学生对体育教学的重视程度不高，这与终身体育精神相悖离。体育教学需要贯穿于学生的学习生涯中，无法在短时间内完成学习，需要循序渐进。但是部分高校为减轻毕业生考研以及就业的压力，会取消大三、大四的体育课程，要求学生全力备考。但是长期处于压力中，学生的身心都受到了一定影响。在长期低头看书中，学生的颈椎疾病频发，缺少一个健康的身体以及放松的精神，学生就容易感到疲劳，无法达到预期的学习效果，学生的身体素质也会下降。在多数体育教学中，教师均按照讲解—示范—练习的方式，导致学生的学习兴趣不高，无法对体育产生热爱，更无法主动进行学习。

2. 师资力量与基础设施条件较差

在多数高校的体育教学中，均面临师资力量短缺、整体素质较低的问题，这就会在一定程度上影响教学效果。现阶段，我国体育教师的整体学历水平较低，这就导致学生能够学习到的知识有限。加之多数教师均属于专科水平，无法给予学生正规的培训。此外，部分高校因资金短缺，在体育场地的安排上以及体育设施、设备的购买上存在困难。部分设施老化，对学生的安全问题造成了严重影响。

3. 教学目标模糊

为提升我国高等学校体育教学以及训练力度，我国下发了多份文件，要求各大高校提高重视。多数高校纷纷开始设置体育专业，但是对于设置体育教学的目前却没有明确，因此无法向学生传授专业的体育知识以及积极的体育精神。虽然体育课程开设已久，但是却没有取得显著的效果。许多高校在招生时标榜要把学生打造为全面型人才以及竞技技能型人才，但是在实际教学中，不仅没有实现教学目标，而且也没有将体育精神传达给学生。学生无法理解体育教学的深刻内涵，在课堂上只能照本宣科。如此“填鸭式”的教学方式无法提升教学效果，也无法提升学生的学习积极性。

第二节　建设体育强国的内在要求

一、体育强国战略的发展与内涵

“体育强国”由国家体育管理理念上升为体育发展战略历时 30 余年，期间伴随社会主义现代化建设目标的不断更新与调整，最终形成在人本、创新、协同、可持续四大原则引领下，紧密贴合新时代发展需求的科学指导思想。体育强国战略前身，是以“奥运会”等大型赛事场地建设与参赛成绩作为衡量指标的“世界体育强国目标”。受时代因素影响，该目标带有显著的竞技体育烙印。在社会经济快速发展下，体育强国建设日趋关注国民身体健康与生活质量。相关会议对“大国”与“强国”的概念予以区别界定，提出民族体魄与体育精神是体育强国的重

要衡量指标，同时淡化竞技体育发展任务

（一）以培育时代新人为根本，推进体育强国建设的历史演进

中国共产党在革命、建设和改革等不同历史阶段，针对不同阶段的工作任务，规划以培育“时代新人”方针推进体育强国战略，总体呈现出救国、卫国、兴国、强国的发展主线。在新民主主义革命时期，中国共产党从拯救国民体质的现实出发，以“振兴中华”为时代坐标，强调以“鼓民力”“习勇力”为途径增强国力、抵抗侵略，凸显“体育救国”的革命化色彩。在社会主义建设与过渡时期，党对体育的功能定位主要集中“又红又专”。一是突出强调通过体育培养身体健康的社会主义建设者、劳动者，积极开展社会主义建设；二是强调把坚定正确的政治方向作为体育的前提，通过体育培养新生政权的保卫者、国家形象的展示者，着重突出“体育卫国”的政治性功能。在改革开放新时期，在强调体育为社会发展和经济建设服务的同时，更加注重对人的综合素质和全面发展的促进，强调培养现代化建设的“四有新人”，凸显以体育人在振兴国家社会主义现代化建设中的重大作用。中国特色社会主义进入新时代，党强调培育“时代新人”和发展“体育强国”，是作为“文化强国、教育强国、人才强国、体育强国、健康中国”即现代化强国的核心内容。其直接根植于实现社会主义现代化的伟大梦想，凸显出建设体育强国促进全面建成小康社会远景目标的战略性功能。

（二）以培育时代新人为根本，推进体育强国建设的理论内涵

中国共产党作为马克思主义理论中国化的领导力量和中国传统文化的优秀继承者，在推进体育强国建设的历史实践中，不断丰富发展马克思主义的“人的全面发展”学说、“人民主体性”思想。并在继承和发扬中华体育精神的基础上，形成了一个系统完整、逻辑严密的思想体系，具有丰富的理论内涵。

首先，“人的全面发展”学说是培育时代新人推进体育强国建设的理论基石。马克思强调人的发展是衡量社会进步的重要尺度，这里的“人的发展”即“人的全面而又自由的发展”。马克思认为体育是实现“人的全面发展”的重要手段之一。他在《资本论》中提出：“未来教育对所有已满一定年龄的儿童来说，就是生产劳动同智育和体育相结合，它不仅是提高社会生产的一种方法，而且是造就全面发展的人的唯一方法”。“人的全面发展”学说为新时代我国体育强国思想研究提供强有力的理论支持，是将“造就未来全面发展的人”与“建设体育强国”实现联结的理论纽带。

其次，“人民主体性”思想是培育时代新人推进体育强国建设的根本立场。中国共产党在领导中国革命、建设、改革等征途中，始终坚守马克思主义人民主体性理论指导，结合不同时期社会建设任务，创造性地将马克思主义“人民主体性”与人民民主专政理念相结合。

再次，中华体育精神是培育时代新人推进体育强国建设的文化根基。从个体培育的角度看，中华体育精神“讲仁爱”，注重个人内外兼修、形神一体，强调以身心齐修达到“正心诚意”“修齐治平”等。中华体育精神讲求“崇正义”“求大同”，注重弘扬中国传统文化的精神气质，突出强调体育在育人导向、规范、凝聚、激励的重要功能。即通过体育帮助个体具备身心兼备的素质，形成积极进取、自强不息的精神，形成民族共同体意识等。从文化特质上看，中华体育精神是一套多元开放的思想体系和哲学理念。其在培育人的基本理念上不仅继承中华

传统文化的精髓，更是不断吸收外来世界的优秀体育文化精神，逐步将“爱国主义精神”“集体主义精神”“团队协作精神”“公平竞争精神”等融入中华体育精神，形成以“人本主义、公平竞争、英雄主义、团队协作、拼搏进取、开拓创新”为内核的中华体育精神。

（三）以培育时代新人为根本，推进体育强国建设的实践探索

首先，在实践立场上，坚持党对教育事业和体育事业的全面领导。建设体育强国作为中国共产党领导全国人民开创的实践性活动，始终要求把坚持中国共产党的全面领导作为建设体育强国的政治立场，把坚持马克思主义的理论指导作为建设体育强国的思想立场，具有鲜明的实践主张、原则和方向。按照新时代《体育强国建设纲要》的指导意见及党的十九大精神，中国共产党推进体育强国建设将始终坚持党的统一领导，坚持马克思主义的理论指导，促进人的全面发展，追求社会全面进步，这充分彰显了中国共产党以培育时代新人为根本推进体育强国建设的实践立场。历史与实践证明，只有坚持党对教育事业和体育事业的全面领导，坚持社会主义道路，才能实现体育强国。中国体育事业之所以能获得全方位的发展，在于党在不同时期始终坚持对教育和体育工作的绝对领导。中国共产党不断地分析不同时期人的全面发展的规律，探索社会全面进步的需求，在发展方向和顶层设计上制定正确的指导思想与政策方针，形成具有中国特色的体育发展机制，有力推动体育事业全面发展。

其次，在实践路径坚持将体育与教育进行统筹整合。中国共产党在领导体育事业发展过程中，始终把人的培养问题，即“时代新人”培育目标与体育发展战略进行密切的关联和统筹整合。新民主主义革命时期，党所确立的育人总方针是以共产主义的精神来教育广大的劳苦民众，强调教育与劳动联系起来。通过教育广大工农群众以强身健体的方式增强革命斗争的力量，在实践中广泛开展红色体育运动。在新中国建设与过渡时期，党的教育方针是“使受教育者在德育、智育、体育等方面都得到发展，成为有社会主义觉悟的有文化的劳动者”。改革开放和社会主义现代化建设时期，党的教育方针是“培养德智体美等方面全面发展的社会主义事业的建设者和接班人”。并在举国体制之下，为提升综合国力大力发展竞技体育。

第三，在实践策略上，坚持全民性推动群众体育、学校体育、竞技体育协调发展

中国共产党在领导体育事业发展过程中始终坚持人民主体性地位，即密切联系人民群众、紧紧依靠人民群众，始终把增进人民群众的福祉、把促进人的全面发展作为体育事业发展的出发点和落脚点。新民主主义革命时期，中国共产党广泛开展群众性体育运动，发动红色体育运动，领导广大工农群众锻炼身体干革命。例如在组织形式上主要通过半日学校、工农俱乐部、游艺、竞赛等形式，把体育活动与教育学习密切结合。新中国成立后，体育事业发展开始正规化。新中国各项建设事业强调为工农服务、为人民服务。国家除了要接管和发展各项正规教育外，同时开始开展规模巨大的群众性运动，但大规模的群众体育活动多与政治联系在一起。改革开放以来，伴随中国恢复国际奥委会合法席位，摘金夺银、为国争光成为体育发展的强烈呼声。在国家财力有限、竞技体育处于初步发展阶段的时代背景下，国家提出将群众体育、竞技体育和学校体育进行整体发展的新思路，全民备战进行奥运教育，为奥运梦想全面奋斗。

二、体育强国的基本特征

不同主权国家或同一国家在历史发展的不同阶段，体育发展目标往往呈现多因影响下动态

变化的特征。界定自身体育强国地位的指标体系及其元素选择、权重配比等，均需结合该国当前政治、经济、文化发展现状与内在联系。当前时代环境下，我国对体育发展的需求如表 1-1 所示。

表 1-1　体育强国衡量指标及释义

发展指标	指标释义
全民健身	推动社会公共服务与智能化发展
职业体育	增强竞技体育实力，取得国家荣誉
体育产业	加速体育产业培育，打造发展新动能
体育文化	丰富体育文化产品，弘扬民族体育精神
国际体育	加深国际体育交流，发挥外交影响力

从表 1-1 中可以看出，5 项发展指标影响公共服务体系建设、新旧动能转换、民族文化发展等领域，支持“一带一路”战略、“一国两制”国策的有效推动，涵盖国家、社会发展的诸多方面。

体育强国应当具备打造国民优良体质的必要条件、自身竞技体育与体育产业发达、通过体育活动有效加强精神文化建设与内外交流等特征。

三、高校体育教学在体育强国中的作用

体育强国背景下，高等院校发挥自身作用践行战略目标的方式依靠教学、科研等社会赋予的公益服务职责，其核心价值在于，通过体育教学实现对各类专业体育人才及一般高等教育人才的培育。结合体育强国衡量标准，高等教育人才影响因素如下表所示：

表 1-2　高等教育人才对体育强国发展指标影响因素

发展指标	人才影响因素
全民健身	一般人才体制健康、终身体育精神
职业体育	专业教练员、运动员培养
体育产业	市场主体应用创新人才、产业管理人才
体育文化	运动项目开发与文化产品研发人才
国际体育	人才国际交流、赛事组织人才

以作用影响的施加对象区分，高校体育教学的作用体现在两方面：

一方面，增强全体高等教育人才体质并培养其体育锻炼精神，为国家社会提供综合素质满足时代发展要求的新型人才。

另一方面，培育公益及经营组织在体育事业发展中所需的各类专业人才，实现体育强国体系下充足、优质的人力资源供给。

以影响形式区分，除上述以人才培育施加的直接外，还包括利用教学活动创新交流形式、积极融入体育发展协同治理等方面。综合来看，在体育强国背景下高校体育教学承担长期社会责任，是推动我国建成体育强国目标的主体之一。

四、体育强国背景下高校体育教学发展特征

体育强国背景下，高校体育教学自身已超出传统教育学范畴，成为治理社会发展的关键节点之一。因而对其发展特征的分析需要基于多科学维度发散，并最终回归到教育本体的社会价

值增长的诉求中。

首先，从管理学角度看，高校体育在体育强国战略背景下遵从“两个一百年”的国家级远景使命，其教学呈现目标多元化、价值多样化的特征。由此带来教学原则、教学手段和教学过程中具体方法的全面创新需求，以适应培养符合国家发展需求、在社会活动中展现自身精神与物质价值的人才。其中既包含具有良好应用创新能力的专业人才，也涵盖兼具健康体魄与运动精神的非体育专业青年人才。

其次，从社会学角度分析，高校体育教学与产业经济发展、劳动力素质之间的联系，随着改革进一步深化而日趋紧密。高校在相关领域中协同治理的参与深度，将不受其主观意愿影响而持续加强。社会联系紧密度的变化，促使高校体育教学或主动或被动地依从社会实际变化打破既有的封闭环境，从而更加深刻地融入时代环境中。

最后，体育强国战略在形成我国高校体育教学改革动力的基础上，也为高等院校定位发展方向、扩充教育资源营造了良好的客观环境。高校体育教学发展过程中，应当考虑环境作用下可行的实施路径。

因此，体育强国背景下高校体育发展特征可以归纳为：将国家长期发展战略在体育、教育事业领域分解后，具有了利用教学活动创新，实现所培养人才与社会经济发展协调、推动精神文化建设满足人民需求、胜任民族文化传承等全面职能目标的新变化。

第三节　体育课程改革的必然需求

一、高校体育课程改革的历史演进

（一）在教学方法方面的发展历程

高校的体育教学一直照搬苏联的教学理论，强调知识的传授，过分注重技术的细节，忽视人性化和个性化的培养。教法以讲解示范为基础，辅以错误动作纠止方法，显得严谨有余而活力不足，挫伤了学生锻炼的积极性，使很大部分学生对体育课失去了兴趣。改革开放后，各高校进行了很多尝试，其中打破自然班由学生自主选择运动项目的选项课占了很大的比重。曾一度推行循环练习法，之后是学习西方的发现法、程序教学法、成功体育教学法、快乐体育等，但都因没有得到广大教师的认可而逐渐销声匿迹。高校体育项目具有多样性，技术动作具有复杂性，所以轻易否定这种教学方法或过分地赞成这种教学方法的行为都是错误的，关键是如何科学地运用。

（二）在教学模式方面的发展历程

在不断地改革探索过程中，各高校通过学习和实践，总结出并列型、三段型、分层型、俱乐部型等教学模式。学生们非常喜欢改革后的这些教学模式，但是其对场地器材有很高的要求。以各高校目前的情况来看，大部分学校都不符合要求。而且，这些教学模式也需要较高素质教师的配合，目前的教师资源也不能满足需要。

（三）在教学评价方面的发展历程

建国初期，高校的教学评价方式以单纯采用终结性评价的方式为主。以后逐渐采用诊断性和形成性评价，以及形成性和终结性评价相结合的方式。诊断性评价主要关注学生在学习某教材前的准备状态，以确定教学起点和采用何种教学方法；形成性评价即在教学的过程及时发现问题，获取反馈信息，及时改进教学工作；终结性评价指对某阶段的教学工作所进行的综合全面的评价，以确定教学的最终水平，作为下阶段诊断性评价的依据。

二、普通高校体育课程理念变迁的特征及其局限

课程理念是人们对于课程要素体系及其相互关系、构建法则在哲学层面的理性认识，是阐述课程本质及其地位、引领课程改革的关键法则。课程理念的变迁具有鲜明的时代特征和深远的历史意义。新中国成立至今的大学体育课程发展从全面学苏到自主探索、从停滞僵化到深化突破，课程理念历经“社会本位”“学科本位”和“学生本位”，随着国家政治经济格局的变化而不断发展。新中国成立初期，“社会本位”理念强调体育的工具性和个体的社会性，切合了国家“巩固和保卫政权、建设崭新的社会主义国家”的教育发展需求；“学科本位”理念随着社会发展而兴起，注重人的生理、生物属性和体育学科的功能属性，体现了学界对体育学科知识体系进行完善和传承的要求；社会经济文化积累到一定阶段而发展起来的“学生本位”教育理念注重学生个体成长，“快乐体育、成功体育”等概念层出不穷并呈现出钟摆效应。对大学体育课程的解读在体验式发展和素质课实践之间摇摆不定，重视学生情绪体验而忽略体育课程学科结构，或重视身体素质提升而忽略学生个性发展。

进入 21 世纪以来，高校体育课程改革核心理念由“素质教育”逐步转向“立德树人”语境下的核心素养培育；在回答新时代高等教育“为谁培养人、培养什么人”的同时，体现出课程理念从“学生本位”向“核心素养”转向的态势。然而，由于缺乏对大学体育课程在新时代“如何培养人”这一命题的深入探索，高校体育课程的发展现状仍不容乐观，主要体现在以下几个方面。

（一）课程核心理念有待深化

新中国成立以来的大学体育课程教学实践经验一再证明，无论是“社会本位”“学科本位”，还是“学生本位”教育理念，都无法解决社会快速发展所引致的体育学科与其他学科之间发展不平衡、不充分的问题，难以支撑体育课程可持续发展和进一步深化改革的需求。

（二）课程关键理论体系有待完善

体育课程关键理论是将体育学科知识和经验按照一定方法和逻辑组合，形成系统化课程组织结构规划和实施预案的核心理论。张洪潭将其划分为体育制导理论和体育操作理论，前者是将体育活动作为社会现象来认识的知识体系，后者是将体育活动作为生物现象来认识的知识体系。二者相互印证发展，构成指导体育学科课程设计的动态发展理论，但理论的边界、范畴、作用机制尚存争议。学界对指导体育与健康课程设计和改革核心理论的探讨至今方兴未艾，但成系统的专题研究和成体系用于指导实践的政策文本的匮乏，使得体育工作者对高校体育课程设计缺乏有效的理论指导，对“教什么”“怎么教”“学什么”“怎么学”理解不够透彻。教师

在“鱼”与“渔”之间的摇摆使得高校体育课程教学费时低效，体育教师如何通过“授之以渔”引导当代大学生“走下网络、走向操场”已然超越体育教学，成为一个难于解决的社会问题。体育工作者迫切需要以健康第一为核心、兼顾体育领域“问题解决能力”和“必备品格发展”的课程理论体系来指导新时代的体育课程设计与教学实践活动。

（三）课程文化场域构建不足

“场域”理论认为，场域由人与环境相互作用的意义空间构成，行动者根据自己的性情与爱好倾向对其中的资源进行选择并发生相互作用。普通高校体育文化场域是存在于大学整体场域空间内并与其他文化场域共存、与学生发展密切相关的体育空间资源和运动环境氛围。

大学体育教学实践是在极其复杂的场域中组织实施的：

一方面，网络化和信息化所带来的高校体育场域空间张力的改变使得高校体育文化场域的影响力持续降低，学生参与体育运动的动力不足、整体体育认知水平下降、运动强度不够、体育核心价值观欠缺等问题成为长期困扰普通高校体育课程发展的顽疾。

另一方面，西方发达国家的竞技体育文化的不断扩张消解了中国传统体育的话语权，民族传统体育受社会整体文化走向影响而被边缘化。其在高校体育文化场域中的生存空间不断受到挤压，太极拳、八段锦等民族传统体育内容发展受限；虽然近年来高校体育资源随着体育资本的持续投入不断丰富和拓展，但如何构建适切当代大学生发展的体育文化场域，不断拓展其边界并增强其在大学生群体中的影响力，成为亟待解决的核心问题之一。

（四）课程教学实践执行效能偏低

体育课程执行效能是体育工作者在体育实践过程中对既定政策及方案的执行能力和执行效率的综合表现。然而在实际执行中效能偏低、效果不佳，主要表现在以下几个方面：

一是教师作为执行主体对于自身职责定位不够明晰，对“如何教、教什么”以及“何为主、何为辅”的认识与学生实际需求之间存在较大偏离，目标达成度较低。

二是在教学组织实施和教学方法的选择上有待商榷，以集中授课制为主、偏重专项技能传授，忽略了学生已有技能和个性化发展，组织效能较差。

三是由课内向课外延伸的平台建设不足，课内体育竞赛和课外体育协会、自主体育竞赛、校际交流比赛是普通高校运动技能实践的重要平台，是运动技能处于不同水平层次的学生不断完善自我、突破自我的跳板所在。但高校体育课程体系往往将课内体育教学与课外运动实践割裂开来，过于强调课内体育教学的规范性而忽略了平台建设的重要性，课程整体效能偏低。如何解决大学体育课程执行效能不足，弥合应然目标和实然结果之间的巨大差距，成为普通高校体育课程改革和未来发展必须面对的现实问题。

三、高校体育课程发展的未来展望

（一）以核心素养为导向

核心素养是学生在接受相应学段的教育过程中逐步形成的适应个人终身发展和社会发展需要的必备品格和关键能力。中国学生发展核心素养的本质是教育哲学的本体性回归，是为了解决教育实践问题而诞生的育人目标新体系；以核心素养为指导思想的课程理念变更，是学生个体适应未来社会政治经济文化全球化、多元化、融合式变革发展的必然要求。剖析中国学生发展核心素养体系，追问其背后的实践逻辑，对于探寻核心素养如何在体育学科中落地具有重要的现实意义。核心素养包括文化基础、自主发展、社会参与三个方面。文化基础从人文和科学两个视角阐述了人类发展的优秀文化成果对于人的价值生成、审美、批判、逻辑等方面的能力形成的重要作用；自主发展从学习和生活两个领域强调了个体认识自我、发展自我、管理自我，并通过不断学习完善自我的主体属性。学会学习、学会生活是个体生命价值的重要体现；社会参与则从态度和能力两个方面对个体的社会责任感、国家认同感、实践创新能力和问题解决能力等方面提出了道德与能力协同发展的要求。

大学体育作为一种社会文化现象，其发展既需要人文关怀也需要科学精神，既需要学习方法也需要实践创新，既需要关键时刻的责任担当也需要平时锻炼中的自我管理，既需要为国争光时的家国情怀也需要艰难困苦时的坚持忍耐。这些与体育运动发展密切相关的核心素养指征通过进一步地拓展和深掘，将形成具有中国特色的体育学科核心素养理论体系和实践方案。

（二）体育学科核心素养

课程化理论在国家“立德树人”的政策倡导和社会高速发展双重背景下，构建具有中国特色的体育学科核心素养理论并将其作为课程设计的核心理念，成为高校体育课程深化改革的必然选择。体育学科核心素养课程化理论体系的构建，不仅要对体育学科核心素养的形成机制及其视域下的目标、内容、方法、评价的构建法则进行重新探讨，而且需要从哲学层面的认知方法上对其支撑理论进行取舍，对体育学科课程的要素体系及其相互关系、体育课程教学实践方案进行辨析，将理论体系的构建和实践方案的规划作为深化高校体育课程改革的内核。

首先是宏观视域下的目标构建方法，即如何在体育课程设计中融入核心素养基本要点并进行分层转化，形成学校体育的整体性目标和要素性目标；参照高中学段体育学科核心素养体系，可以将普通高校体育课程目标设定为运动能力发展、健康行为养成、体育品德培育三个方面，再根据教学具体要求进行分解和细化。

其次是内容选择理论，即如何梳理、选择和构建能够确切表达体育学科核心素养的知识体系；选取其中具有以点带面效用的“学科大概念”和“典型少数关键技能”，以此为中心进行扩展，如超越器械、鞭打、缓冲等动作概念，在篮球运动、武术散打和投掷类教学中反复出现，对其进行提炼并组织专题教学，是体育学科核心素养课程化的重要标志。

再次是基于过程分析的评价与反馈调节理论，通过对学生体育学习中运动能力及健康行为表现进行综合性观测，通过对运动能力、体育品德、健康行为等相关要点的具体分析来判断体育学科核心素养是否生成，结合学生身心发展特征对体育学科知识的教学过程进行分析、调整、归纳和安排，做到因项目因学生施教、及时反馈、准确调节。

最后是跨学科核心素养课程设计理论，从整体上来说，中国学生发展核心素养要求能力与品格同步发展。部分要素具有隐性的跨学科特征，在体育课程设计与实施中应予以充分考虑；如核心素养体系中的国家认同，蕴涵着爱国爱党的要求却又无法在课程知识体系中体现，要求教师在教学中结合国家取得的成就、先辈们付出的努力、当前存在的不足对青少年进行课程思政教育，激发青少年学生的爱国情怀和为国争光的热忱，提高学生实现自我价值的动机水平。

此外，核心素养培育还需要一定的制度保障理论激励教师不断保持进取精神、更新教育理念，从而掌握核心素养的目标、知识与课程设计不断融合的方法技巧。

（三）兼具本土特色与国际视野

高等教育领域的文化场域是高等学校的教育者、受教育者及其他参与者之间形成的一种以知识的生产、传承、传播和消费为依托，以人的发展、形成和提升为旨归的客观关系，是在教育制度保障下指向受教育者身心全面发展的各种被赋予了特定引力的关系构型的集合，具有动态性、生成性等特征。高等教育的前沿与活跃、体育学科的开放与包容决定了未来大学体育课程将在世界高等教育的文化场域内形成兼具本土特色与国际视野的一整套转化机制；不仅包含作为通识教育核心组成部分的体育学科课程设计及教学实施等与国际体育文化之间的交流融合，而且囊括了体育社团活动、运动项目赏析、日常体育锻炼、体育文化交流、体育运动竞赛等各种校际、省际、国际体育实践活动交织而成的多维、多向互动关系。

高校体育课程发展迫切需要能够传承中国传统体育文化、拓展体育生存空间且兼具国际视野的核心理念，在对发达国家竞技体育哲学消化吸收的基础上发展和完善切合国情、校情的大学体育课程和体育赛事体系，构建兼具本土特色与国际视野的体育文化场域。体育课程、课内外一体化实践平台、体育协会、高校体育空间资源、体育环境和体育氛围均是普通高校体育文化场域的重要组成部分。其特定引力的关系构型是超越体育课堂以运动为核心的人际关系环境场域。学生在这一场域中以身体实践和技能运用为中介，以运动经验累积与健康行为养成为手段，以多次、反复的运动实践为体验；既包括对国内国际高水平竞技运动比赛的赏析，也涵盖了学生通过各种平台参与高校本土化运动实践并形成具有个性化的体育认知之过程。置身其间的行动者在场域的作用下产生潜移默化的体育价值观和运动行为转变，对学生终身体育习惯的养成具有重要意义。

（四）多元一体的体育课程组织

我国普通高校 70 余年的体育课程改革实践经验充分证明，体育课程发展是嵌合在社会整体发展中以多元化核心理论为支撑，并在一定的社会文化场域内生成的，以身体经验积累和运动技能习得为标志的体育问题解决能力和品格完善之过程。这一过程的关键在于不同层级执行主体根据教育对象特征采用适切的方法提升体育教学实践的实际效能，既包括相关政策的解读也包含教学内容的选择构建与教学方法的设计实施。宏观上体现为体育领域的专家、学者对体育教学指导纲要的解读，从大纲的整体适用性、课程如何规划及如何实施等方面给出可行性建议；中观上表现为体育课程设计者、体育教师及教研人员结合具体教育对象，对课程实施的诸多要素及其过程、预期结果及其反馈进行反复推演，对教学内容选择、课程组织环节、教学实施方法等方面给出操作性建议，拓展执行主体的执行能力；微观上以“学科大概念”为核心，围绕体育学习中问题解决的思维模式、方法构建、能力培养等维度层层展开，引导学生掌握运动技能、体验运动魅力、领会体育文化内涵，提升执行主体学习效能。

这不仅要求体育工作者熟练掌握核心素养等具有理性高度的课程理念内涵，能够以体育学科的语言表达形式和逻辑思维方法将其融入、渗透到大学体育课程教学的过程解释层面中去，还要求体育教师构建出完整的基于体育学科核心素养的教学方法体系，对达成课程目标所需的要素进行选择、建构、组织和实施。这一过程在高校体育课程教学实践活动中的体现，绝非“口号式”的程序空转，而是借鉴国内外体育课程改革的成功经验，通过吸收、提炼、转换、细化将其融入课程设计的各个环节，通过切实有效的体育教学实践实现对学生个体的判断、分析等思维能力和问题解决等综合应对能力的发展及品格、价值观的塑造。

第二章　新时代高校体育教学理念的创新探索

第一节　寓德于体教学理念创新探索

一、体育教学中德育的主要内容

在理论和实践的学习中，使学生明确正确的体育价值观，受到爱国主义、社会主义、集体主义教育，养成良好的社会公德。发挥学生的主体意识和创造性，毕业德育论文在体育实践活动中，为学生的个性发展提供表现才能的机会。针对体育的特点，培养活泼愉快、顽强拼搏、主动迎接困难和挑战的心理素质和意志品格；加强人际交往，正确处理好人际关系，培养团队精神，正确对待个人和集体、成功和失败，胜不骄、败不馁，能够与同学友好合作。

（一）高校体育教学中德育渗透的内容

德育的内容是十分广泛的，存在于体育教学中的德育因素也非常丰富，不仅仅局限于某些固定内容，需要不断深入挖掘并加以应用。寓德育于体育知识和技能的传习过程之中，对大学生产生潜移默化的影响。

1. 道德情感的渗透教育

健康道德情感的形成要靠个人，更要靠教育。自尊感、羞耻感、友谊感、责任感、义务感、公正感、荣誉感、集体主义情感及爱国主义情感等都是道德情感的重要内容。高校公共体育教学对学生道德情感的培养具有重要作用。其中，集体主义情感和责任感的教育作用尤为突出。首先，集体主义教育、集体主义情感是一种强大的凝聚力，是社会主义道德教育的重要内容。

对大学生进行集体主义情感教育，就是培养他们为集体服务的思想感情，培养他们善于在集体中学习、生活和工作的习惯，在集体中发挥自己的作用，实现个人的价值。这也是学校教育的一项重要使命。体育教学本身就是以体育教师为主导、学生为主体共同参与的集体性教学活动。体育教师在教学过程中应注重渗透集体主义精神，教会大学生站在集体的立场上处理问题，怀着积极关心、参与建设的态度为集体利益贡献力量。例如，在教学组织与管理中，某些项目的教学实施，不可避免地涉及场地协调，课前、课后的运动器具搬运与归还等工作。这些工作无论是谁来承担，最终的受益者是整个集体。因此，在这些工作的安排上，体育教师就可以有意识地做些规定，而不是随机安排或以固定负责人的方式完成这项任务。可采取分组轮流负责制，让每个人都参与到为集体服务的活动中去。使大学生养成关心集体、关心同学、愿意为集体和同学服务的习惯。对大学生进行集体主义情感教育，还要教会大学生正确看待个人与集体之间的关系。强化集体观念，避免个人主义倾向。在一些集体项目的教学活动中，项目本身有较强的集体性特点，战术上的协作与配合就是集体主义精神的集中表现。例如，在排球比赛中，总会遇到因判断错误而无法接到球，或者因其他原因没接到球的情况。而在排球比赛规则中，又有球不能落地，而且击球最多三次必须过网的规定，所以参加排球比赛的人总要随时弥补队友无法接或没接到的球。同时，为了更好地发挥我方的进攻力量，要时刻做好准备，持续奔跑扑救，以便于给下一次击球的队友创造有利条件，每个队员的协调配合才能使集体的力量发挥到最优水平。因此，经常参加排球运动，可以培养注重团队协作的集体主义精神。排球教师在教学中，可以组织学生进行分组训练和比赛，使学生能够将所学知识技能通过实践活动展示出来，并在比赛练习之后，和同学进行一些沟通和交流。教师在比赛练习过程中在对技术动作加以纠正和指导时，要不失时机地渗透集体观念，强调队友间相互配合的重要性。使学生在实践中认识到以自我为中心、一味强调个人价值的实现，难以取得成功。只有集体中每个成员的努力和彼此的团结配合，最终才能实现预期目标。

2. 责任感教育

责任感是一种传统美德，责任感的培养也是我国德育的核心内容之一。所谓责任就是具有承担能力的社会成员份内应做的事、应承担的过失，以及在长期实践活动中形成的自觉意识和品格。从个体的成长历程来看，大学生已经到了应该全面承担人生责任的阶段。大学生是当代青年的优秀代表，是社会主义现代化建设的中坚力量，肩负重要历史使命。大学生责任感的强弱，不仅关系到其自身的能力与发展，而且关系到他们是否能够肩负起历史使命，成为合格的、全面发展的社会主义建设者。因此，对大学生责任感的培养意义重大。在许多集体体育项目中，比赛中队员的位置排列、攻守力量搭配和职责分工对比赛起着非常重要的作用。因此，体育教师在对这些运动内容的教学中应该注意渗透责任感教育，培养大学生责任担当意识。例如，在足球项目的教学中，分组训练与比赛练习时，每个人在球场上的位置不同，就必然承担着不同的责任。通过足球项目的学习，可以提高大学生团结协作的集体观念，加强责任担当意识的培养。

（二）意志品质的间接培养

意志品质就是意志的具体表现，它主要包括自觉性、果断性、坚韧性和自制性。意志，是人类能动性的集中表现，是人有意识、有目的、有计划地调节和支配自身行为的心理过程。即对实现目的有方向、有信念坚持下去的一种心理活动。它是人们从事任何有目的的活动所不可缺少的心理过程。常常以语言或行动表现出来，即人的思维过程见之于行动的心理过程。人们常常是在意志的支配下，调节自觉的行动，克服各种困难，最终实现预期的目的。大学生的意志品质直接支配或影响着学习、生活和工作等各个方面，对大学生未来的发展具有重要作用。因此，寓自信果敢、顽强拼搏等意志品质的培养于体育教学之中，对大学生在体育活动中磨炼意志、健康发展具有非常重要的作用。

1. 自信果敢

自信果敢表现为在紧急情况下，善于把握时机，果断地做出决定，并能在考虑周全的基础上实现这些决定。在各项体育活动的紧张、激烈的比赛中，必然会遇到对各种战术的把握、对自己运用什么战术的选择、对对方战术意图的揣摩等各种问题，这就需要机智果断地判断形势，迅速作出决定。例如，乒乓球比赛中，激烈的对抗、频繁的攻守转换、变化莫测的局面、技战术的瞬间选择，都是对参与者极大的考验和锻炼，胆怯或优柔寡断就必然会与胜利失之交臂。因此，经常参与该项运动可以培养大学生思维敏捷、自信果敢的优秀品质。同时，在竞争中增长智慧，提升自信。

2.顽强拼搏

顽强拼搏是一种能够在意志行动中坚持决定，百折不挠地克服各种困难与障碍，尽自己最大的努力去实现既定目标的意志品质，这是坚韧性的具体表现。在人生的征途中，为了克服困难，必须具备坚忍不拔、顽强拼搏的意志品质。例如，羽毛球运动因其竞争性、对抗性、大强度等诸多因素的要求，使得意志品质在该项运动中占有非常重要的地位。比赛中，难免会出现精神和体力上的极点，势均力敌的情况下往往是看双方谁能坚持到最后，就是要靠顽强的拼搏精神和坚定的信念。即使不是在比赛中，这项活动也需要较强的意志才能很好地完成练习，进而促进娱乐及锻炼价值的实现。经常参与这类活动可以使大学生养成顽强的拼搏精神，无论面对任何事情都能持久地坚持自己的决定，并锲而不舍地为之努力。

3.自律自制

自律自制是人善于自觉控制和支配自己的思想、情感及言行的能力，也表现为对自我情绪的调节上。自律自制能力强的人不会受外部诱因的干扰，能很好地控制自己的情绪，坚持完成意志行动。大学生自身心理发育尚未完全成熟，其自律能力、挫折承受能力及心理调节能力还有待提高。因此，在体育教学中渗透自律自制、胜不骄败不馁、奋起直追等精神品质，对大学生产生潜移默化的影响，能使其主动接受精神熏陶并经过自身的心理活动，形成自己的良好心态，提高自身调节能力。

（三）社会行为的正向引导

1.规范行为

规范意识的教育，是培养优秀道德品质的基础。大学生正处于成长的重要阶段，身心发展还不够成熟，需要积极地教育和引导，使他们经过不断地学习逐步做到自我控制和自我约束，规范自身行为。体育课堂常规是体育教学中为了完成教学任务，对体育教师和学生提出的共同要求。它有规范、约束和指导课堂行为的作用，是师生明确行为所依据的价值标准。如上课时的穿着要求。课堂开始的问候、结束时的道别等。这些看似微不足道的细节，其实隐含巨大教育作用。及时而适宜地建立体育课堂常规，渗透规范意识，抓住时机进行教育，培育学生良好的行为规范，形成有组织有纪律的氛围，有利于提高课堂教学效果，同时有利于提高学生组织性、纪律性。

另外，不同体育项目都还有各自的动作规范及比赛规则，是体育活动中必须遵守的规范性要求。这些无疑都是大学生在体育学习中需要掌握的重要内容，并且对其规范行为的培养具有重要作用。显然，在体育教学过程中，课堂上的礼仪规范、独特的着装规范、对抗练习时的动作规范及体育规则所要求的行为规范等，对参与者的道德观、价值观、思想规范意识方面的教育力、影响力、辐射力和渗透力是其他形式的教育所无法替代的。例如，跆拳道的教育理念就是通过习道修德，培养完美的人格，倡导“以礼始，以礼终”的尚武精神。课堂开始与结束时的鞠躬礼、跆拳道场上规范的服装要求、跆拳道的动作规范及比赛规则等各个方面都能凸显出对参与者规范行为的要求。因此，体育教师可以将规范性教育渗透于教学过程中的各个环节，使大学生通过课上的学习和感受，塑造健康人格，提高道德修养，形成良好的行为习惯。

2.交往行为

人是社会的人，自然就离不开彼此的交往。在体育教学过程中，师生间、学生间的交往构成了体育教学中人际交往的互动过程，彼此始终处在一种动态的交流过程中。与其他教学中的人际交往相比，体育教学中的人际交往互动更加频繁、更为开放，实践性也更强。体育教学内容以这种人际交流的开放性为基础，构成对集体精神、竞争、协同培养的独特功能，使得体育教学过程中的师生、生生关系更加密切、开放。一些以小组进行的运动内容使得组内各种分工明确，体育学习中的各种角色变化远远多于其他学科的学习。体育教师要努力拉近与学生的距离，形成和谐的师生关系。与学生之间产生情感共鸣，才能更好地感染学生、影响学生。同时，还要引导和鼓励学生与他人的合作与交往，并在教学活动中直接进行交流与互动，形成健康的人际关系。因此，通过频繁与体育教师、与同学之间的交往和互动，能够使大学生充分理解个体与他人之间的关系；在学习过程中学会如何处理不同的人际关系，在活动中学会相互配合、相互帮助与激励，这就能大大提高学生的社会交往能力。

3.合作行为

无论在学习、工作或是生活中，人都不可能脱离群体而独立存在，这就需要养成与他人合作的行为习惯，为了实现共同的目标而协调配合、互助合作。在未来社会中，只有能与人合作的人，才能获得更为广阔的生存空间；只有善于合作的人，才能赢得更为长远的发展。许多体育内容的学习都包含着集体合作因素，因此，在体育教学中不失时机地渗透合作意识，积极引导大学生的合作行为，应该引起广大体育教师的高度重视。一些集体项目的运动中，基本战术是不可缺少的教学内容，而任何战术的实现都离不开队员之间的协调配合。例如，篮球运动中的传切配合、掩护配合、挤过配合、区域联防等基本战术，都体现出合作在比赛中的重要作用。

二、体育教师应在体育教学中发挥表率作用

在体育教学中，体育教师要做一系列的示范动作。他们要用自己的行为直接影响学生、引导学生。他们不仅要在技能上成为学生的表率，在思想品德上也应成为学生的表率。这就要求教师的一言一行、一举一动都要严格要求自己，努力做到仪表整洁、语言文明、品行端正。在教学中要不怕苦、不怕脏、不怕累。比如：在推铅球的教学中，要想使学生能正确地掌握动作技术，教师除了要强调正确掌握技术外，还要对同学们特别是那些怕弄脏脖子的女生进行不怕脏的教育，以自己的实际行动去引导学生。

体育课同别的课程一样，有优秀学生，也有比较差的学生。在课堂中，对于比较差的学生，不能歧视他们，而要热情关心他们，对他们进行耐心地帮助。对于他们的进步哪怕是微小的进步也要及时地给予肯定，使他们逐渐树立信心，积极参加动作的学习，掌握应该掌握的动作。

教书育人，教师是关键。体育教师要热爱自己的本职工作，认真钻研教材，精通业务，不

断地吸收新的知识，加强自身的修养。认真研究教学方法，让学生在有限的时间内，获得较大的收益。在组织竞赛活动中，体育教师既是教师，又是裁判，一言一行、一举一动都会直接影响学生。裁判水平的高低，直接关系到竞赛参与者的情绪和技术水平的发挥。因此作为裁判，一定要严肃公正。作为教师更要讲究职业道德。所以，教师要有良好的思想品德、过硬的职业道德。体育教师不仅要以自己的高超技术和强健的身体形态去影响学生，还要以自己的规范行为去引导学生。

三、将德育理念寓于体育教学

将德育理念寓于体育教学过程中，体育教学是实施德育的一种良好途径和方式，是对学校德育工作的有力补充。在体育教学过程中，学生的一些良好品质常常会不知不觉地显现出来，这需要教师对这种自发行为加以引导，使之真正成为学生自身稳定的品质；对部分学生在上体育课时暴露出的不良品质，教师可针对其问题，依据不同情况，找出相应的方法与措施，帮助学生克服不良行为。这样使所有学生在体育教学过程中既能达到增强体质的目的，又能形成良好的道德品质。因此，结合体育自身的特点，将德育理念寓于体育教学过程中。

（一）把握两个特点

1. 教材特点

学校体育教材分理论和实践两大部分。理论部分的教材都有鲜明的思想性，如体育的目的和任务，可以提高学生对体育的正确认识，树立为祖国建设锻炼好身体的思想，把积极参加体育锻炼和为社会做贡献结合起来。科学锻炼身体的原则和方法可以启发学生敢于在各种不同条件下坚持锻炼，提高身体对自然环境的适应能力，培养学生终身体育锻炼的良好习惯。因此，体育基本理论教材是教师有目的地向学生进行思想品德教育的重要内容。

体育教材的实践部分是体育教学的重要内容，是属于体育运动技术，每个技术动作都有它自己的特点。在教学中应充分利用寓于教材和教学中的各种教学因素，有目的地、有计划地对学生进行各方面的思想教育。如：教学跳跃项目、各种器械体操，主要是培养学生勇敢顽强的精神；篮球、排球项目可以培养学生团结合作、维护集体利益，自觉遵纪守法和胜不骄、败不馁的优良品质；练习中长跑可以培养学生吃苦耐劳的品质。体育课是以身体锻炼为基本手段，教学过程中学生的运动技能形成是通过身体练习形成的。在练习过程中学生的思想容易表现在实际行动中，教师要根据体育项目的内容特点，对学生思想、行为上出现的问题，及时采取措施，有针对性地进行教育，教学中引导学生树立为振兴中华锻炼身体的爱国主义精神和强烈的责任感。

2. 环境特点

体育课一般在操场上进行，具有活动空间大、扰动因素与突发事件多、学生容易显露出自己的个性心理和行动特征，这为教师提供一个有利的实施教育的机会和条件。教师要根据学生显露出的个性和行为特征把思想品德教育贯穿在体育课的全过程，保证体育课的正常进行。

（二）有机结合的途径

1. 结合教学内容

教师根据教学进度进行课程设计时，应同步研究思想教育的方法与实施，认真安排思想教育在各个部分的运用。如开始部分采取队列练习，队列和体操队形不仅是对学生身体姿势和空间知觉的基本训练，同时也是一项严格的集体活动。它要求学生在共同的口令下完成协调的动作，从而培养严格的组织纪律性和朝气蓬勃的集体主义精神，以及反应灵敏、动作准确和协调一致的应变能力。特别是学校每天的广播操入场和退场，已经成为学校的一大亮点。

课堂的开始要对学生进行动员，提出本次课的目标要求和注意事项，准备部分可采用集体性游戏练习项目；基本部分合理地选择教材和运用恰当的组织教法，对学生进行思想品德教育。如体操项目的跳马或跳箱教学，学生容易产生恐惧心理，教师必须针对学生的心理加以教育引导，鼓励学生树立勇敢、果断和克服困难的意志品质。并采取必要的教学手段，打消学生的思想顾虑，顺利完成动作；进行田径长跑教学时，针对教材比较枯燥的特点，教师应引导学生正确认识并自觉锻炼自己，从而培养学生的毅力和吃苦耐劳、自强不息的精神；结束时要进行讲评总结，学生自评、师生互评的评价方法；值日生归还体育器材和整理场地，可以培养爱护公物的良好品质。这样，将思想教育同体育教学中的组织与方法有机地结合起来，既有利于提高教学质量，又能增强思想教育效果。

2. 结合学生表现，依靠集体力量进行教育

体育教学过程是一个受多种因素影响的复杂过程，特别是在活动中，学生的各种思想都能充分表现出来。教师应仔细观察，不管是好表现、还是错误的倾向，都要因势利导，利用良好的班集体帮助学生抵制不良倾向。如在球类教学比赛中，当学生出现个人英雄主义和急躁情绪时，教师要及时对学生进行思想品德教育，使其懂得比赛取胜的关键是靠集体力量，靠互相之间的密切配合，从而增强学生的集体主义观念和协作精神。课堂上教师要以身作则，既要严格要求，又要耐心说服。坚持正确教育，根据学生的心理特征，依靠班集体的力量，及时教育引导，维护正气、抵制歪风，使学生树立改正错误的决心和信心，切实做好育人工作。

（三）运用六种方法

1. 情感法

情感是人对客观事物的态度的体验。由于体育运动及教育教学的特点，决定了体育教学过程中学生有着各种各样的情感体验，产生各式各样的情感。特别是教育者要注意自己的态度和行为对学生情感可能产生影响，要用自己的情感去感染他们。如对于课中的各种练习活动，教师的积极参与就是一种无形的情感交流。教师对个别差生加强保护与帮助，消除他们的自卑感，对他们点滴进步及时鼓励表扬，使他们感到集体的温暖。因此体育教学中教师要善于激发学生的情感，提高学生学习兴趣。

2. 语言法

在课堂教学中，教师应联系实际，用通俗易懂的语言去引导学生学习。例如上长跑课时，我们可以在开始部分用几分钟的时间讲解长跑的意义、作用，以及对身体锻炼的价值。激发学生的学习动机，并告诉学生练长跑会碰到的困难以及科学训练的方法。让学生懂得只有经过不懈地努力战胜困难，才能达到增强体质和培养意志品质的目的。对于 800 米长跑，学生往往跑 600 米就坚持不下去，这时候教师应及时进行指导，引导学生加深呼吸，突破极限。这样引导性地理性教育能促使学生大脑积极思维，有利于提高学习的积极性。

3. 批评法

在教学中，教师要善于利用适时的批评方式对学生的不良思想行为和违反课堂纪律的现象进行适当的批评。教育学生改正错误行为，纠正不良倾向，这是思想品德教育不可缺少的一种方法。但批评一定要注意方法。形式要灵活、语言要文明，要注意分寸，用教师对学生的爱心感动学生，批评教育才能收到好的效果。例如上课铃响后，如果学生还在热烈地谈论其他的事情、队形混乱，教师不要马上开始上课，也不要指责学生，而是先静默片刻，眼睛盯住讲话大声的学生。当学生察觉老师有些异常后，就会不自觉地停下来。虽然这是无声的批评，但可以收到好的效果。

4. 勉励法

对学生在课堂上表现出的良好思想行为和拼搏精神，教师要及时给予肯定，做出好评，树立正气，鼓励学生发奋向上，调动学生积极性。在传授新技术时，如果学生完成练习或动作比较协调自如，教师可用热情、赞许的目光给予肯定。对那些身体素质较差、运动技术水平低的学生，在练习过程中所表现的进步，教师若用表扬的目光加以肯定，他们就可能因此而增强克服困难的信心和勇气，创造出更好的成绩。

5. 竞赛法

对现行的那些单调、枯燥、重复的教材进行适当改编，使之体现竞争性，容易引起学生对体育的浓厚兴趣。如上短跑项目的课我们可以安排追逐跑游戏或接力形式进行，由于青少年要求进步、好奇心强，凡是有目的、有组织的竞赛，必能调动学生学习的自觉性，从而培养良好的思想品德。

6. 榜样法

体育教学一般采取分组方式进行教学和练习。教师不可能固定对某一组指导，因此，发挥体育委员、体育骨干的积极性是很重要。教师对善于负责、体育技能比较好的同学在分组时由他们担任小组长，教会保护方法，使这部分学生能起到“小老师”作用，帮助示范、指导、保护；通过他们的行为去教育、影响其他同学，对培养他们的意志，形成优良品质和行为都有特殊的作用。

第二节　寓智于体教学理念创新探索

随着科学技术的发展及其在生产上的应用，智力因素的作用往往超过体力因素的作用。特别是教改的深化、素质教育的全面铺开，智力的开发与发展尤为重要。因此，体育课的特点虽说是动多于静，体力劳动大于脑力劳动，但也要担负起开发学生智力的重任。

一、多元智能的含义

（一）多元智能理论的定义

多元智能理论从 1967 渐渐完备起来，在那时是基于《零点项目》创立。该体系当时主要面向哈佛大学的研究生教育，其主要针对的是对艺术教育的强化。该项目投入了大量的人力、物力，有很多学者加入其中提倡注重多元智能理论。这一理论不仅对心理学有影响，而且对教育观念也有很大的影响。在这一理论的诞生之后，许多学者对智力理论进行了深入的研究，如Pearlman的双因素理论。

关注“智力”“智能”这些因素，是人们开始真正关注个体发展的重要标志。20世纪初，比奈智力测验之所以一度受到人们的青睐，是因为比奈智力测验能把“看不见、摸不着”的思维状态转化为可以操作、甚至是可以计算的数据。这让人们对于“神秘”的人脑有了一定的科学认识，这一点在那个时代无疑是进步和超前的。但是随着神经科学和脑科学进入到教育学和心理学领域，人们发现这种机械的认识太过肤浅，继而开始了进一步的研究。20世纪80年代，加德纳出版了《智力结构》的专著。此著作中进一步将所谓的“智力”分成了八个项目，并且定义为“智能”。在他看来，智力不是单纯的一种水平能力的组合，而是相对独立、相互平等的，它的构成是经过很多复杂的方式和不尽相同的组织而成的，并且是一起共同作用的。此外，加德纳还认为不同个体在不同文化背景下智力的发展目标和程度的好坏是有差别的，文化的发展以及时代的要求使发展人们的智力成为可能。

加德纳用脑外伤患者的大脑作为样本来研究学习差异，他得出了结论，局部脑缺损与某方面的能力有关。接着进行了大量的探索和实验，提出了多元智能概念，使每个人更客观地看待人类的潜能，并给出了相应的对策。每种智能都独具特色。知识、技能和态度这三个方面是区分这八类特色智能的依据。MI理论提出，对于大学阶段的有效教学必须具备下述几个特点：教师能够正视学生的差异，并能善待个体差异、因势利导地促进学生在教师指导下主动学习。

多元智能引导下的教育方法以及相关科学化理念，转变了传统仅以甄别为目的的评价观念，为实现有效教学奠定了坚实的理论基础。

（二）多元智能理论的内涵

传统意义里我们一直用语言能力和数理逻辑能力来衡量一个人的智力水平，而忽略了视觉感官、运动感知、节奏控制等方面的智力。但是随着我们研究的不断深入，我们发现这些智力对人类的发展具有相同的重要性。而多元智能理论就是各种智能的集合体，它主要包括：

1. 语言智力

它是传统智力评判的重要指标之一，主要是指可以巧妙地运用语言口头或是书面表达事物或者思想的能力。具有这种智力优势的人会在阅读和写作方面优于其他人，还会有很好的记忆力，超强的语言表达能力。

2. 逻辑思维能力

这是传统智力评判标准的另一重要指标，主要是指逻辑思维和推理能力。具有这种智力优势的人一般都擅长分类、推理和归纳。

3. 动觉能力

即身体智能，这是传统智力所不包含的智力评判标准，它主要强调肢体运动中各种协调能力，如弹跳、速度等。有这种智力优势的人一般都是动手能力、表演能力强的人。

4. 人际交流能力

这也是现今社会最重要的一种智力，它主要是指能够快速理解他人的意思并快速做出反应、灵活处理各种人际关系的能力。一般具有这种智力优势的人都拥有很强的领导和组织能力，因为他们会善于洞察他人的情绪变化，分析他们的动机和企图，第一时间做出有效反应，从而调节冲突和矛盾，带动身边的人根据自己的思路活动。

5. 自我认知能力

这是一种自我剖析了解的能力，具有这种智力优势的人可以很清晰地知道自己的优势、劣势，并能很好地扬长避短，从而良好地发挥个人优势。

二、将多元智能理念寓于体育教学

随着多元智能理论的不断发展完善，其在教育中占据了越来越重要的地位，一直以动觉智能为主要培养方向的体育教育也深受其影响，也在不断寻找多元智能在体育教育中广泛应用之路。

（一）语言智能在体育教育中的应用

体育教学一直忽视文化课教育，这是不合理的。我们应该努力将语文学科和体育教育相结合，把文学知识融入到体育教学中，进行情景教学；将需要学生学习的枯燥的体育动作通过影片、故事或是舞蹈等方式生动地展现在学生面前，让他们对所要学习的动作产生兴趣，主动学习并用自己的方式进行表达和诠释。这样不仅提高了他们的学习兴趣，也开发了他们的语言智能。

（二）逻辑思维能力在体育教学中的应用

在体育教育中，会涉及各种各样的数字、数据，他们往往是枯燥无味的。如果我们在教学中只是单调地把数据念给学生，只会让他们感到无聊和乏味。如果我们可以利用一些趣味数字，逻辑推理，不仅可以提高学生的学习兴趣，完成学习目标，同时也有利于开发学生的逻辑思维能力。

（三）身体智能在体育教育中的应用

体育教学身体智能的开发当然是必不可少的一部分，但是我们不再单纯地要求动作的一致性和完整性，我们在练习中要更加注重身体各部分协调性的发展，要锻炼学生利用身体各部分完成动作的主观能动性。例如一个简单的跳绳，我们保证脚步起跳和手部摇绳的完美结合才能完成一个跳绳动作；如果手和脚不能协调，那就无法完成这个动作。

（四）自我认知智能在体育中的应用

每个老师在教育学生的时候，起初都是同一种方式，因为他们没有办法在一开始就掌握每一个学生的优势智能，从而因材施教。所以作为学生，我们要有很好的自我认知能力，能够知道自己的优势与劣势，在学习中可以主动避开那些影响自己进步的方式方法。这样不仅可以使我们在体育学习中少走许多弯路，同时自我认知能力也会得到进一步开发，从而更加积极地剖析自己，掌握自己的优势劣势，获得更多的成功。

（五）人际交流智能在体育教育中的应用

人际交流智能强的学生会有很强的组织和领导能力，他们善于处理各种复杂的人际关系，一般都会在班集体或者体育社团中担任领导干部。而且他们能够调动学生的学习积极性，带领学生更好地完成老师安排的各种任务，会成为老师的得力助手。所以在体育教育中融入人际交流智能，提升学生在人际交流智能的能力，会更有利于老师教学任务的完成。

第三节　寓美于体教学理念创新探索

一、体育与美育的相关概念

（一）美育与美育课程

1. 美育的内涵

美感教育最早是从德育引进而来。在 20 世纪初，学者王国维、蔡元培将 aestheticeducation 一词译为美育，并且从两方面对其含义进行了解释：狭义上的美育是通过具体的审美活动提升人的审美能力，进而增强其精神素质；广义上的美育可以将其称之为美感教育，是通过审美活动建立自我本质力量与存在的过程，也泛指具有健康、饱满精神状态的人的生成过程。也有学者将美育界定为通过改变人的认知对现实世界进行的完善，这种认知包括对人们情操的陶冶和对审美态度的改变。很显然，这个观点强调人类的认知在受教育过程中的重要性。目前在一些著作中将美育解释为认识美、感知美、欣赏美和创造美，事实上这个理解是不全面的。首先，这种理解将美育指向了对象世界，并没有突出美育偏重于人自身生存方式与素质的发展。正如席勒所提出的，美是对象的同时又是作为一种状态；其次，并没有突出美育作为感性教育的深刻特质，即使人获得了理性与感性之间的平衡，建立了完善的人格。从本质上来讲，审美教育是通过教育者的意识和明确的目的，借助于精神设计的情景使审美对象能够充分发挥其审美的特性，从而将审美活动的潜在价值转化为现实力量。基于 20 世纪末国内审美文化的变化，人们的观念也受到了很大的影响，美学理论也在此期间发生了重大的转变。

（1）对于美育的解释

从狭义逐步转向广义，在 20 世纪末，我国学者对于美育的理解主要是从狭义角度进行，涉及范围相对较小，与艺术进行密切关联。后期鉴于经济持续发展，人们的生活观和价值观有了很大的变化，所以对于美育的理解局限性也逐渐打开，并非完全将其理解为艺术。美在百科全书中的定义为培养学生认识美、欣赏美和创造美的教育；中小学的美育多是融合在艺术欣赏中，引导学生感受自然美、科技美、环境美、艺术美等。学者陈建翔认为，美育是发现美存在的规律并且遵守这些自然规律，在美育中也要培养学生创造美的能力。

（2）美育功能的认识也逐步开始延伸扩展

当前对于美育的认知大概涉及三大方面，一是直接功能，二是间接功能，三是超美育功能。直接功能强调对一个作品的欣赏及创造；间接功能，可以理解为附带功能，指美育在实现直接功能过程中所产生的潜在功能；超美育功能指的是超出直接和间接的功能。21 世纪以后，一些具有影响力的理论者对于美育的功能进一步探讨。例如，单亚萍提出“以美启真”“以美储善”；学者滕守尧认为审美的教育最终是审美心理结构的成熟和完善。对教育自身美学精神的追求，很大程度上已经成为一种趋势和潮流。

（3）美育的导向逐渐从最开始的道德教育论发展成为情感教育论

在古代，美育作为教育中一项重要的组成部分备受关注，诸多思想家都强调美育在教育过程中所起到的重要作用，将美育视为道德教化和富国强兵的重要手段。到了近代，王国维认为美育的作用是使得受教育者的情感更加丰富。但近些年来一些学者又将美育融入诸多道德伦理要求。美育与道德尽管有一定的共同之处，但是美育侧重对人情感、品质、情操的塑造，而道德则侧重于对人行为的塑造。

（4）美育的研究也逐步由理性转向感性

以往传统的理论如同传统美学一样，具有一定的局限性，被封闭在一个狭窄的空间中。美育理论所探讨的一些理论只是被少数人所理解，而大部分学者从理性思维结构分析，很难解析美学中的要素。随着社会发展，美育理论也受到越来越多人的重视，内容涉及范围越来越广。从方法上而言，从理性思维逐步转向感性经验，将目光转向对现实审美问题的发现和解决，以及对整个社会状况的关注。

2.美育课程的概念及其相关理论

课程一词，最早在我国的《诗经》、《朱子全书》等古代书籍中已经出现，原意是指教学中的功课内容和实施进程。英国教育领域将课程理解为教学的跑道。课程按照其定义可以分为教学科目、教学活动、预期结果、学习经验、社会文化再生产、社会改造等。随着教育史的不断发展，学者们将课程分为广义和狭义课程。广义的课程，可以理解为由“课”与“程”有机组成的系统。其中，课主要涵盖了课程的目标和内容；程主要是在教学过程中，教师指导学生在正确的跑道上有效地跑。也有学者认为广义课程是学校为了实现教育目标设置规定的一系列科目、教学方法以及途径等因素的总和。狭义课程中，课是动词，建设的意思；程，是名词，意为教学实施过程。目前，被广泛认可的课程定义是，包含了教学目标、教学内容、教学方法、教学途径、教学评价等内容的体系。

基于对课程概念的界定，美育课程的概念也逐渐清晰。目前，学者们普遍认为：美育课程是学校为了适应和促进学生身心协调发展而开展的一类课程体系。该体系旨在构建培养学生审美、人文素养、专业能力等综合素质，设计相应的教学内容、课程门类、课程教学方法、教学途径、教学评价体系等。尽管美育课程在学术界已经有了较为清晰的概念界定，但是高校体育教育专业中的美育课程研究较为缺乏，对其概念也没有做明确的界定。为了厘清研究内容边界，本文对高校体育教育专业中的美育课程进行界定：针对体育教育专业的学生构建的美育课程体系，旨在符合与满足该专业类学生的特征、学习需求、未来就业需求等方面，通过培养学生对美的感受、鉴赏、创造能力提升学生的综合素质。高校体育教育专业的美育课程可以分为两类，一类是专门设置的独立、显性的美育课程。这类课程有相应的教材、教学设计，配备专业的教师授课。这类显性课程包括《体育美学》《体育舞蹈》《形体健美》等课程；一类是在专业课程中融入美育要素的隐蔽美育课程，在专业知识与技能传授学习过程中，将美育元素融入教学，达到提升学生在体育中感受美、鉴赏美、创造美的能力。通过教学不断陶冶学生的情操，塑造学生美的心灵。这类课程没有专门的教材，依赖于专业教师在专业课程教学中主动融入美育元素。这类隐蔽课程是根据体育项目的不同类别融入相应的美育元素，并强调关注这些美的形式。例如：技巧之美、技能之美、体能之美、战术之美、暴力之美等。例如艺术体操、花样滑冰、花样游泳、击剑、跆拳道、跳水、马术等项目中融入技巧之美；手球、棒球、羽毛球等项目中融入技能之美；田径、举重、游泳等项目中融入体能之美；篮球、足球、排球等项目融入战术之美；拳击、摔跤、柔道等项目融入暴力之美等等。

（二）体育教学中美育的功能

1. 美育的特点

杜卫的《美育论》指出，美育的过程是由美育活动特征及其价值实现过程所决定的。情感的创造与升华自始至终就是情感生命的延续，受到主体内部感情的驱使；第二，美育涉及受教育者自身的人格，美育不仅促进个性审美，对个体的审美和心理也有一定的平衡作用；第三，美育对于受教育者具有较大的吸引力，促使其始终对审美、创造美的活动保持兴趣，使教育者的感情生活得到进一步满足，并鼓励个性及创造性的发展；第四，以情感为中介，通过倾诉情感来激发情感，从而以情动人、陶冶情操。

2. 美育对体育的促进作用

著名的哲学家黑格尔曾经提到，审美自始至终都带有解放的性质。换言之，美育在形式上是自由不受拘束的，最容易启迪人的心灵，引起精神上的共鸣。体育中所涉及的美育是通过对于体育美的感受、认知、理解，达到心情愉悦、精神满足。体育教学中的美育具有以下几个鲜明特点：

第一，美育是通过人体及运动的各种形式所展现出来的，是生动、真实、形象的，因此可以引起受教育者情感的共鸣。

第二，体育运动中的美育是潜移默化的，在兴趣爱好和娱乐中使人愉悦地接受教育，情感受到感染和熏陶，从而使学生乐于受教。

第三，体育中的美育是主体与客体之间相互存在、相互作用的过程，是感性与理性相互促进的过程。

在体育教育中，最能体现美的活动有健美操、体操、游泳等，这些运动都蕴含着节奏美、韵律美，借助于音乐韵律等艺术教育，注重训练学生的感官能力。从体育教学而言，学生的艺术修养越高，掌握技能的速度也将越快。运动能够使人心情愉悦、身心放松；艺术活动同样能够给人以轻松愉悦的感觉，两者都能够使心理达到一个平衡的状态。

二、将美育理念寓于体育教学

（一）体魄美

三国时期诗人曹植在《洛神赋》中曾写下过这样的句子：“（宓妃）其形也，翩若惊鸿，婉若游龙”，引发了世人对“体魄美”无限的遐想和不懈的追求。针对学生的具体情况而言，要满足他们对自己体形体态的高层次要求，仅仅学习课本知识是远远不够的，还必须依靠学校体育课堂教学中运动锻炼的力量才能够实现。

首先，人体骨骼的形状多种多样，通过关节紧密地结合在一起，并附着有肌肉，构成人体的支架。人体的运动是靠骨骼、关节和肌肉的相互作用。骨骼起着杠杆的作用，关节是运动的枢纽，肌肉收缩是运动的动力。而身体形态是身体的外在形状和特征，也就是骨骼、关节、肌肉的外部表现。虽然身体形态的发育主要受遗传因素和后天环境的影响（如高矮、胖瘦与遗传因素等有很大关系），但学生的身体都处于快速发育期，可塑性较大，适当的体育锻炼，可使骺软骨的细胞正常增殖，促进骨骼的生长速度加快，从而使身体长高。适当的体育锻炼加速了新陈代谢，使肌纤维增粗、体积增大，肌肉变得粗壮、结实、发达有力。因此积极合理地参加体育锻炼，可以促进身体形态的良好发育。

其次，此时学生的骨骼增长较快，骨骼的弹性大、硬度小，易发生弯曲和变形，容易出现两肩高低不一、驼背、溜肩、“O”型腿、“X”型腿等体态畸形的情况。而体育锻炼的主要目的之一，就是“促进人体的身体形态、机能、各器官系统机能得到全面的发展，并使各种身体素质及基本活动能力得到全方面发展”。学生通过积极参与体育课堂教学，在教师的引导下进行有针对性地运动锻炼，循序渐进，能减少甚至杜绝以上畸形情况的发生，展现自己的健康体态，欣赏自己的“体魄美”。

（二）情感美

根据素质教育的这一要求和特征，学校的体育教育应当做到全面提高学生的体育素质：“既要增进学生的健康、增强学生的体质，又要培养学生终身体育的意识、兴趣、习惯和能力，还要提高学生的心理素质和体育文化素养。”也就是说，学生在体育课上，既要有体质锻炼（体魄美），又要有情感体验（情感美），而且这样的情感体验应是通过潜移默化地影响，最终培养起学生“终身体育”的意识。

体育课堂能让学生体验到一种“自由之美”。倡导素质教育，学生的主体性地位得以凸显，整体素质能力得以提升，但是仍然面临掌握众多学科知识的压力；在文化知识学习之余，学生也渴望缓解压力，得到身心的释放。而学校体育教育，以其独特的魅力，在一定程度上可以满足学生的这一要求。这是因为体育教学活动大都在空气清新、阳光充足的户外进行。学生在这样的环境中进行活动和学习，可以抛开物化空间对身体心灵的束缚，可以感受到生命活力在天地间的肆意洒脱，可以感受到精神愉悦在万物间的随性纵横，使身心都享受到一种无拘无束的自由之美。

在体育教学中，让学生在体验放松式自由之美的同时，教师还应引导学生进行有意义的运动锻炼，让学生在运动锻炼中实现一种更深层次的情感之美——快乐（成功）之美的体验。“快乐体育”，是从终身体育和个人发展的需要出发，从情感教学入手，对学生进行以健全的人格教育、身体教育为目标的一种体育思想。它的核心是把全面育人视为体育教学的出发点和归宿，把面向终身体育视为体育教学的目标，强化情感、兴趣、创造、个性和能力培养，以教师“乐教”、学生“乐学”为中介，达到学生在体育教育中的主动学习和愉快发展。

（三）意志美

学校体育教育“是学生在教师的指导下积极参加体育活动，全面发展身体，增强体质，学习体育知识、技能，提高运动技术水平，培养道德和意志品质的过程。”也就是意味着，体育课堂除了塑造学生的“体魄美”、培养学生的“情感美”，还应通过结合项目运动的特点和要求，对学生进行多方面的思想品质教育，让学生具备“意志美”。

1. 自主（独立）性

“独立性的实质在于，一个人要对行为的目的性和行为的社会意义有明确的认识，有独立的见解。”随着生理的快速发育和自我意识的不断增强，学生表现出强烈的独立倾向：朝气蓬勃、好胜心强、凡事都想争第一。但由于部分知识、能力的欠缺，他们有时并不能真正独立处理好事情。在这种时候，教师应该在体育课堂上创设给学生充足的机会，培养他们的独立意识，让学生在运动锻炼中享受到“自主（独立）之美”。例如：在耐力跑的教学过程中，教师规定按运动成绩分成 A、B、C、D 四个档次。学生通过对自己实际情况的判断，选择确定适合自己的级别，这样才能在各自的级别中努力拼搏，向更进一步的层次冲击。

2. 果断性

“果断性是指及时地、坚定地采取有根据的决定，并毫不迟疑地执行该决定”。“具有果断性的人能够迅速地熟识情境，立即采取最合理的决定，并马上执行”。学生由于独立的需要，在具体事情的处理上往往表现出决心很大，但意志调控能力不够。因此容易在行动上迟疑不决、摇摆不定。体育课由于活动和游戏的及时性，是最能培养学生果断性的课程。如：

利用竞赛法教学。竞赛法是在比赛的条件下进行的一种方法，它能使学生在竞争条件下进行学习。

利用游戏教学。所谓游戏法就是指以游戏的方式组织学生进行练习的方法，学生在条件变化的情况下掌握和运用体育的知识、技能，培养机智、灵敏和独立创造能力。

3. 坚韧性

“坚韧性是指不断地克服到达目的的路上所遇到的重重困难，把采取的决定贯彻到底，直至达到所提出目的的意志品质”。不同于其他学科的纯知识教育，在体育课堂上，教师应该给学生一种更真实的社会心理体验，让学生意识到，社会迎接他们的并不都是微笑和鲜花，更多的是困难和荆棘。通过实际场景的模拟，让学生意识到“优胜劣汰”是社会生活的一条重要法则。要想战胜困难，就要根据自己的条件做出努力、付出代价，去取得最终的成功。例如，在进行中长跑运动练习的时候，需要学生用耐力、恒心去达到目标，萎靡不振和松懈无力的行动绝对是达不到要求的。

（四）创新美

学校教育是一种全方位的教育，体育教育是其中的一种模式，它同其他的科目之间其实有着千丝万缕的联系。教师可以抓住体育教学与其他学科之间的“灵犀一点”，通过具体活动的设计，让学生体验到这种联系，让整个课堂呈现出一种“创新美”。

1. 文体之美

文学艺术之美通过艺术媒介固定下来，具有相对的稳定性和静止性，而体育则表现在人体运动的全过程中，有着强烈而鲜明的个性感。因此通过直接的感知能更深刻的体会想象的美。结合这一特点以及体育教材的特性，在注重贴近自然、贴近生活时，将游戏与生活连接成面，在体育教学中充分利用，可以达到寓情、促质的效果。

2. 音体之美

黑格尔说：“音乐的节拍具有一种无法抗拒的魔力，所以听音乐时时常不知不觉地跟着打节拍。”一首节奏强劲、旋律优美的音乐，能使人感到力量，激发人的激情，提高大脑皮层的兴奋度。体育课中融入音乐的元素，能调起学生学习的兴趣和积极性，产生学习技术动作的内部动力。体育课不同于一般的文化课，运动使学生的身心得到了发展和锻炼，但同时也给学生带来了身心上的疲劳。音乐对大脑边缘系统和脑干网状结构有直接的影响。它通过一定的节奏、速度和音调对人起到镇静、兴奋、镇痛、调节心率、降低血压等作用。《淮南子·道应训》中的“举重劝力之歌”——劳动号子，记载了我们的祖先早在原始部落时期，就用音乐来组织指挥劳动了。

3. 艺体之美

体育作为一种力和美的造型艺术，曾经被人誉为“形体的雕塑”。溯古观今，美术绘画在人们的日常生活空间中比比皆是、林林总总，更有以体育为题材的绘画和图案，展示了体育的深层魅力。美术能促进学生在体育活动中去发展对灵巧稳健、平衡协调的健康美的认识，从而引导学生自觉参加各种体育锻炼。有人曾经说过智育是火车箱，体育是火车轮，美育是连接火车箱的纽带，我认为这种比喻是很正确的。学校的体育教育，不仅应培养和提高学生的运动能力，同时还应培养学生对体育作品的欣赏和向往。

第四节　寓乐于体教学理念创新探索

随着我国国民经济的不断发展以及科学技术水平的不断提升，我国教育事业，特别是体育教学和运动训练中，音乐要素的应用策略得到了社会各界的广泛关注。在现代化体育教育教学管理工作中，音乐要素的重要性不容忽视。如何在素质教育持续深入的背景下，探索出合理的发展方法，将音乐有机融入体育教学和运动训练中，成了相关领域工作人员的工作重点之一。

一、音乐在体育教学和运动训练中的作用

（一）音乐在体育教学中的作用

音乐可以在一定程度上激发学生的学习热情，积极地调动学生对体育教学活动的参与程度。在进行体育教学的过程中，教师如果播放学生熟悉的音乐，能够让学生的注意力迅速地集中在课堂教学中，提高其对教学内容的关注度，进而有效地激发学生内在的运动潜能。例如，我国某地区的学校体育教师，组织学生参与太极拳运动，通过采取对比分析的方式，对使用和不使用太极拳音乐时学生的注意力集中程度进行了探究。结果发现，在教学活动中，增加音乐条件，能够有效地减轻受教育群体的厌烦情绪，提高学生的注意力。此外，音乐要素的合理应用，还可以提高体育教学的质量，优化教学管理的效果。我国某地区的高等院校，在进行篮球教学的过程中，教师将班级内部的学生划分成数量相等的两个小组。实验组在篮球教学中应用了体育舞蹈、健美操和体操等项目的伴奏音乐。对照组按照常规的教学方法，未使用伴奏音乐。在教学结束之后，教师对学生进行了投篮、运球等项目的考核。结果显示，实验组的平均技能水平要明显高于对照组。可见，将音乐融入体育教学中，可以达到优化教学质量的效果。

（二）音乐在运动训练中的作用

在运动训练中，音乐可以对运动员的情绪产生影响。在组织运动员参与运动训练时，运动实践中运动员的心理状况会受到多种不同因素的影响。运动员神经系统兴奋程度的高低不一

致，很可能会导致运动员出现赛前热症或者赛前冷症等不良情况，具体体现为运动员兴奋过度或者信心不足等焦虑不安的情况。无论是何种情况，都会影响到运动员的身心健康、训练效果和比赛能力。在面临重大比赛的情况下，柔和的音乐可以对运动员的身心起到舒缓的效果，帮助运动员恢复平稳的情绪，使情绪达到最佳状态。

二、将音乐理念寓于体育教学

随着体育运动的发展，配乐体育练习在学校体育中被广泛运用。例如，在音乐伴奏下做广播操、健美操，跳迪斯科健身舞，打太极拳、太极剑，以及扭秧歌等。

（一）配乐练习的优点

人们之所以喜欢在音乐伴奏下做练习，主要是因为音乐有以下两大优点：

音乐替代了单调无味的口令、信号。广义地讲，无论是强、弱声响或口令都可称作“信号”，它在人们参加体育活动时起到“统一行动”的作用。如学生在进行队列操练时，教师用的口令、鼓号队击的鼓点，或在运动员进行曲伴奏下进行操练等。比较而言，上述三种做法虽然都起着信号作用，但后两种信号显然更受练习者的欢迎。

另外，音乐与口令两者巧妙地结合，也具有另一种情趣。例如，做广播体操，它既是在音乐的伴奏下，又是在口令的提示下同步进行的练习。

优美的旋律能调动、激发人们的兴奋性和情趣。由于人们在清晰、欢快音乐节奏伴奏下做练习，加上对音乐的理解、想象和受音乐感染力的影响，很自然地从心灵中产生共鸣。所以，它对消除由运动中出现的单调感和疲劳、陶冶情操等具有其他手段无法替代的作用。

（二）配乐练习内容的确定

音乐是按一定规律（节拍、节奏）运动着的声音。而体育动作或身体练习也有它自身的特点。从音乐角度讲，以 2/4 拍一节为例，以四分音符为一拍（不管其旋律如何变化）将八拍音符分配在四小节内，如若体育动作或身体练习，也能以均等的时间将动作或练习划分为二、四、八个部分的话，其身体练习与音乐的结合将是可行的（例如，我们常做的徒手操或类似的练习）。与此相反，若所选择的练习内容存在着时间长短的差异，不能按均等时间、节拍划分的动作练习，则不适合作为配乐练习的内容。

因此，不难看出，凡是易以按均等节拍时间划分的练习，可作为配乐练习的内容。例如，前面提及的徒手操、健美操、迪斯科、太极拳、集体拳、舞等。与此相反，田径、球类、游泳、器械体操等，则不宜作配乐练习的内容，应顺其自然，发挥本项目之所长，切不可勉强追求配乐效果。

（三）选择音乐的原则

为选择好适合做身体练习（也包括有关参加比赛内容的配乐）的音乐应遵循以下原则：

1. 练习内容与音乐相一致的原则

音乐的节奏、速度与动作的节奏、速度相一致。

音乐的乐句、乐段、乐曲与动作的节、段和套路相一致。

音乐的风格与动作风格相一致。

音乐的力度与动作的力度相一致。

只有尽可能地做到上述几个“一致”，才能使练习者及比赛时裁判与观众在听觉、视觉和个人本体动觉上的完美和谐统一，引起共鸣，获得最佳效果。

2. 音乐的多样性原则

音乐是人类共同的财富。由于地区和民族的差异，反映在音乐的形式、内容上也是多种多样的。例如各民族都有其古典的和现代的乐曲，加上不同乐器的演奏，为身体练习在音乐选择的多样化方面，开辟了广阔的前景。根据古为今用、洋为中用和土洋结合的原则，挑选适合做身体练习的音乐，为身体练习增添新的色彩。

（四）配乐的方法与步骤

为身体练习配乐，大多采用两种方法：

1. 先选择音乐

这种做法就是事先确立或选好音乐，之后根据已选好的音乐特点去编创与音乐相适应的身体练习。

2. 后配制音乐

它是根据练习内容与需要，后期进行选配音乐，对不妥之处进行增减或修补、剪接。根据内容谱曲。这种办法最为稳妥，但需付出比较大的代价。音乐活跃课堂气氛的原因主要是学生通常都喜欢听富有韵律感、节奏感的音乐。适宜的音乐可以增加兴奋性，打破日常生活中较缺乏活力的环境，使学生在轻松、活泼的氛围中掌握体育技能。在课堂中，使用音乐应掌握正确的方法。

首先，应根据学生的年龄来选择音乐，不同年龄的学生对音乐的喜好和理解会有所不同。

其二，应根据教学的任务来安排音乐，即根据一堂课中每个练习的内容、强度、运动量来选择乐曲的旋律和节奏，使音乐的节奏与练习内容充分地融合在一起，保证学生能够根据音乐的起止进行活动，完成学习的任务。

其三，将音乐合理地组织在一起，以便在运用的过程中得心应手，即快慢乐曲先后的顺序应加以合理安排。随时能根据需求来变换音乐的快慢节奏，充分适应课堂教学的需要。例如，在准备活动部分可采用一些节奏明快的音乐，调动学生的兴奋性；而在结束部分的放松活动中，则可用一些古典或轻音乐，来缓解学生的疲劳。

其四，音响放置的位置也是一个需要考虑的重要因素。课堂教学设备的放置，以及学生活动的位置都会影响到音响的放置效果。应使音响的放置有利于课堂的教学，充分发挥作用。同时，要注意安全问题，音响应放置在一个安全的地方，不要让学生能在上课时轻易碰到，也不能让球或其他东西轻易打到。

其五，将音乐与课堂管理相结合。要在开始运用音乐的时候就教会学生跟从音乐进行活动，也就是“当音乐开始时开始（做指定动作）；当音乐结束时结束（运动和喧闹）！”比如，在宣布开始做准备活动后，随着音乐节拍的响起，学生开始活动。当音乐响起，学生们积极地投入到活动之中。于是，体育课就变得生机勃勃，课上充满游戏般的轻松气氛，音乐成为连接全体学生的纽带。因此，建议教师在上体育课时为学生提供一些适宜的音乐，使课堂充满活力，让学生在课堂上感受欢快和愉悦的气氛。

三、音乐进入课堂需注意的问题

（一）科学合理选择音乐乐曲

体育教师应根据不同的教学对象。不同的教学内容，来选择不同的音乐乐曲。根据体育课的课堂教学结构来选择音乐体育课的结构可划分为准备部分、基本部分和结束部分。在选择音乐乐曲时就要根据各个部分的不同内容来具体选择。一般在体育课的准备部分和结束部分选择音乐伴奏，更有利于教学效果的提高。准备部分的原地队列队形练习时因为不是完整节奏，不适宜伴奏，一般用教师口令指挥，但安排注意力练习项目时可采用 4/4 拍、2/4 拍节奏鲜明、有力的音乐伴奏；在进行行进间的队列队形项目练习时可采用 2/4 拍刚健有力的进行曲；在进行徒手操练习时可采用 4/4 拍的乐曲，使其达到身心愉悦、动作敏捷的效果；在做跳跃运动时可采用 2/4 拍乐曲，使其动作快捷整齐；在进行辅助性练习时可采用 4/4 拍缓慢、柔和、连贯的乐曲。体育课的结束部分，要进行短时间的整理活动，使身心从紧张到平缓。这一过程一般选编舒缓、节奏轻盈的乐曲，才能达到心理和身体各部位放松的目的。放松运动可选用 2/4 拍轻快乐曲；伸展动作可选用 4/4 拍舒展、节奏明显的乐曲。

（二）科学合理运用音乐乐曲伴奏

对音乐基础较差或从未利用音乐伴奏进行练习的学生，有过渡适应阶段，以培养乐感。即在一些对音乐要求不很高的练习中，如游戏、准备部分的慢跑等活动中放一些节奏欢快的轻音乐，让学生对体育课中的配乐练习有所适应。

1. 听音乐和口令练习

一般情况下还不应急于只放录音伴奏，教师可将录音机音量放低，并和着音乐节奏喊口令，学生随着音乐节奏和教师口令进行练习。这样对音乐基础较好的同学可有意识地去试着听音乐练习；而对于基础差的同学，则通过教师的口令和着音乐来强化对音乐节奏的感觉和音乐伴奏的适应性。

2. 哼唱歌谱

在正式用音乐伴奏前，教师可采用哼唱节奏比较明显的歌谱来强化学生对练习时采用音乐伴奏的适应性。在动作上也应选择一些容易配乐的如原地踏步、齐步走等，教师可以将和音乐喊口令改为哼唱《运动员进行曲》《打靶归来》等曲谱。教师尽可能一边哼一边带操或提示动作。

第三章 高校体育教学方法的有效运用

第一节 体育教学方法概述

一、体育教学方法的概念和层次

现在各大高校都开始注重全能型人才的培养，从德、智、体、美、劳这几方面来提升学生的综合能力。因此，体育教学越来越受到学校的重视，不断对体育课进行改革、拓展，不断完善体育教学，让同学们在体育学习中接收到更多有益的知识。

（一）体育教学方法的概念分析

1.体育教学方法的概念

体育教学方法主要指的是在体育教学的整个过程中，教师通过一系列的活动方式、手段和途径对学生进行指导，让同学们学到更多的知识，达到期望的教学目的的总称。因此，想让同学们很好地接收到体育文化知识、提高自身的综合素质，体育教学方法的好坏是非常重要的。

2.体育教学方法概念的讨论

目前，教育学者们对体育教学方法的概念有着许许多多不同的见解，至今都没有统一且固定的概念，都是含糊不清的概念，其中的中心词也都相当不明确，由此我们可以看出体育教学方法的概念是非常复杂且层次繁多的。例如，在对体育教学方法的概念上有许多雷同的词语对其进行解释："方法""方式""手段""措施""途径"等，使体育教学方法的概念模糊不清，没有明确的定义。由此可见，人们对体育教学方法概念的理解是多样的，都是因人而异的，主要是根据自身的情况和理解能力来进行诠释的。不管人们是怎么对其进行解释的，总之，这种不明确的概念说明了体育教学方法的不明确性和不稳定性，对教学是非常不利的。这不仅使教学方法的研究出现了困难，而且会在操作上出现各种问题。

3.教育方法和教育行为之间的区别

（1）方法和行为之间的区别

为什么体育教学方法的概念模糊不清呢？就是因为人们对概念的不同理解，对这个概念的措辞各有不同。方法指的是为了达到某种目的或者是为了获得某样东西而采取的方式和手段；行为指的是生物为适应环境的变换而采取的一种手段，主要体现在生存行为方面，例如：繁衍后代、御敌、取食等。因此，方法和行为之间的区别是非常大的，这些词用于解释体育教学方法的概念，都会有不同的意义。

（2）体育教学方法和教学行为之间的联系

教学方法和教学行为的定义有所差别，二者之间也是有一定联系的。教学方法是引导教师们如何用更好的方法对学生进行教育的一种方式方法，因此需要教育学家探讨出更好的方式方法，对各种方式方法进行筛选，进行不断地改进，使教育得到事半功倍的效果。而教学行为则是教师在教学时的一系列的行为动作，与教育成果的好坏是互不影响的，只是一种行为动作而已。因此，人们应该将教学方式概念的定义诠释清楚，而且只有好的教学方法和教学行为相结合，才能更好地对学生进行教育，达到教学目的。

（3）体育教学方法和教学行为容易混淆的原因

因为在体育教学上“技术”与“行动”二者之间的区别不像平时日常生活中那么明显，所以人们容易对教学方法和教学行为这两个概念产生误解。然而教学方法和教学行为之间是有非常大的区别的，最主要体现在：教学行为的定义是“不学也会的行为”，而教学方法的定义则是“不学则不会的技术”。因此，教学方法需要教育学者对其进行研究，从而寻找到更好的方式方法。而教学行为则只是一种行为方式，不需要进行更深的研究分析。

（二）体育教学方法层次上的分析

如今“教学方法的界限和空间定位不明确”也是致使人们对体育教学方法概念的理解出现混乱不清和多样性的重要因素。体育教学方法也是具有层次性的，本部分内容根据如今的体育教学方法对其进行了层次上的分析。

1. 教育方略的层次分析

教育方略是教学方法广义上的概念，这是属于教学方法“上位”的层次。它是过去传统定义上教学方法中的内容，是教师运用多方面的教育手段和手法对学生进行教育的行为方式，也可以称作教学模式和教学方式。单元和课程的设计是教学方略的主要体现方面，例如其中的组织讨论法、提问法、归纳法等，都是教师们的教学手法。

2. 教学方法的层次分析

教学方法的定义基本等同于传统的教学方法，这是属于教学方法中的“中位”层次，也可以看作是教学上的技术。教学方法主要体现在教师用一种主要的手段进行教学，也是一种行为方式。教学方法主要体现在课堂中的教学步骤上。

3. 教学手段的层次分析

教学手段是传统定义上的教学方法组成部分，这是属于教学方法“下位”的层次，同时也可以称之为教学工具。它是教师们对学生教育时采取的最主要的教育手段，也是一种行为方式。这种教学主要体现在课堂中教学步骤的具体教学环节上。

二、体育教学方法的特征

（一）多种感官集体参与性

体育教学活动是感知、思维和练习三者的结合。因此，其教学活动也需要多种感官参与其中，这样才能够保证各项动作的顺利完成。体育教学活动的特殊性要求在体育教学过程中，所有参与者都需要动员身体的各种器官。具体而言，教师需要为学生进行相应的动作示范，并且对学生的动作进行必要的指导和纠正；学生则需要进行必要的准备活动，然后进行相应的动作练习。在学习过程中，参与者的眼睛、耳朵及触觉和动觉等感受器官对运动的方向、用力的大小和动作的幅度等方面进行感知。学生通过自身和他人信息反馈控制身体完成正确的动作，形成正确的动作定式。鉴于体育教学活动的上述特点，在进行体育教学活动时，教师应运用多种方法，有效调动学生的各种器官参与教学活动，以使得学生更好地掌握相应的活动。具体而言，在体育教学活动中，应引导学生进行认真学习，积极进行思考，注重动作技术的调节控制，并大量进行重复练习。对于学生而言，正确的体育教学方法能够最大限度地调动多个身体器官参与活动，从而帮助其掌握各种动作，实现学习目标。

（二）感知、思维和练习有机结合性

在体育教学过程中，学生的学习是一个复杂的认知过程。在这一过程中学生需要动用思维、感知、记忆和想象，并结合具体的身体练习，最终实现对动作的掌握。因此，体育教学方法也是感知、思维和练习相结合的过程。在结合的过程中，学生需要通过自身的信息接收器官将外界信息传送至大脑皮层，并运用大脑对各种信息进行整理、分析和加工，然后大脑指挥人体的各器官完成相应的动作；通过动作的不断重复，学生建立起相应的动力定型，实现动作的自动化，同时掌握相应的动作技术。在这个学习过程中，信息的感知是动作学习的基础，思维活动则是学习过程的核心，而练习是动作技术掌握的重要手段。体育教学方法的实施过程是认识与实践、心理与身体相结合的过程，是感知、思维和练习三者的有机结合。

（三）实践操作性

体育教学方法与一般的教学方法相比，最大的特点是实践操作性。体育教学方法必须与体育教学实践紧密相连，当然有些方法是室内学科教学方法的借用，如直观教学法、讲解法等。但这些方法必须根据室外体育教学的特点、环境、学生的队列等情况加以调整，否则就不能适应体育教学。体育教学的主要方式是身体运动，身体运动是学生对自身身体的运动感受，具有“此时此地”的特点。因此，在选择与安排教学方法时，一定要根据体育教学自身操作活动的实践特点进行，而不仅是停留在理论层面上。只有结合实践操作的体育教学方法，才能让学生在掌握动作技术概念的基础上，通过身体实践活动达到掌握运动技能、促进心理发展的目的。同时，体育教学方法必须得到体育教学实践的检验，才能判断其教学方法是否有效。

（四）时空功效性

体育教学可以划分为不同的阶段，在不同的阶段内，有着鲜明的阶段特点，师生之间相互产生一定的影响。在教学的开始阶段，教师处于主导地位。随着时间的推移，学生的主体地位逐渐增强。在教学过程中，教学方法和途径发挥了重要的作用。在开始阶段，学生学习动机、兴趣、欲望等的激发，需要教师运用合理的方法；教师通过讲解、示范等方法来使学生理解和掌握相应的知识和技能；学生在学练过程中，通过一定的方法来感知、理解和掌握相关的知识。总之，在体育教学的不同阶段，体育教学方法都发挥着应有的作用，这是体育教学方法的时空功效性特点。

（五）运动与休息合理交替性

在体育教学过程中，学生的大脑和身体因为一定的学习活动会产生相应的疲劳，造成学习效率的下降。尤其是高强度的身体运动对于学生的体能消耗较大，这时为了保证教学活动的正常进行，有必要安排相应的休息活动。在学习活动中，学生通过一定的认知、理解和记忆后，

就会有相应的脑力消耗；通过进行相应的身体练习，人体的能量消耗加剧，人体相应的器官出现一些疲劳症状，并且随着运动负荷的增加，其会对学习活动产生一定的消极影响。因此，体育教学方法注重运动与休息的结合，使学生的身体疲劳能够得到一定程度的恢复，保证其保持较高的学习效率。需要注意的是，这里的休息并不一定是指暂停相应的活动，也可能是一种积极性的休息。即通过开展相应的轻松的活动，来达到身心的放松，帮助学生消除疲劳症状。安排休息时，应注重积极性休息和消极性休息的结合，使得休息能够更好地达到预期的效果

（六）继承发展性

体育教学的方法是在长期的体育教学实践过程中逐步发展起来的，经过多年的积累、发展和创新，逐渐形成了内容丰富的体育教学方法体系。很多教学方法具有鲜活的生命力，经过多年的发展依然在教学过程中发挥着巨大的作用。这些有效的教学方法值得人们对其进行总结、整理和借鉴。在教学实践过程中，在继承传统的经典教学方法的基础上，一些新的教学方法不断被提出，使得体育教学方法的体系不断完善。需要说明的是，尽管体育教学的方法众多，但不应过于追求现代化的教学方法，更不能对一些国外的教学方法进行刻板的模仿。教育工作者应在扬弃的基础上发展创新，在时代发展的大环境下，在体育教学具体实际的基础上，对教学方法进行开拓创新。

三、高校体育教学方法的重要性

1. 传统的教学模式阻碍教学改革的进一步深化

传统的教学模式片面追求教师主动的体育技能的传授与学生被动接受和被灌输，而相对忽视了学生身心的全面发展，以教学取代了课程本应有的更广泛的含义；单一的讲授将体育锻炼和学生的学习能力束之高阁，与现行的体育课程目标不符。这种只关心教学内容的技能传授，忽视学生兴趣爱好和学习方法的教学模式，禁锢了学生思维方式的拓展和发现问题并解决问题的能力的提高。使得教师在体育课堂上不能更好地展现最前沿的体育信息和健康的体育锻炼理念，甚至影响教师本人的人格魅力展现。而学生也往往失去对体育课程的兴趣，在日常生活中原本喜欢体育锻炼的学生排斥体育课程，原本身体素质较差的学生甚至可能对体育课程心存畏惧。如此，体育课程教学虽然得以顺利开展，但严重影响着体育教学改革的进一步深化和发展。

2. 新形势下的教学理念要求教学方法发展新思路

当今我国社会追求“以人为本”的人文理念，这就要求师生间应当在双方相互尊重的基础上保持一种民主、平等的师生交流合作关系，转变过去教师为主导、说教者，学生为对象、听授者的不平等关系。因此新的教学理念要求建立这种新的师生关系，在体育课堂上发挥学生个性，激发学生兴趣，提高学生的主动性、积极性，使学生的思维能力、学习能力、创新能力在丰富多彩的体育活动中得到明显的提升。这种以学生为主体的教学观，要求教师选择新颖、先进的教学模式。在这种教学模式下，教师作为主导地位的组织者和引导者，学生作为认知主体的发现者和探索者，整个教学过程生动、鲜活地成为一个有机整体。教师根据学生的实际情况选择适合的教学方法，或从体育技能出发，或从学生身心发展考虑，安排合适的教法，最终培

养学生自觉体育锻炼的意识，提高学生自主学习水平。

3. 体育教学方法改革发展的突破点已经明确

随着近年来体育教学法改革的深入，体育教学方法改革发展的突破点已经明确，其在于体育教师综合素质的培养和提高。在学生为主体的课堂教学中，教师作为教学活动中的主导者，其自身的素质直接影响教学活动的效果。当今体育教学方法的改革要求体育课程向丰富化和多样性的方向发展，不仅要培养学生良好的身体素质，更要求促进学生德智体全面的发展——包括身体锻炼技能、心理健康教育等多角度多方位的教育成分的结合。这就要求体育教师成为全面的高素质人才。只有这样，才能快速有效地将体育课堂教学提高到新的水准，从而达到体育教学的目标。

第二节　体育教学方法透视

现在的“身体锻炼体育教学方法”，已在原来的基础上通过教学改革实践有了新的突破和发展。该教学方法构建的理论依据是在增强体质、增进身心健康的思想指导下，将技术技能教学与身体锻炼有机结合，强调按人体活动规律和运动技能变化规律，科学地组织体育教学活动。该教学方法的特征主要表现在五大方面：一是以教学单元设计教学，根据某一项运动技能学习的特点，设计一套相应的身体素质练习；二是注重运动负荷量和强度的合理组合，以适应学生的体质水平；三是贯彻健身知识、锻炼方法的应用；四是强调师生互动双主体的教学，充分发挥教师的主导作用和学生的主体作用，做到尊重学生主体，激发锻炼兴趣，引导正确的运动行为，提高学生的体育素质；五是根据课的任务有针对性地加强运动意志力的培养。

一、身体锻炼体育教学方法的过程结构

（一）学生起点诊断

对学生体质、健康状况、运动能力水平、运动兴趣、学习态度等方面，进行起点水平的测试与诊断，为确定教学目标提供依据。

（二）教学目标

根据课程单元和课堂教学任务，针对学生的实际，确定运动技术技能目标、体能素质发展目标、锻炼健身方法目标、运动意志目标等。

（三）教学程序

根据教学任务和确立的教学目标，具体设置教学中各步骤环节应完成的任务，确立“教”与“学”的操作要点；针对技能教学、身体锻炼的教学内容，正确处理“教”与“学”在时间序列上的运作程式。

（四）方法体系

指体育教学过程中，教师和学生所采用的教学方式、方法、措施的总和。通过教学手段和教学方法的优选和运用，增强身体锻炼体育教学方法的效果。

二、身体锻炼体育教学方法的实施要点

（一）教学的重点、难点

明确技术技能教学的重点和难点、身体素质练习组合的重点、运动负荷调控的难点，确定有效的解决方法与手段。

（二）身体素质练习的组合

根据技术技能教学的内容，选择相应的体能素质练习，并根据速度、力量、耐力、柔韧性、灵敏度等诸身体素质的相辅相成及相互制约的内在关系，科学组合身体素质练习内容，并确定适宜的运动量和运动强度。

（三）安排适宜的运动负荷

心搏量极限负荷，是科学锻炼方法中最理想的健身负荷。研究表明，心率在 130 次 / 分钟的运动负荷时，每搏输出量接近或达到一般人的最佳状态，故身体锻炼体育教学方法一方面应以“炼身运动负荷价值阈”为依据，以中等负荷强度、有氧功能练习为主；另一方面应根据学生体质水平，在不同的课型中将中等负荷与小强度、大强度负荷练习合理地组合，通过体育锻炼提高体能素质水平。

（四）身心调控手段的运用

运用有效的生理负荷心率调控方法和心理负荷心理调节的手段，对体育课的运动量和强度进行有效的控制，以达到增强体质之目的。

三、身体锻炼体育教学方法的双向评价反馈系统

身体锻炼体育教学方法施教之后，要依据教学目标对教学的效果进行评价，以了解教学的成败与得失。评价结果可作为修正教学程序、教学方法、教学目标等项工作的参考。体育教学是师生之间、学生之间多边互感互动的统一体。对教学效果的评价形式，应克服以往的以教师为主的单向评价，而采用师生双向评价的形式，及时评价反馈，以纠正教学的偏差和判定教师教学和学生学习的质量和达标程度。

四、身体锻炼体育教学方法的应用与效果

身体锻炼体育教学方法，主要适用于“基础课”“健身课”。教学实践证明，由于球类选项课是以学年、学期安排教学，其中，某一教学单元可以采用身体锻炼教学方法实施体育教学。即选择有针对性地发展体能素质的组合练习与技术教学有机结合，若运用得法就同样适应于球类“选项课”，并能取得良好的教学效果。教学实践证明，身体锻炼体育教学方法对于提高体育教学质量，具有明显的教学效果。

值得一提的是，体育教学方法的构建来源于教学实验。但每一种教学方法都有各自的教学理论和指导思想、教学程序、方法体系和评价系统，单一的教学方法存在局限性，并非万能的。只有通过教学实验改革，构建多种类型的体育教学方法，才能适合于不同体育课型的需要。因此，研究模式、突破模式、创新模式，提高体育教学质量才是永恒的研究课题。

第三节　体育教学方法选择

一、体育教学方法选择的依据

（一）体育课程的教学任务

不同的体育课程有不同的教学任务，不同的教学任务就要选择与之相配合的不同的教学方法；不论多好的教学方法都不能完全适用于所有的课程，因此教师要根据课程的教学任务来选择恰当的方法进行教学。

（二）依据教材内容的特点

尽管在体育教学课堂上要使用现代体育教学方法，但绝不是盲目地使用，也不是让其完全取代传统的体育教学方法。教师要根据不同体育教材的内容来安排教学，根据教材内容的特点来选择与其相适应的教学方法，这样才能更有助于提高教学质量，而不是反其道而行。

（三）依据学生的实际情况

大部分的体育教学方法是适用于所有学生的，但是对于不同的学生来说运用不同的教学方法也是十分必要的。学生有其自身的特点，也有其学习的不同阶段，教师在教学的过程中要充分考虑到这些问题，根据学生的实际情况来选择教学方法。否则不但不能取得更好的教学效果，反而会适得其反，影响教学成绩。

（四）依据教师本身的素养

体育教师在体育课堂的教学中是处于主导地位的，体育教学方法的选择也是要根据教师本身素养的高低来决定的。

第一，教师必须具备责任心和事业心，不断扩充自己在体育专业知识方面的储备，及时更新教学内容，逐渐提升自身修养和教学水平，这样才能运用多种方式去安排教学内容，做到新颖、创新。

第二，教师要努力培养学生自觉形成学习体育知识和进行体育锻炼的意识和习惯，积极引导学生参加体育实践活动；同时改变枯燥乏味的教学方式，增强学生学习的兴趣和爱好。

第三，教师在教学过程中要尽量运用多种创新方式和新颖的手段来吸引学生的注意力，避免学生出现情绪低落或者注意力不集中的现象。这样可以更好地调动学生学习的积极性，满足其强烈的好奇心和学习的渴望，学生便能够将全部精神集中到课堂上，达到更好的教学效果。

（五）依据教学方法本身

体育教学方法是多种多样的，每一种方法都有其特点及其使用的范围。因此，体育教师要充分掌握这些方法，并做到根据不同的教材、教学内容、教学环境、教学对象等情况也能熟练地运用。想要优化体育教学方法就要让学生不但“要学”而且“会学”，把教学重点放在学与练的有机结合上。这样才能让学生在学会了基础知识的同时也掌握了基本技能。

二、体育教学中新方法的运用

体育教学方法是在体育教学过程中，教师与学生为实现体育教学目标和完成体育教学任务而有计划地采用的、可以产生教与学相互作用的、具有技术性的教学活动的总称。

体育教学方法主要包括教学策略、教学技术和教学手段三个主要的层次。

（一）以语言传递信息为主的教学方法

是指教师通过运用口头语言向学生传授体育知识、运动技能的教学方法。

在体育教学过程中，常用的以语言传递信息为主的方法有讲解法、问答法和讨论法。

讲解法：是指教师运用语言向学生说明教学目标、动作名称、动作要领、动作方法和要求，以指导学生学习和掌握体育的基本知识、技术和技能并进行练习的一种方法。

问答法：也称谈话法，是教师和学生以口头语言问答的方式完成体育教学的方法。

讨论法：在教师指导下，学生以全班或小组为单位，围绕教材的中心问题各抒己见，通过讨论或辩论活动，获得体育知识或辅助运动技能学习的一种教学方法。

（二）以直接感知为主的方法

是指教师通过对实物或直观教具的演示，使学生利用各种感官直接感知客观事物或现象而获得知识的方法。

以直接感知为主的方法有动作示范法、演示法、纠正错误动作法、保护与帮助法、视听引导法等。

1. 示范法

是教师（或指学生）以自身完成的动作为示范，用以指导学生进行学习的方法。它在使学生了解所学动作的表象、顺序、技术要点和领会动作特征方面具有独特的作用。体育教学中教师示范时，除注意示范面外还应考虑示范的速度和距离。

由于运动动作的多样性，因此动作示范更要注意“示范面”的问题。示范面是指学生观察示范的视角，也包括示范的速度和距离等要素。示范面有正面、背面、侧面和镜面。

（1）正面示范

教师与学生相对站立所进行的示范是正面示范。正面示范有利于展示教师正面动作的要领，如球类运动的持球动作多用正面示范。

（2）背面示范

教师背向学生站立所进行的示范是背面示范。背面示范有利于展示教师背面动作或左右移动的动作，以及动作的方向、路线变化较为复杂的动作，以利于教师的领做和学生的模仿，如武术的套路教学就常采用背面示范。

（3）侧面示范

教师侧向学生站立所进行的示范是侧面示范。侧面示范有利于展示动作的侧面和按前后方向完成的动作，如跑步中摆臂动作和腿的后蹬动作。

（4）镜面示范

教师面向学生站立进行的与同学同方向的示范是镜面示范。镜面示范的特点是学生和教师的动作两相对应，适用于简单动作的教学，便于教师领做，学生模仿。例如，做徒手操，开始时学生完成动作是左脚左移半步成开立，教师的示范动作与学生的动作相对应，则是右脚右移半步成开立。

2. 演示法

是教师在体育教学中通过展示各种实物、直观教具，让学生通过观察获得感性认识的教学方法。

多年来这种方法在体育教学中被广泛采用，尽管对于某些示范有一定难度，但是对于运动表象记忆又非常重要的体育教学来说，是一种不可或缺的教学方法。它与讲授法、谈话法等教学方法的结合使用可以收到很好的教学效果。

3. 纠正动作错误与帮助法

是体育教师为了纠正学生的动作错误所采用的教学方法。在体育教学中，学生的技能提高是伴随着动作错误的不断出现与不断纠正而进行的。

（三）以身体练习为主的体育教学方法

是那些通过身体练习和技能学习使学生掌握和巩固运动技能、进行身体锻炼的方法。

在体育教学实践中，以身体练习为主的体育教学方法有完整练习法、领会教学法和循环练习法等。

1. 完整练习法

完整法是从动作开始到结束，不分部分和段落，完整、连续地进行学习和练习的方法。它适用于“会”和“不会”之间没有质的区别，或运动技术难度不高而没有必要进行或根本不可分解的运动项目。

运用完整法时必须注意的问题：

限制练习法：在设置限制的条件下进行练习，纠正动作错误的方法。如练起跑时，在学生头顶上设置一定高度后低前高的斜杆，在这种限制的条件下使之体会，掌握起跑时的正确动作，避免产生过早直起身来跑的错误。

诱导练习法：是与所学动作技术相似而又简单的专门性练习。诱导性练习的选择要有目的性，应注意它所使用的肌肉以及用力的顺序与所学身体练习的一致性。如：在垫上做肩肘倒立时，学生不能挺直腰腹部，对此可在垫子上方悬一吊球，诱使学生用脚尖触球而挺直腰腹部。

自我暗示法：学生在明确完成动作的方法而又注意不到达到某些要求时，在练习中自己有意识地暗示自己达到要求的方法。如奔跑时后腿蹬地不充分应在练习中暗示自己注意。

辅助性练习：是为了帮助学生掌握较难动作而采取的技术结构与所学身体练习相似的简单技术动作的练习。

分解练习法：是指将完整的动作分成几部分，逐段进行体育教学的方法。它适用于“会”和“不会”之间有质的区别，或运动技术难度较高而又可分解的运动项目。

2. 领会教学法

是体育教学方法指导思想的一项重大改革，它从强调动作技术转向培养学生认知能力和兴趣。领会教学法的教学过程主要包括六个部分，领会教学法是以“项目介绍”和“比赛概述”作为球类运动的开始，让学生了解该项目特点和比赛规则，从而使学生一开始就对该运动项目有一个全面的了解。

领会教学法与传统的技能教学不同的是：教师不是从基本的动作教起，而是首先对学生进行“战术意识培养”。

教师在战术介绍以后，结合实战向学生演示一些临场复杂的情况和应付的方法，对学生进行“瞬间决断能力的训练”，培养学生全面观察情况、把握和判断时机以及应变能力，使学生最终可以根据所学的技术和战术，判断出“做什么”和选择最佳的行动方案——“如何去做”。

领会教学法的教学模式有如下特点：

从项目整体特征入手，然后再回到具体技能学习，最后再回到整体的认识和训练中。

强调从战术意识入手，把战术意识贯穿在各个教学环节中，整体意识和战术为主导的特征很强。

突出主要的运动技术，而忽略一些枝节性的运动技术。

注重比赛的形式，并在比赛和实践中培养学生对项目的理解，教学往往从“尝试性比赛”开始，以“总结性比赛”结束。

3. 循环练习法

是根据教学和锻炼的需要选定若干练习手段，设置若干个相应的练习站（点），学生按规定顺序、路线和练习要求，逐站依次练习并循环的方法。它主要是练习的方法，不是教学方法，但它也是一种教学组织方法。循环练习的方式有多种，主要是流水式和分组轮换式两种。

（四）以情景和竞赛活动为主的体育教学方法

是指教师在教学中创设一定的情境和比赛活动，使学生通过更生动的运动实践，陶冶他们的性情、提高运动能力、提高运动参与兴趣的教学方法。

以情景和竞赛活动为主的体育教学方法有运动游戏法、运动竞赛法、情景教学法等。

1. 运动游戏法

游戏法通常有一定的情节和竞争成分，内容与形式多种多样。但正是游戏中的情节和竞争、合作等要素可以帮助体育教师在学习的过程中培养学生的思考和判断能力，陶冶学生的情操，对学生进行心理锻炼等，因此在体育教学中游戏法被广泛地采用。

2. 运动竞赛法

是指通过组织学生比赛进行技能学习和练习的一种教学方法。严格地讲比赛也是游戏的一种形式，但比赛和前述的游戏法有如下两个主要区别：

游戏有竞争、合作、表现等多种类型，而比赛则偏重于竞争。

游戏不限于某个项目，而比赛往往是与某个运动项目有关。

3. 情景教学法

是一种主要适应小学低、中年级学生，利用低年级学生热衷模仿、想象力丰富、形象思维占主导的年龄特点，进行生动活泼和富有教育意义的教学方法，这种方法主要遵循幼儿认识和情感变化的规律。

（五）以探究活动为主的体育教学方法

以探究活动为主的体育教学方法有发现法、小群体教学法。

1. 发现法

又称探索法、研究法，是指在学生面对体育的概念和原理学习时，教师只是给他们一些事例和问题，让学生自己通过观察、验证性活动、思考、讨论和听讲等途径去独立地探究学习，自行发现并掌握相应的原理和结论的一种方法。

发现法的指导思想是以学生为主体，通过积极自主的活动，使学生在掌握、认识和解决问题的同时，培养他们自觉主动地探究学习的态度和能力；通过进行探究的步骤，学习研究客观事物的过程，提高发现事物发展的起因和事物内部联系的能力。

2. 小群体教学法

也被称为“小集团教学模式”等，是通过体育教学中的集体因素和学生间交流的社会性作用，以及学生的互帮互学来提高学生的学习主动性，提高学习的质量，并达到对学生社会性培养的一种教学方法。小群体教学方法虽也形式多样，但一般在单元的开始都有一个分组和形成集体的过程。在这个过程中，重要的是使小组具有一定的凝聚力和各自的学习目标。

第四节　体育学习方法指导

体育学习方法指导是提高体育学习能力的一种教学方法。突破心理障碍，从学习心理考虑体育学习方法指导的点，及时进行体育学习方法指导是体育学习的心理条件。体育学习方法指导与非智力因素培养相结合，身体练习方法指导与心理练习方法指导相结合。体育学习方法指导与教学方法改革要同步是体育学习方法指导的心理学原则。开设体育学习方法指导讲座，深入开展体育学习方法指导，迁移性体育学习方法的指导、学生团体学习指导、指导学生对自我动作的反馈是体育学习方法指导的方法。

一、心理条件

（一）突破心理障碍

体育学习方法指导的心理障碍是多方面的，有来自教师的，也有来自学生的。为消除教师心理障碍，要组织教师学习有关体育教学理论，注意让教师学习在实践中增长才干。对学生中产生的各种心理障碍，可用学生身边的榜样来消除，让体育技术技能水平高、方法好的学生介绍体育学习方法经验。通过不断学习，使教师、学生统一认识，协调步伐，形成合力，保证体育学习方法指导的顺利实施。

（二）从学习心理考虑体育学习方法指导的特点

学生接受学习方法指导，都必须通过学生的个体因素，使学生的认知结构和动作技能系统得到同化或顺应。因此，进行体育学习方法指导，必须从学习心理的角度考虑问题，以便充分发挥学生的学习主体作用。把握从学习心理的角度考虑体育学习方法指导，一是要面向学生，研究学生的学习心理特点。在充分了解学生实际的基础上，确定指导方法，设计以学生为主的体育学习方法。二是教师要设身处地从体育学习的角度来调整自己的教学内容和学习方法指导，使体育学习方法指导落实在“导”字上。

（三）及时进行体育学习方法指导

在体育学习开始时进行学习方法指导，不仅效果明显，而且能随着时间的推移取得更显著的效果。要及时比较不同的体育学习方法所产生的不同效果，指导学生学会对体育学习方法正确与否进行自我检查。

二、步骤 / 方法

（一）开设体育学习方法讲座

体育学习方法讲座以学生的体育学习心理、技术学习过程、认知规律、生理特点及动作技能形成规律为研究对象，学习心理规律，探索科学的体育学习方法，培养体育学习能力，指导学生的体育学习。体育学习方法讲座应有的放矢，教授方法要灵活多样，讲解、示范、讨论相结合，注意个别辅导并结合学生体育学习的心理状态。

（二）深入体育学习方法指导

教师在对学生传授科学知识、技术的同时应有目的、有计划地做出学习方法的示范，指导学生掌握科学的体育学习方法，学会怎样进行体育学习。这种形式的突出优点是体育教学方法改革与体育学习方法指导同步进行，使体育教学过程中两个相适应的系统协调进行，即教师“教”的过程与学生“学”的过程协调起来。

（三）迁移性体育学习方法的指导

在体育学习中，知识、技术、技能不同程度地彼此影响着。教学中运用迁移规律指导学生自觉地进行迁移性体育学习，形成一种“举一反三”的学习模式，这不但符合思维经济原理，而且也将对随后的体育学习产生事半功倍之效。指导学生运用迁移规律，意义在于突破传统的仅从某一课堂的有限范围来学习体育知识、技术、技能的框框，由此及彼、触类旁通，缩短学习时间，增强体育学习效果，并为终生体育奠定基础。

（四）学生团体学习指导

为了发挥学生在体育教学过程中的主体作用，使体育学习效果的个性发展得到和谐统一，教师可以引导学生积极自由地进行体育学习，并允许学生根据教材不同进行必要的调整或重新组合。通过这样指导学生分组学习，建立学生间学习信息的联系渠道，引导学生总结自己的体育学习过程，有利于学生互帮互学，主动问疑、质疑。教师便于区别对待，及时发现和纠正学生的错误，从而弥补学生人数过多、个体差异大、教师难以指导和控制的不足，激励学生主动追求目标，提高学生对自然环境的适应能力，促进其生理与心理机能协调发展。

（五）指导学生对自我动作的反馈

指导学生对自己所做动作进行分析、评定和加以自我调整，提高学生对自我动作的反馈能力，对于改进和提高运动技能具有重要的意义。教师要经常、及时引导学生评定自己的动作，使学生始终保持清晰、稳定、准确的运动表象和动作概念，强化正确的动作，加速运动技能的形成。

三、学习原则

（一）体育学习方法指导与非智力因素培养相结合

实践证明，体育学习方法能否发挥应有的作用，学生的自我探索、独立学习与锻炼能力能否提高，与其非智力因素，即学生的需要、动机、兴趣、情感、意志、气质、性格等有着密切联系。若不注重解决上述非智力因素方面的问题，再好的体育学习方法也难于转化为学生自身对体育学习的兴趣。一方面学生的非智力因素制约着学生的体育学习目的、学习态度、锻炼习惯等。另一方面掌握和运用良好的体育学习方法，又可以增强学生的体育学习信心，激发体育学习热情。两者相辅相成，可极大地提高体育学习方法指导的实际效果。

（二）身体练习方法指导与心理练习方法指导相结合

体育学习的过程，不仅是通过身体练习完成运动动作的过程，同时也是一种高度思维的过程，伴有大量的认知活动。同时学生要承受一定程度的运动负荷，就需身心高度协调配合。在身体练习指导的同时进行心理练习方法的指导，这样不仅可以调整学生的体力，合理休息，加快恢复，更重要的是能使学生的心理活动在技术学习过程中发挥作用，以利于技术动作的掌握、巩固和完善。当然，重视心理练习方法，并非忽视常规身体练习方法。学生进行一定身体练习是体育学习过程中所必需的。缺乏熟悉的技术动作为基础的心理练习方法，是不会有良好效果的。

（三）体育学习方法指导与教学方法改革要同步

体育学习方法指导就是体育教学过程的基本活动。其基本思路是，实现体育教法与学法在教学过程中的最优结合，体现教师的教学艺术的个性化和发展、完善学生的个性发展。体育学习方法指导的研究，必然导致体育课堂教学结构和教学方法的变革，因而它是体育教学改革的基础。但并不意味着就可以忽视体育教法，也不能简单地提“变教为学”的口号；强调学生要自学，并不反对教师做必要的示范、讲解与指导；提倡教师备课要重视学生，同时要认真地备教材、备组织教学、备场地器材、备气候状况等，不能简单地提“变备教材为备学生”。应强调教与学辩证统一，体育学习方法指导和教法改革同步进行。

四、教学案例分析

在素质化教育和新型课程改革深入发展的大背景下，当下国家在宏观上对学校课堂的要求相较于以往而言，也有了更加明显的调整和转变，不再以简单的理论知识背诵为本位，而是更加强调课外与课堂的有效结合，注重对学生身体素质的有效锻炼，这种变化也给教师的创新提供了更加鲜明的思路。体育作为支撑学生技能发展的核心学科，在这种情况下也应当受到更加高度的重视和关注，特别是就篮球这一类项目来讲，本身就具有十分明显的对抗性特征。投篮技术是篮球项目最为核心的进攻手段，也是从事篮球运动必须具备的技能。这也就意味着，教师需要在新时期注重对学生技能的引导和指挥，要让学生提高自己的投篮技术，从中吸取更加充足的经验和教训，积累更多的素材，为后续的实践奠定坚实的基础。

（一）分析投篮技术

篮球始终是最受高校学生欢迎的运动项目之一，受到各个层级学生的热烈追捧。篮球项目也是各个高校公共课开设的重要组成部分，是体育课程机制的重要元素。就课堂实践来讲，教学的本质是引导学生掌握实战技巧。而篮球知识与战术在课堂上的渗透，也是教师在公共课设计中需要考虑的重点问题。在这里，投篮技术的掌握是学生最为关键的学习内容。就以篮球为核心的公共选修课来看，大多数学生都认为投篮是业余学习者和爱好者的核心技术，而投篮的技巧和准确性，就可以直接影响到比赛的胜负。战术的运用也是以投篮为转移的，投中是战术的重点和方向。同时，新规则和新战术的创新，也对投篮的准确性提出了更加严格的要求。当下，篮球运动的发展已然显露出快、变、高等鲜明特征，这里所说的快，就是对时间和场上节奏的把握，要求学生可以尽可能缩短投篮前的准备时间，提高投篮的速度。而高主要指的是学生的跳跃程度，要求学生提高自己的出手点。变也就是要求学生掌握不同类型的制备方式和手段，把投篮方式与技巧灵活地结合到一起，运用到比赛上。总的来看，投篮的核心要求就是准确率。现代篮球运动具备更加多元化的高超技术，以及更加明显的高空优势，技能的发展也打破了传统的被动局面，向着更加全面和主动攻击的方向迈进。

与此同时，从高校的体育课程设置中可以看出，篮球运动既是一项综合性的活动性游戏，也具有十分明显的竞技性和对抗性特点。但许多高校在篮球教学的过程中都出现了一定的问题和不足，降低了投篮的命中率。而之所以会出现这一问题，产生的原因是多种多样的。例如，以篮球比赛的观看为例，一些球队虽然在比赛的过程中创造了许多投篮机会，但由于他们并没有掌握投篮的技巧和方法，所以就影响了全队的投篮命中率，最终导致球队输掉了比赛。以上这些都足以说明，投篮技术动作的准确和标准程度，能够直接影响投篮的命中率。而投篮的命中率，也在很大程度上决定了比赛的胜负。这也就意味着，教师要想真正增强学生的学习效果，提高体育篮球教学的质量，就必须要让学生懂得在激烈的比赛中使用正确的方法和途径，开展针对性地投篮训练，让学生可以提高自己的临场反应能力，协调四肢、手脑并用，与团队进行灵活的配合，最终取得比赛的胜利，让学生获得更多的成就感和满足感。

（二）篮球运动中投篮技术的类型

对于公共篮球课来讲，大多都是以非专业生的选择为主的，所以他们要学习的篮球动作主要分成三种类型，集中在上课和课后练习中，也延伸到学生的业余比赛或者是专业比赛。

1. 双手胸前投篮

这一投篮技巧主要是由女生来使用的，在实践的过程中，需要学生用双手握住篮球放在胸部及以上的位置，并控制好握球的高度，要保证高度始终徘徊在肩部附近。在这里，女生握球的手法和双手胸前传球的手法是相对类似的。要保证自己的肘关节可以自然下垂，上半部分身体稍稍向前倾斜，两脚前后或者是左右平衡站立均可。此时，学生应当微微弯曲两膝，要把重心落在两脚之间，目光朝向篮筐，在保证投篮力度的同时，也要保证两脚下前脚下掌蹬地，伸展自己的腰部和腹部，两个手臂用力向前方伸去。伸直手臂的时候，两个手腕应当同时向外侧用力，拇指向前压，把篮球送出去，指端用力拨动篮球，把力量集中在拇指食指和中指上。当这一动作完成之后，学生的腿部和腰部以及臀部，要保证自然伸直的状态。

2.单手上肩投篮

目前，大多数学生都以常用的右手作为投篮的依托，所以本文也将以右手投篮为例。学生应当保证自己的右手五指自然分开，而且要空出自己的手掌心，指根以上部位接触篮球。同时要向后屈腕和屈肘，手持篮球，放在右肩上部的耳部右侧，手肘不要向内侧收紧，前臂要与地面接近 90 度垂直。此时，学生要用左手轻轻扶住篮球的左侧，右脚微微向前，左脚微微靠后，把自己的重心放在两个角之间，然后膝盖微微弯曲，目光注视投篮目标。在实践的时候，学生要用两脚的前掌用力蹬地，自由伸展自己的腰部和腹部，然后抬起手肘，保持手臂上升的姿态，在即将伸直的时候，右手腕要用力前屈，用手指拨球，要用中指和手指的指端投出篮球。当篮球出手以后，腿部、腰部和手臂，要自然垂直。

3.原地跳起单手肩上投篮

这一技巧是篮球比赛中最为常用的方法，而且也适合诸多篮球爱好者和专业的篮球爱好者，难度系数相对较低，通常也被简称为跳投。这一技术的运用，要求学生事先跳起，在空中完成投篮的动作，具有十分明显的突然性特点，而且学生的出手速度十分迅捷，出手点相对较高，容易突破其他队员的防守。在这里，本文依旧以右手持球为例。学生要双手持球立在胸前，两脚前后站立或者左右自然分开，保证两腿微微弯曲，重心集中在两脚之间。起跳的时候，学生要迅速弯下自身的膝盖，前脚掌用力蹬地向上跳跃，还要迅速把球举在头部的侧前上方，用右手托球，手腕后屈托住篮球，左手也要扶住篮球。如果学生感受到自己的身体已经接近了最高点，那么左手就要及时离开篮球，右臂顺势伸向前方，当前臂即将伸直的时候，右手腕用力向前屈，用食指和中指去拨球，运用指端的力量将其迅速投出，然后让手臂自然伸直。落地时要微微弯曲膝盖，以缓冲地面带来的力度，以免产生关节损伤，保持自身的重心稳定。值得注意的是，这一动作对学生的跳跃要求是相对较高的，需要学生在练习的过程中多多加以注意，避免出现身体上的损伤。

（三）高效投篮技术教学的原则

首先，教师应当坚持直观教学的原则，为学生更加形象且具体地展示出投篮的动作，让学生更好地理解动作的特点，感知力度的变化，并展开一系列的模仿和实践。而在示范和讲解的时候，教师应当尽可能让语言变得更加简练且直接，做出标准的示范动作，这样可以更加吸引学生的注意力，引导学生掌握正确的投篮技术，激发出他们的兴趣和主动性。让学生更加积极地学习投篮，为后续的实践创造更加良好的条件和氛围。

其次，教师应当遵循循序渐进的原则。由于篮球是高校的公共选修课，所以接纳的一般都是非专业的学生，许多学生也是初次接触篮球这一项目。如果教师一开始就介绍过于高难度的动作，必然会让学生产生畏惧和抵抗心理。在这种情况下，教师就应当按照由浅入深的顺序，让学生由易到难、由近到远的感知投篮技术的要领。在这里，教师要先让学生学习原地投篮技术，然后再进行单手肩上投篮的学习。当显露出一定的训练成果之后，再为学生讲解跳投和急停跳投的要领，让学生练习转身跳投。同时，教师应当扎实地推进，并阶段性地考查学生的练习成果，不能因为过于追赶教学进度，而忽略了对学生的正常检验，那样必然会导致学生的学习效率大打折扣，也无法让学生形成深刻的印象。另外，教师需要坚持因材施教的原则，不同的学生在学习能力发展上是存在差别的。所以教师也不能用一刀切的眼光去看待学生的发展，而是要认真分析基本学情，根据个体的区别，设计出针对性的投篮教学方案。在这里，教师应当以学生的身体素质差异和技术接受能力差异为主，把班里的学生分成不同的层次，给予学生侧重性的指导和点拨；让那些接受能力较低的学生也能够找准自己的节奏，逐步积累自信心，追赶那些优秀的学生，认真听从教师的指挥，展开持续性的训练。

最后，教师需要坚持巩固性的原则。投篮技术的练习并不是一蹴而就的，必须经历一个循序渐进的过程。教师不能只是以走马观花的形式为学生演示投篮动作，而不在乎学生自己的练习状况。对此，教师需要认真观察学生日常的投篮情况，并及时对其技术水平作出分析和判断。同时，教师要提高自身教学内容设计的合理性与科学性，对下一环节的内容作出修改和调整。而巩固性原则就是要求教师摒弃走马观花的理念，为学生投篮水平的提升创造更加有利的条件和氛围。

值得注意的是，尽管许多高校都针对篮球教学展开了相应的探讨和实践，也出台了一些课程标准，但这些文件在执行的过程中也遇到了一定的问题和挑战。具体来讲，有相当一部分教师并没有从传统的教学模式中寻求改革和创新。他们认为篮球运动只是娱乐性质的项目，并不需要真正带领学生了解到专业性的技巧，只需要让他们简单练习即可。这就恰恰暴露了教师在认知上的误区，也影响了课堂的有效设计。而且，部分学生也没有真正注意篮球训练的价值和内涵，他们认为公共选修课只是消磨时间的一种途径，都把这一领域当作填补学分的选项，并没有真正投入自己的时间和精力。即便是在课堂实践的过程中，也缺乏动力和活力，不能随时跟随老师的步伐，集中自己的精神和注意力，甚至在投篮练习中也显露出了敷衍和应付的态度。

（四）高校篮球运动投篮技术训练的方法

1. 突进与撤退练习法

在课堂实践的时候，教师可以让学生练习持球，首先完成过人这一动作，向球场的底线进行突进，在标志或者是障碍物前戛然而止，然后运球向后撤退，把自己的整个身体挺起来，然后再开展后续的投篮练习。在这里，教师应当让学生意识到最为关键的训练环节，在后退的时候要注重移动的脚步步伐，不仅要保证速度的到位，而且还要注重对障碍物的闪避，选择好撤退的方向，避免与他人产生冲突。这种训练方法可以让学生有更多的身临其境之感，提高实战投篮动作的准确性和标准性。

2. 使用固定投篮姿势

教师可以让学生在原地静止的状态下练习投篮，这样不仅可以让学生巩固自己投篮的姿势，让投篮的标准动作彻底定型，加深学生的印象，而且还可以让学生的动作变得更加自然。动作本身就是投篮的基础所在，学生只有掌握了动作的要领，才可以在激烈的对抗中满足投篮的要求。对此，教师应当让学生站在离篮筐大约二十英尺远的地方展开练习。而距离的确定，可以让学生依照自己力量的大小和练习的实际水平灵活选择，学生要朝着目标持续性地投篮，直到投进球为止。在练习固定投篮的时候，学生也应当适当提高自己的次数和频率。在完成战术练习以后，教师要模拟更加真实的训练场景，让学生有更多的紧迫感。

3. 跳投练习

跳起投篮是最为接近实战的投篮动作，也是篮球比赛中最为常见的投篮方式。可以让学生快速地避开对手的进攻，而且出手速度相对迅捷。对此，教师要让学生在练习的过程中选择确定的目标点，在目标点之前要放置障碍物，或者是选择另一名学生进行防守。当选择好起跳点以后，学生要在固定点上跳投，应当以 50 个为宜。这样不仅可以提高学生的精准度，而且还可以让学生掌握跳投的姿势，为后续的实战练习奠定坚实的基础。

第四章　高校体育教学氛围的营造

第一节　课堂体育教学氛围的营造

一、高校体育教学氛围的组成因素

（一）体育教师

高校的体育教师在体育教学中起着不可或缺的引导作用，也是体育教学氛围的重要组成部分，对高校体育教学氛围具有重要的影响。在体育教学中，教师教与学生学是共生共存的。体育教学过程中教师的行为是学生学习模仿的对象，所以教师的自身专业技能、教学态度、教学理念、教学风格都会对学生的学习效果产生最直观的影响，也就是说体育教师能够通过他们的行为对体育教学氛围产生影响。

体育教师的思想素质。高校体育教师的思想素质是体育教学素质的核心和基础，对高校体育教学质量有直接的影响。具体来说，体育教师的思想素质主要包括他们的人生观、价值观、对待教育职业的态度、对教育职业应有的理想，以及他们在教学中的责任心和敬业心等。体育教师只有首先将自身的道德观念、思想素质摆正，才能以身作则，对学生进行言传身教，促使学生树立正确的三观。

体育教师的知识能力。在人们传统观念中，体育教师仅仅是一类具备某项体育特长的群体，与其他专业的教师相比在知识结构和能力上都存在着很大的差距。实际上，随着时代的发展，在我国新型教育体制下，高校体育教师的文化结构也得到了很大程度的改观。现如今大多数体育教师在具备体育专业知识能够胜任体育实践课程的同时，还具备相关的教学理论基础知识，例如运动解剖学、运动医学、教育心理学等；在掌握相关的生理解剖知识基础上充分地了解学生的心理特点，针对不同类型不同性格的学生，采用不同的教学方式，从根本上提高体育教学的质量。

体育教师的教学能力。高校体育教师的教学能力是与体育教学质量和教学效果关系最为密切的因素之一，也是对教学气氛影响最大的因素之一。一名合格的高校体育教师不但应该具有良好的组织能力、管理能力，还应该具有较强的综合教学能力，能够在课堂教学中对学生进行适当的启发和引导，并适时地为学生做示范，让学生更好地掌握所学知识。

（二）学生

体育教学的实施对象是高校学生，学生是体育教学的重要主体。体育教学课程中各种器械设备、教学课件、课程安排都是围绕学生精心设计的，因此帮助学生保持良好的身体、心理状态能够从根本上提升体育教学的教学效果。在具体实施中，学生在课堂中会对体育教学课程的内容、进度和方式产生一定的影响，进而对体育教学氛围也产生一定的影响。因此要想改善我国高校体育教学的氛围就必须注重对不同高校学生主体的研究。

（三）体育传统和体育风尚

每一所高校都有自己独特的精神和灵魂，具备各自的体育传统和体育风尚。我们必须承认，如果一个集体具备良好的传统和风气，那么这个集体必然会有积极的动机和向上的工作表现。经多年的教育分析和实践我们总结出，良好的体育传统和体育风尚能够在整个学校范围内产生积极的心理氛围。良好的校风和传统能够激发在校教师认真工作态度的原动力，加深教师对学生潜移默化影响的作用。因此各高校应该努力营造各自特有的体育文化传统和风尚，营造出教师负责教、学生认真学的气氛，只有这样才能切实有效地提高高校体育教学的实际成果。

（四）体育教学课堂氛围

体育教学的基本形式是课堂教学，在实现课堂教学任务的过程中，师生之间、学生之间会进行频繁地交往。交往时每个个体本身都带有一定的感情色彩，并具有强烈的感染力。这种情绪、情感上的共鸣，就形成了体育教学的课堂氛围。想要拥有优良的体育教学课堂氛围，积极向上的体育教师、勤奋好学的在校学生，以及良好的师生交流互动等都是必要的基础和前提。

（五）体育教学班级规模

体育教学的班级规模也是影响高校体育教学活动的重要因素之一。有心理学专家分析得出：每个人都有自己可以接受的活动空间，也都有自己的私人空间范围。如果一个集体人口过多、密度过大，那么个人空间就会遭到侵占，集体内的个人心理也会随之发生一系列变化。因此为了保证体育教学的教学质量，高校应该对班级的规模做出科学合理的规定。现阶段，我国高校规定体育教学课程为小班教学，即每个班级不超过三十人。这样在教学过程中教师有精力关注到每一位学生的动作和心理，也有精力对个别学生进行单独讲解和示范。多年的教学实践证明，这种小班教学课堂是最为合理的，也是体育教学效果最为明显的。

（六）师生之间关系

我国有句古话叫作“亲其师，信其道”，就是说只有学生相信他的老师、亲近他的老师，才能够接受他的教育。因此良好的师生关系会让学生们体会到教师更多的爱，同样也会更加信任他们的老师。学校中这种良好的师生关系在一定程度上影响着学校的教学风气，并决定着学校最终的教学质量。

（七）参与者之间信息的交流

我们跳出教学论的角度，以信息论的眼光分析高校的体育教学，它其实就是体育教师与高校学生之间信息理解交流的过程。体育教师将自己对体育课程的理解用语言表达的方式传递给学生。学生接收信息、进行理解并加之以练习。因此从这个角度上来讲，学校内部信息交流的顺畅程度对高校体育教学效果有较大的影响，它直接关系到学生是否能够快速准确地获得知识。尤其对于体育教学来说，体育课程中需要讲授的书本概念性的理论知识较少，更多的体育知识需要在师生的语言沟通交流中进行传授。因此语言信息传达的效果决定了体育课程内容是否能够顺利实施。

二、体育课堂氛围对大学生锻炼动机的影响

（一）体育课堂氛围的研究进展分析

体育课堂氛围是体育课堂教学的精神环境，是在课堂中师生之间和学生之间围绕教学目标展开的教与学的活动而形成的某种占优势的稳定情感体验，以及对待教学活动的态度和行为的综合心理状态。良好的体育课堂教学氛围，都会以直接的外部刺激的形式对学生产生积极的影响。通过教师的正面引导和学生主观能动性的发挥，营造出积极活跃的体育课堂氛围，能够让学生在轻松、愉悦的情境下，最大发挥自身运动方面的潜力，培养对运动项目的浓厚兴趣，熟练掌握运动专项技能，并逐渐养成自觉运动锻炼的意识。

1. 影响体育课堂氛围的因素

教师的自我调控。首先要求体育教师在课堂上要注意对自身情感、教法教态、语言行为进行自控，尽量避免一切不符合教育的心境产生。其次要求教师对课堂中的突发状况和紧急问题能冷静自若并及时拿出合理的解决方案。最后要求体育教师对课堂的节奏进行调控，根据学生上课状态、技能掌握程度、身体素质情况对课堂的运动量和组织教法进行及时调节。

教学内容、教学手段和教学条件。体育课堂上的气氛是随着教学内容的变化而变化的，它是教学过程的外在表现形式，这种表现形式受教学内容的制约。因此，也可以说，体育课课堂的气氛与体育教学的关系是形成和内容的关系。只有认真研究教学内容，根据教材和学生特点，采用多样的教学方法和练习手段才能营造出生动活泼、积极主动的课堂气氛。

2. 体育课堂氛围的主要研究成果

良好的课堂心理氛围使课堂教学的情景符合学生的求知欲和心理特点，师生之间、同学之间关系和谐。体育课堂心理氛围的优化对于大学生的认知、情绪情感、意志品质的培养和身心健康的维护具有重要意义。高校体育教师应通过为大学生设立适宜的体育学习目标、创设生动活泼的教学情境、对大学生实施民主管理和提出适度期望来优化高校体育课堂心理氛围。体育课堂心理氛围具有相对稳定性和流动变化性的特点，会成为一种团体的环境压力而对每个成员产生影响，并持续一段时间。但课堂心理氛围会有起伏，从而对每个成员的情感产生冲击和感染，使每个成员的心理活动随课堂心理气氛的变化而变化。

动机气氛作为环境因素影响学生的目标定向方式，同时影响学生参与运动的兴趣和积极性。教师对教学目标的评价和奖励过程，以及所要完成的任务结构和参加者彼此的关系决定了课堂上出现学习动机气氛或成绩动机气氛。在以学习气氛为主的体育课中，学生为掌握技术而努力练习，与自己相比较有进步就能得到表扬。在以成绩气氛为主的体育课中，教师只对成绩超过他人的学生给予表扬。

（二）大学生锻炼动机的研究进展分析

锻炼动机是引起和维持学生参与体育锻炼活动的内部心理动因，它是在个体体育学习和身体锻炼活动的需要与参与运动的环境诱因的相互影响下产生的。锻炼动机对体育锻炼行为起着定向、始动、调节、强化和维持的功能，对体育锻炼效果有着重要的影响。

1. 锻炼动机研究的理论基础

健康信念模型是建立在需要和动机理论、认知理论和价值期望理论的基础上，关注人对健

康的态度和信念，重视影响信念的内外因素。这个模型也被应用于锻炼心理学。人们一般不会主动进行体育锻炼，除非他们具备了一定水平的锻炼动机和锻炼知识，或认为自己有潜在的健康问题，或明白了进行体育锻炼的好处并且感觉到完成运动并不困难。

自我效能理论是个人对自己完成某方面工作能力的主观评估。评估的结果不仅影响个体目标的选择，还会影响到个体的行为方式。在行动遇到困难时，自我效能感的高低会影响到人克服困难的毅力和决心，影响人行为的坚持性。自我效能感可以通过增加个体对成功的体验、增加替代性体验和语言说服来培养。内部动机理论—自我决定理论，该理论认为外部动机和内部动机形成一个连续体。

内部动机指行为的激发是为了快乐和行为本身，如果我锻炼是为了享受其中的乐趣，该理论认为行为调节越接近内部动机和认同调节，人们的锻炼意向就越高，参与锻炼的时间就越长，因为其中包含着很强的自我投入和主动参与的情感因素。

目标定向理论研究主要集中在确定哪些心理因素和行为因素会影响人的主观能力，这种主观能力又如何影响人的后继行为及其效率，即人的目标定向对动机的影响。同时也十分重视人们如何解释自己的能力，这种解释又如何影响后继的能力感。

2.影响大学生锻炼动机的因素

锻炼动机的年级差异。高校大学生的锻炼动机具有明显的年级差异。低年级的学生在体育锻炼中比高年级的学生更看重交往，希望认识一些新朋友。而高年级的学生参加体育运动则更多的是为了改善精神状况或者缓解紧张和疲劳状态。

锻炼动机的性别差异。男女大学生在体育锻炼的时间、强度、频次方面以及健康状况方面具有显著的差异性。男生参与体育锻炼的内在动机大于女生。女生主要认为体育只是强身健体和锻炼意志的一种方式，她们参与体育锻炼多是为了塑造更美的体形，展现自身魅力。除此之外，女生还更重视体育锻炼带来的娱乐、艺术上的享受。随着社交应用软件的出现，极大刺激了女大学生参与体育锻炼的兴趣。她们会想要通过网络展现自己积极健康、充满魅力的形象，或者通过公众的关注度来督促自己参加体育锻炼的坚持性；而男生对于参与体育锻炼的认识比女生更全面些，除了看重体育锻炼的健身健美、提升意志力和专注力等价值，他们还希望通过体育锻炼培养竞争意识、受到赏识，能够结交更多志同道合的朋友。

锻炼动机的家庭环境差异。家庭经济状况、父母的文化程度和职业、父母对体育锻炼的重视程度都会对大学生自身锻炼动机的形成造成影响。在父母对体育锻炼有正确认识或自身就有体育锻炼习惯成长的家庭，学生一般动商相对较高，更愿意进行持续的体育锻炼。家庭经济收入与健康动机呈正相关，经济条件好的家庭更容易接触内容丰富的体育锻炼。另外，家居环境也对大学生的锻炼动机有影响。一般居住于有良好体育硬件设施或体育文化氛围较浓的区域的大学生，具有较高的锻炼积极性。

三、营造高校体育课堂和谐氛围的新途径

发展的互动过程。美国心理学家罗杰斯曾指出“成功的教学依赖于一种真诚的理解和信任的师生关系；依赖于一种和谐安全的课堂氛围。”交往意味着人人参与、意味着平等对话，教师由居高临下的权威转向“平等的首席”。传统意义上的教师教和学生学不断让位于师生互教

互学，彼此形成一个真正的“学习共同体”。这种思想的变化，为我们营造课堂和谐氛围提供了理论依据。那么，从促进学生健康发展的角度，如何营造大学体育课堂的和谐氛围呢。

（一）体育思想氛围的建设

一个人头脑想什么对于他将要做什么很重要，所以我们必须把体育思想氛围的建设放在首位，在学校做到这几点：

1. 借助图片和有关资料

现在的体育赛事很多，报纸杂志对于这些比赛的报道更是及时而且全面，学生很容易就从这些报道中找到自己喜欢的项目，及时欣赏到自己心中偶像的风采，然后很自然地进行模仿和提高，从而在比赛中表现自己。那么我们可以借助报栏及时传递这些比赛信息，我们也可以通过收集这方面的图片或资料搞一些展览，比如篮球、足球、乒乓球等主题，使学生对这些比赛项目有一个比较全面的了解。当然这些图片和资料最好由学生自己去收集、整理，这对于提高学生的组织和动手能力的培养有很大的好处。

2. 借助多媒体

现在大部分学校都拥有自己的多媒体器材，我们可以借助它让学生更生动地了解有关比赛的情况，比如组织学生看一些直播和录像。尤其是一些大的、影响广的比赛，最好能看直播，比如奥运会、亚运会、世界杯等。这些比赛的收看不仅可以培养学生的爱国热情，而且可以掀起一股练习的热潮，每次世界杯带来的足球热潮就是最好的证明。

3. 组织与参与

学校可以巧妙地结合有关时机组织一些比赛，比如奥运会、亚运会前后的田径比赛，世界杯期间的足球比赛、世乒赛期间的乒乓球比赛等。在活动中一定要注意规范与实际相结合、竞技与娱乐相结合等，兼顾全体，尽量使所有的学生都参与其中。当然这种参与不一定指直接参加比赛，也可指参加啦啦队等；在这些活动中我们还可以注意将教师也参与进来，因为教师对于学生的影响力往往是巨大而深远的。作为校园的一个重要部分，他们平时的运动习惯直接影响到学生，但是这一点又往往被忽视。我们经常犯这样一个错误，即抓学生时忽略了教师。其实不仅是学校的普通教师应该参与，如果学校的领导也参与则效果会更佳。

4. 有学校自己的运动明星

就像一个球队需要一个灵魂、需要球星一样，一所学校也同样需要自己的明星。学生的模仿性是强的，尤其对于身边的人和事更是如此。他们需要校外的明星作为崇拜外，也需要自己身边的明星带领比赛。这些明星一般是运动特长生，他们代表学校参加比赛，为校争取荣誉。同时更应该发挥他们的带头作用，让他们带动身边的同学一起参与到运动中来。在活动中他们可以是比赛的参与者也可是比赛的组织者，在活动中他们可以让同学去模仿也可去教同学运动的知识。其实体育思想氛围的建设不光是上述四点，还有很多。但无论哪一点归根结底就是要使学生有一种运动的欲望，并使这种欲望最强化。

（二）体育知识氛围的建设

知识是需要学习和不断积累的，在思想氛围的建设中提到的几点中，其实有的已经包含了这方面的内容。在建设学校体育氛围的过程中，让学生真正做到不断学习与积累，还需要注意以下两点：

平时注重理论知识的同时更要注意实践知识的积累。学生不是专一运动员或教练员，对于一些自己感兴趣的项目，他们的心里往往是喜欢能够不断地参与到实际练习中，对于系统的理论知识不一定需求很深。由此我们体育教师在课堂内外一定要注意让学生多练习，讲解应该是少而精的才行。

知识的更新要能基本跟上现代运动的规则和新闻，有时更新是很快的，学生对于新知识的兴趣使得他们对这些内容经常加以关注，我们建设体育知识的氛围决不可忽略这一点。

（三）体育锻炼硬件的建设

对于学校体育硬件状况各校不一，有的很好，有的却很简单。对此我们有的很难改变现状，但我觉得可以注意以下几点：

无论硬件是否简单都要充分运用，不能当摆设。

添加硬件一定要实用，不能光为好看而忽略实用性。有的学校投资几百万搞好一个田径场却整天关闭着，我不知道这个场地为什么而建。

能突破一些固有思维模式，觉得设施一定要买。我们一方面可以自己动手做，也可发动学生做，比如跳绳、棍、铁圈等小器材；另一方面我们可以充分开动脑筋大胆尝试，比如对于一块空地可以将它画成练习场地，将它分成几块，每一块设一个内容。

四、体育游戏的创新方法

高校体育教育不同于竞技体育，其在教学过程中更注重娱乐游戏化内容的丰富，让学生在相对轻松欢乐的氛围中学习体育知识、强健体魄。简言之，高校体育教学应该尝试引入体育游戏，明确其教学意义与教学实践思路，并提出丰富的教学应用实践策略。

（一）体育游戏的基本概念与特征

1. 基本概念

体育游戏具有独立的规则、目标及组织形式，目前已应用于高校体育课程中，形成了一种带有体育性质的游戏教学项目。在参考高校体育教学实际情况的基础上，它可实现对一些复杂运动项目的有效加工、改造与提炼，深层次突出体育教学项目的思想性、趣味性及方法性，有效提高学生学习兴趣，促进学生体质增强，最大限度实现预期教学目标。

2. 基本特征

体育游戏是“体育 + 游戏”的综合表现形式，其具有锻炼身体的价值，可将体育运动项目以游戏的形式呈现出来。在教学中，教师会有意识地采用不同手段组织开展教学活动，追求特定的锻炼价值内容。在体育教学活动中，体育游戏引入的目的并非单纯地激发学生的学习兴趣，还在于通过消除学生的紧张感，使学生相对轻松地学习、理解和掌握运动技能，有效提高学生的运动技术学习成效。

此外，体育游戏教学具有娱乐性，娱乐性也是体育游戏的一大本质特点。在教学中，教师要结合学生的生理与心理需求设计体育游戏，建立体育游戏与体育教学之间的相互关系，为学生提供利于其身心发展的教学模式，如此更能提升高校体育游戏教学的现实应用价值。除此之外，体育游戏在融入教学过程中，还能体现其刚性的规则性和柔性的综合性特征。而其最显著的特征则是普及性，基于多种体育游戏表现形式来普及体育教育内容，鼓励师生选择相对自由的、开放的体育教学项目，构建游戏教学模式。

（二）高校体育教学中融入体育游戏的教学价值

在高校体育教学中融入体育游戏具有积极作用，能够强健学生体魄，也能培养学生良好的意志品质、团队意识及社交能力，在培养学生社会竞争意识方面也具有一定影响。关于学生竞争意识培养，学生在体育游戏教学中可以挑战并超越自我，其中所孕育的体育魅力无穷且价值内容丰富。在当前充满竞争的社会中，大学生需要这种竞争意识来助力自身成长。因此，在体育教学中构建体育游戏竞争机制，有利于激发学生的无限潜能，实现自我价值。例如，足球、篮球是最受大学生喜爱的体育项目，这些体育项目都是团队协作型项目，教师如果能够正确、合理地利用体育游戏，则有利于培养学生的竞争意识及顽强的意志品质，还可以将奥林匹克精神中的“更高、更快、更强”传递给学生，充分激发学生在身体对抗与团队竞争中顽强拼搏、不断进取、永不满足、勇攀高峰的精神。

因此，将体育游戏应用于高校体育教育中具有重大的价值意义，可以为大学生不断探索新领域、追求新目标夯实了基础，且打造了高校体育教学新平台。

（三）高校体育教学融入体育游戏的教学思路

高校体育教学应将体育游戏应用作为实践基础，追求创新并提出新的体育教学手段，高校体育教学中融入体育游戏的创新教学思路如下。

1.体育教学准备活动中的体育游戏应用思路

在体育课程教学开始之前，教师要让学生快速进入状态，可以安排有针对性的体育游戏教学内容。比如，教师要引导学生适当进行体育游戏活动，思考如何调动学生的学习积极性，提高学生的学习兴趣。再如，在足球课上，教师可为学生设计专门练习反应速度与动作速度的体育游戏内容，如“传球接力”“遛猴儿传球”“网式足球”“带球过杆比速度”等。这些游戏化的教学项目，可在课前准备阶段为学生提供热身机会，使学生为课上学习活动做好准备。

2.体育教学活动中的体育游戏应用思路

在体育教学活动中，教师通常是根据高校体育教学大纲规定设计教学方案，提升学生学习能力，达到体育教学目标。在教学中，教师要尝试引入一些具有创新价值的体育游戏内容，丰富体育教学活动实施思路。比如，在田径技术教学中，教师可引入“往返跑、谁最快？”“高抬腿接力”等体育游戏，真正将田径技术内容游戏化；尽可能抓住学生的课间学习注意力，教授学生容易理解的动作技术内容，确保基本体育技术编排专业化、游戏化。整体看来，该方法可应用于巩固提高阶段，以便于学生体育动作技术的有效提升。

3.体育教学整理活动中的体育游戏应用思路

在体育教学整理活动中应融入游戏应用思路，保证学生在体育学习活动中获得放松，在课后继续体会体育游戏内容。从体育角度讲，能够通过游戏化的教学形式帮助学生调节神经、消除疲劳，进而最大限度地恢复身体机能。在正式教学阶段，教师应采用团体体育合作模式，如通过团体合作放松游戏，建立学生彼此之间的相互信任机制。在整理活动中，教师应选用内容与形式新颖的放松游戏项目，建立寓教于乐的体育教学课堂，让学生摆脱传统体育学习活动中相对紧张、沉闷的情绪状态，以最好的心态与状态投入到课程学习中。

（四）高校体育教学中融入体育游戏的教学对策

以篮球项目为例，在融入体育游戏教学对策后，高校篮球体育教学项目更能吸引学生的注意力。高校篮球体育教学融入体育游戏的相关教学对策如下。

1. 教学目标

在高校篮球课教学中融入体育游戏，其目标在于提高并激发学生的学习兴趣，以便更好地完成教学任务，培养学生娴熟的篮球技能。在该过程中，合理安排、选用游戏是必要的。但游戏内容必须符合高校篮球教学大纲相关规范要求，以达到预期教学目标。具体来讲，不同的篮球教学内容，其教学目的也不尽相同。比如，在抢篮板教学过程中，教师可编排具有连续性的篮球击打篮板接力游戏，不但能锻炼学生的抢篮板能力，同时也能够使学生掌握正确判断抢篮板时机的技术（如起跳时机），再者对学生的身体素质提升也非常有帮助；在运球技术教学过程中，教师可采用绕圆运动接球与曲线运动接力体育游戏模式；在学习投篮技术时，可采用到罚球区域投篮比赛游戏。

上述游戏内容丰富且表现形式、规则相对简单易懂，有利于吸引学生参与到课堂教学活动中，有效提升学生篮球运动技术水平，其对教学活动的强化效果也是不言而喻的。在每堂体育课上，教师要至少安排 15～20min 的篮球游戏教学时间，最多采用 1～2 个篮球游戏，鼓励学生积极参与到篮球游戏中，进而激发学生的学习兴趣与学习潜能。

2. 教学过程

体育游戏意识应贯穿高校篮球课始终，如在引导课、正式篮球课等不同阶段都要融入体育游戏内容。

（1）引导课中的篮球游戏实践应用

在该教学阶段，教师的引导思维应该清晰、简洁化，不应讲解繁杂冗余的篮球技术动作要领，或让学生重复练习某一个准备动作。而是应安排一些内容，如简单且有趣的篮球游戏，其目的在于吸引学生全情投入到体育游戏教学活动中，在相对轻松、愉快的氛围中熟悉篮球球性，尝试与篮球成为“好朋友”，为接下来的课程内容学习打好基础。比如，“绕身体平行运球”游戏，这一简单的球性熟悉游戏可使学生在练习的同时，还能相互交流，达到游戏教学氛围轻松和谐的目的。

（2）正式篮球课中的篮球游戏实践应用

在正式篮球课教学过程中，教师应先让学生利用篮球热身，安排一些具有热身功能的篮球小游戏。具体来说，要根据学生的生理与心理情况展开热身，提高学生的积极性。在准备活动阶段，应安排密度不大但具有一定强度的有球或无球小游戏。其中，有球游戏包括“三角传球”“三人传四球”，无球游戏包括“相互拉伸”等。这些游戏都具有一定强度，特别是“三人传四球”游戏，学生必须集中注意力参与到传球活动中。在其中的一个环节中，有一名学生必须兼顾处理两球，这能够锻炼学生的反应能力。在正式篮球教学阶段，应体现出体育游戏的对抗性、竞技性特征，组织学生进行篮球比赛。在篮球对抗游戏中，教师则应将“运球接力”“胯下传球接力”等小游戏融入到体育教学活动中。

第二节　课外体育教学氛围的营造

学校体育教育鉴于其自身特点，在实施素质教育过程中，具有其他学科不可替代的作用，在素质教育中的地位和重要性已被大家所公认。学校体育教育从体育课堂教育和学生课外体育锻炼两方面实现对素质教育的贡献作用。由于大学体育课的时间远远要少于课外体育锻炼时间，因而，抓好课外体育锻炼并形成良好的氛围才是体育教育实践素质教育的重中之重。课外体育锻炼与终身体育锻炼计划密切相关。因此，养成课外体育锻炼习惯，其意义深远。

一、课外体育锻炼氛围

（一）概念

氛围是指周围的气氛和情调。即指在一定环境中给人某种强烈感觉的景象。课外体育锻炼本身是指对个体学生在体育课之外进行自我锻炼的体育活动行为。在大学这样一个群体中，每个个体的行为就会形成群体活动氛围，形成一种以体育活动为载体的特殊氛围，即课外体育锻炼氛围。

（二）形成因素

氛围的形成除了一定的时间和空间外，还要有其自身的多个因素来促成。从学生自身来说，包括学生自己的自觉坚持行为；自身掌握体育锻炼技能多少以及水平；学生自身如何协调锻炼时间与学习时间的矛盾；学生自身周围同学锻炼习惯的影响；学生对体育功能与作用的认识程度等。从其他方面来说，又包括教师灌输体育锻炼思想的多少；校园体育文化氛围的营造情况；学校场地和器材提供情况；班级与年级组织体育活动情况以及以体育活动为主体的对外交流情况等。以上各个因素共同起作用才能够形成一种特殊的、带有强烈印象的景象，这种景象将对氛围中的个体认识思维和身体行为产生至关重要的影响。

二、课外体育锻炼氛围对素质教育的影响

（一）课外体育锻炼氛围形成是体育推动素质教育的重要组成部分

体育教育是素质教育的重要组成部分，是一项基础性工程。体育教育不但担负着提高人们身体素质的重要任务，而且还要通过体育锻炼，发展智力，提高文化素质，促进心理机能的健康发展，并有助于受教育者形成良好的人格魅力。体育教育对素质教育的作用是通过两部分来进行的，即课堂教学和课外锻炼。这两部分在学校素质教育中发挥着重要的作用，缺一不可。并且二者互为依存，各尽其能。但在实践中，二者在发挥作用程度方面，课外体育锻炼远远落后于课堂教学。

因此，也导致了体育教育在素质教育中所发挥的作用远没有看起来的贡献大。究其原因在于各个学校在课外体育锻炼方面开展得不够理想，没有充分发挥出其应有的作用。课外体育锻

炼在大多学校是任由学生自行组织，自己安排进行，没有形成群体性、有组织的行为，没有形成氛围。因而其发挥的作用有限，严重限制了体育在素质教育中重要作用的发挥。

（二）课外体育锻炼氛围的形成过程是学生各项基本素质发展提高的过程

课外体育锻炼活跃校园生活气氛，促进学生健康心理的养成。

课外体育锻炼丰富学生业余生活，使学生远离网吧，以及社会上一些不健康的场所。排解了学生学习上的压力，使学习与生活张弛有度、调配得当。当代大学生由于学习和就业压力大，经常发生一些心理疾病，这在当今高校里面已经是屡见不鲜的事情，也引起了大家的关注。要解决这些问题，除了普通教育和心理辅导之外，积极参加体育锻炼是另外一种有效的方法。环境影响人的思维和行动。形式多样的课外体育锻炼活动，一旦形成一定的氛围，对其中的每个人都会产生影响。影响其对体育的态度、改变其对体育认识、改变其对体育的兴趣，自觉把课外体育锻炼作为业余的健康生活坚持不懈地进行下去，进而影响到自身的各个方面，形成健康心理状态。早在 20 个世纪初，在中国推行现代体育教育的教育家马约翰先生曾说过："体育是造就合格公民的最有效和最有趣的手段"。参加体育锻炼活动和观看体育比赛，有利于心理调适并恢复到最佳心理状态。例如跑步能成功地减轻大学生考试期间的忧虑情绪；为同学比赛的呐喊助威是不良情绪的合理发泄途径。课外体育锻炼对于大学生心理健康的意义在于它不仅使大学生的不良心理情绪得到排遣，而且使这种排遣同娱乐、消遣活动甚至欣赏比赛结合起来；不仅避免了野蛮宣泄可能导致的事端，而且使参与者产生新的积极情感体验，从而有效地调节不良情绪。

课外体育锻炼氛围形成过程是培养意志力的过程。

意志是人的一个重要的心理品质，是人自觉地、有目的地支配行动、克服困难，以实现既定目标的心理过程。课外体育锻炼需要自身坚持不懈去实施，因而其本身就是意志力的培养过程。单纯依靠个体去培养，是非常困难的事情，往往半途而废，难以形成连续性和长久性。在此情况下，"氛围"的作用就显得至关重要，如果形成了氛围，就会影响个体去克服困难或抑制不合理的"情"与"理"的行为，形成坚韧不拔的意志品质，这对其适应未来社会各方面挑战有着深远的意义。

课外体育锻炼氛围的形成过程是丰富情感形成过程。

丰富情感是一个健康人具备的基本品质。个体在课外体育锻炼过程中，会有体育特有的失败、喜悦、激动、郁闷等不同的情感体验，需要承受失败带来的痛苦与郁闷，并消化这些痛苦与郁闷；需要享受胜利带来的喜悦与激动，并与群体分享这些喜悦与激动。这些丰富的情感体验都会在这个氛围中来积淀和溶解，形成个体成熟必备的人生情感。体育运动给人们提供的情感体验是复杂多样的，顺应了青少年对情感的多方面需求。在学校体育里，学生可以得到对集体、社团的信赖感、依托感；在集体体育锻炼活动中，可以享受温馨的归属感和稳定感；在娱乐体育中，青年人因愉悦感和快感而情满胸臆；在探险活动中，因征服自然而增强自豪感和征服感；竞技活动中，在成功与失败、荣誉与耻辱、竞争与退让，乃至生与死之间拼搏选择，享受着各种复杂情感的"折磨"和冶炼，这些极大地提高了青少年承担风险、规避危险的能力。

课外体育锻炼氛围形成的过程是思想道德品行修养的过程。

课外体育锻炼无论是个体行为还是集体行为都需要良好的思想道德品行。个体与个体交往时，需要注意自己的锻炼行为是否会影响到其他个体的利益。当与其他个体发生矛盾还需要合理恰当地解决，所有这些都需要个体具有良好的思想道德品行，否则其无法融入整个环境中。群体活动中，个体在群体中需遵守基本规范，尊重其他个体。不能为了自己的利益而损害他人利益或群体利益，这些都是能够在群体中存在的基本要求。在这样的良好氛围下，自然会塑造良好的个体，提高个体的思想道德品行。体育运动对尔虞我诈欺骗行为是坚决抵制的，基于公平与公正，对学生在课外体育活动中的各种不良行为的约束都可以为社会树立良好的道德规范和法律规范，使学生在潜移默化中遵从社会道德和法制纪律。

（三）课外体育锻炼氛围的形成促进学生适应社会所需素质的形成

课外体育锻炼氛围的形成过程是沟通协作能力提高过程。

当今社会是一个尊重个人创造和自我发展的社会。人与人之间的关系也越来越复杂，培养学生的责任感和相互信任、相互帮助、团结协作与助人为乐的精神是大学素质教育的重要内容。学校体育因其独特的优势，成为学生更好地与自然和社会相互沟通的一种有效手段。在课外体育锻炼过程中，无论是个体行为还是群体行为都需要在共享资源、集体行动中进行必要的沟通和协作。通过课外组织活动、与别人协作比赛或表演等一系列学校体育活动，不仅为提高交往能力、培养协作精神提供了良好途径，还发展了个性与特长，增强了集体合作意识，有利于开朗性格和良好品质的形成，为其将来适应不同的人际组合，更好地参与社会竞争奠定了基础。

课外体育锻炼氛围形成过程是组织协调能力提高过程。

在大学校园里，各种课外体育活动，无论是社团还是系或班级组织的体育活动，都需要学生自身组织协调。在此过程中，不断会遇到各种各样的矛盾，如个体与个体的矛盾、个体与群体之间的矛盾、群体与群体之间的矛盾，都需要较强的组织协调能力才能够化解。经过这些历练，组织协调能力逐步提高，这对其未来走向社会、处理生活中的各种矛盾、谋求更高更好的发展，具有重要意义。

三、营造课外体育锻炼氛围机制

（一）激励机制

1. 体育成绩考核与课外体育锻炼考核挂钩

在对学生期末成绩考核中，可以将课外体育锻炼情况作为考核的一部分。具体操作按所占分数的百分比计算。对课外体育锻炼的考查可以通过系和班负责考查，以每周课外锻炼的次数和时间作为实际考查量化目标，并可以让学生互相监督。同时，配以辅导员和体育老师负责抽查。对于大学生来说，考试成绩和学分最被看重，如果将此与课外体育锻炼挂钩，必然促使学生从有课外体育锻炼想法向实际行动跨越，养成终身体育锻炼的习惯。

2. 学校各项评优与课外体育锻炼挂钩

大学生除了重视学习成绩之外，各种课余评优对他们来说也是备受关注的一件事情。如果能够将各项评优与课外体育锻炼挂钩必然会推动课外体育锻炼的热潮，更能够激发学生课外体育锻炼的积极性，而且更有利于氛围的形成，对体育发挥其在素质教育中的作用意义非凡。具体操作方法与体育成绩挂钩的做法相似，只是将课外体育锻炼情况作为评优的优先考虑对象即可，或作为评优全面考核的一项指标。如对于奖学金的评选，就可以将课外体育锻炼优良者作为优先考虑对象，或在同等条件下可以优先考虑课外体育锻炼优良者。其他如优先班干部评选，甚至可以作为入党的参考条件。

（二）保障机制

1. 场地器材保障

场地设施是课外体育锻炼氛围营造的一个重要组成部分，反映在学生对学校可利用的体育场馆设施的满意程度上。由于体育具有的实践性特征，硬件设施与活动练习紧紧地联系在一起。学校内拥有场地器材的多少、场馆设施的质量等一系列物质条件，都将极大地促进或制约着课外体育锻炼的开展，也严重影响着课外体育锻炼氛围的形成。所以，增加校园体育设施的投资力度，将学校体育设施的建设纳入学校整体建设和发展规划中去，是课外体育锻炼氛围形成的重要内容之一。

2. 指导和组织人员保障

进行课外体育锻炼主要靠学生自己来进行，但是没有体育老师的指导和其他老师的组织协调安排，锻炼开展的实际效果大打折扣，对形成氛围产生迟滞或停顿的不良影响。课外体育锻炼需要有的放矢选择易于操作的项目，需要根据学校场地器材情况选择合理的项目；锻炼计划需要科学指导，锻炼过程需要科学监督，这些都是要在体育老师的指导和关注下进行。对于个别集体课外体育锻炼活动则需要辅导员和班主任进行组织安排，以保障安全性。因此，对于课外体育锻炼氛围的形成，需要人员数量的配备和人员的合理分工；同时需要给这些人员一定的额外补贴，包括物质和精神两个方面，这样才能对整个氛围系统的形成起到保障作用。

四、高校课外足球运动氛围的构建

随着教育改革的不断深入，我们认识到：现代化的学校，不仅仅指校舍和教学设备的现代化，更重要的是教育思想、教育价值观的现代化和校园文化建设的现代化。而校园足球文化则是校园文化的有效载体，丰富学生的校园文化生活、培养学生的个性特长和能力、提高他们的综合素质、推广校园足球文化是实现学校可持续发展的一个着力点。

（一）高校足球教学现状分析

1. 教学方法过于滞后

纵观当前大多数高校的足球课程教学现状，大都依然沿用着传统足球教学模式，大致分为讲解、示范、练习和比赛 4 个部分。讲解主要是指教学人员依据实际教材编写内容向学生表述相关知识；示范教学则主要是指由教学人员亲自演示相关动作，从而引导学生对标准动作有一定的了解；练习则一般指学生依据教师所演练的相关内容等进行必要的自主模仿学习的过程；比赛则是目前应用较为普遍的足球教学方法，利用比赛或其他方式促使学生更好地开展各项技战术的学习。实际这一系列教学虽然可以达到一定的教学成果，但教学形式过于老旧。一些教学动作及教学模式等与当下现状存在明显的差距，不利于学生自主性学习，与新课标所要求的以学生为核心开展各项教学活动相违背。

2. 未深刻践行新型教学理念

新课标要求新的时期应当对教学进行改革与优化，尤其强调以人为本的教学理念。对于体育课程教学，提倡在提升学生身体综合素养的同时，不断鼓励学生开展各项锻炼活动。但是，理想往往过于丰满，而实际情况则或多或少存在偏离。目前许多院校的足球课程教学依然以完成教学任务为主要目标，对于课堂教学内容则大多敷衍了事，学生的足球学习热情可想而知。除此之外，在理论教学方面，教学人员也大都只是简单地对教材内容进行陈述，缺乏一定的创新内容，由此严重制约了我国足球教学事业的发展。

（二）校园足球文化的价值

校园足球文化的核心是为了学生的发展，创建校园足球文化，让每一个学生成为创建的主体，结合课程改革，服务学校管理和发展。它的触角深入到了学科领域的探究性学习，培养了人、激励了人、发展了人，目标直指提高学生的意志品质、知识修养和身体素质。

1. 以球辅德，促进学生良好的意志品质形成

提高学生社会交往与合作能力，培养学生勇敢顽强、机智果断、坚韧不拔、勇于克服困难的品质。提高学生敢于斗争、敢于胜利的作风，以及团结协作、密切配合等集体主义精神。我们不仅要培养勇士，也需要更多的绅士。

2. 以球增智，开阔学生知识视野

经常参加足球运动可以使学生们的注意力、观察力及富有创造性的思维方式、良好的感觉和敏锐的观察能力、记忆能力和应变能力得到提高，这些非智力成分对人的智力功能具有促进作用。足球是圆的，在这个圆球里，蕴含了很多的东西。踢球并不只是用脚而已，踢球还需要智慧，知己知彼，方能百战百胜。为了搜索足球的发展历史、球队发展史和球星成才路，学生们在 Internet 网上遨游，在大量的信息面前，让同学们大开眼界，丰富了同学们的足球知识。

3. 以球健体，促进学生们强壮体魄的形成

足球运动对学生的身体素质的提高也是十分有益的，足球游戏、足球团体操、足球啦啦队队操等都能活跃身心。球场上不停奔跑、运球盘带、传球、抢截、射门等动作技巧能发展学生的协调能力、反应能力以及身体素质水平。经常参加足球运动对提高心血管系统、呼吸系统等内脏器官的功能是非常有益的。

（三）创建校园足球文化氛围的新途径

校园足球文化氛围的创建需要转化教师的工作理念，还要给予其积极配合。要建立主管体育的校长负责制，有体育组、班主任、团委、学生会配合的机构，下设活动组织部、宣传部、安全保卫部等，全面负责校园足球文化活动的开展，强有力的领导机构是校园足球文化顺利实施的有力保证。

1. 课间操和课外活动

早锻炼、课间操和课外活动有广阔的利用空间。将足球的带球、控球、踢球等动作汇编成操，可以是单人的足球体操，也可以是多人的足球体操，配上音乐节奏，开展熟悉球性的控、带球活动，为开设足球课创造了有利的条件。利用课外活动的时间学生们可以组织各类的足球

活动，丰富课外活动的内容。

2. 体育课

开设每周一节的足球课，结合本校实际制定校本教材，面向全体学生抓好普及工作。低年级重点放在“玩”：玩中教，玩中学，玩中练，玩中乐，玩中熟悉球性，玩中培养兴趣；高年级学生重点放在基本的技术、简单的战术以及教学比赛，使全体学生能享受快乐足球的魅力，提高学校的足球人口。

3. 校园各类足球比赛

学校可以因地制宜、不拘形式地开展各类足球比赛活动。可以是三人足球、五人足球、七人足球以及各种足球趣味游戏、趣味足球运动会等，在各年段可分别设立颠球、运球、传球、射门等技术的校园足球吉尼斯纪录。既有个人比赛，也有集体比赛，能激发学生参加的积极性和竞争意识。

4. 成立校足球队

在全校掀起“足球热”的同时，组建各级班、年级、校多层次的足球队。足球队积极地参加各级各类的比赛增强学生为校争光的荣誉感，为高一级学校为地区输送足球人才。在足球队的带动下，促进学校足球运动的开展。

5. 足球知识讲座、竞赛

足球知识讲座是丰富学生足球知识的重要手段。讲座可配合教学任务、国内外足球时事、足球动态、足球明星介绍、学生关心的足球热点和焦点等等。学校组织足球知识竞赛简单易行，组织各班级、年级、全校的足球知识竞赛活动，以提高学生对足球文化知识的积累和参与足球运动的积极性。

6. 图片、板报宣传

体现足球精神的标志性雕塑、黑板报、橱窗的宣传栏和海报要进行定期或不定期的宣传、展览，内容可以是专题，也可以是一般足球知识介绍，还可以是近期足球赛事的发布等。校园的每一景、每一物都是无声的语言，在无形中传递足球的信息，从而制造良好的校园足球文化氛围。

第五章　高校体育训练过程的组织实施

第一节　训练前热身活动

一、热身活动概述

（一）热身活动的概念与分类

热身活动英文为“warm up”，译成中文为“准备活动”或“热身活动”，指逐渐使身体热起来。热身活动是体育课程准备部分的核心内容。结合大学体育课程实际，大学体育课热身活动是指：体育课中，学生在较大强度的教学与练习环节前进行的强度适中的短时间身体辅助练习，目的是使学生相对静止的身体与心理状态自然过渡至强度较大的教学与练习环节。

根据热身主体与场合不同，可将热身活动分为：体育竞赛热身活动、健身锻炼热身活动、体育课热身活动；根据热身活动的不同特点又可分为：常规性热身活动、趣味热身活动、专门性热身活动；根据热身的身体部位不同可分为全身性的热身活动、预备特定部位（局部）的热身活动。从热身活动分类的丰富性可以初看出热身内容的多样性特征，本文研究指向大学体育课程中各类热身活动。

（二）大学体育课热身活动对练习者的生理与心理作用

人体的运动生理学与心理学机制决定了热身活动对于体育课程的重要性。一般情况下，热身活动的时间应控制在 10 ~ 15min 左右，强度应保持在练习者最大运动心率的 60% ~ 70%。科学的热身活动对学生的身体心理能产生积极的影响，对心理方面所起的宏观作用主要是“承下”：学生通过做准备活动，神经的兴奋性提高，并从心理上预期并意识到运动即将开始，从心理方面积极做好运动准备。

热身活动于生理产生的主要作用有：体温上升使肌肉黏滞性降低，肌肉的伸展性与弹性增强；韧带的弹性加强，身体活动范围增大；关节腔滑液分泌增多，关节面软骨间摩擦减小，灵活性增强；机体新陈代谢加快，内脏器官惰性降低，为下一阶段更大强度的运动做好预备性工作，同时降低运动损伤风险。

二、运动训练中热身活动的顺序

在运动训练中教练员指导运动员完成训练任务，其中准备或热身活动是运动训练任务中必不可少的环节。有效的热身活动不仅可以提升训练效率，加快运动员进入训练的状态，还可以预防运动损伤。热身活动是由一般热身、静力性拉伸、动态拉伸和专项热身组成。近些年来许多专家对静力性拉伸的作用，静力性拉伸后进行动态拉伸恢复、专项热身恢复产生质疑，认为应该在热身活动中去除静力性拉伸。因此探究准备活动的内容正确顺序，对提高运动训练的效率以及运动员的运动成绩十分必要。

（一）准备活动在运动训练中的重要作用

1. 促进学生尽快进入训练状态

准备活动可以使人体肌肉的温度增加，人体肌肉适宜且较高的温度保证了细胞的高速代谢。运动前适宜的热身可提高 3 度以上的肌肉温度。又据生理学家实验得知，肌温每增加 1 度，肌细胞的代谢速度约增加 13%。即是说加快了氧从血液到组织的交换速度，无疑是提高了机体的工作能力。

2. 提高训练效率

人体在热身运动后，随着体温适当增加可以提高神经感受器的敏感度和神经传导速度，有利于运动技能的形成和运动表现力的提高。运动之前先作一些准备工作，其目的就是使支配内脏器官活动的植物性神经系统和支配肌肉的运动性神经系统先兴奋起来，以达到适应运动项目的需要。神经系统兴奋性的提高使运动员的注意力和参与训练的欲望得以提升，从而提高了训练的效率。

3. 预防运动损伤

热身活动使得肌肉温度升高，温度升高从而降低了肌肉的黏滞性。黏滞性降低提高了肌肉的收缩幅度和舒张速度，从而降低了运动损伤。同时关节囊滑润液分泌的加强，又加大了关节活动范围和灵活性，这可最大限度地避免剧烈运动时关节的损伤，进而提高动作幅度。运动员通过热身后再进行运动，会伴随着心理暗示，从而避免运动损伤。

（二）准备活动的组成及热身顺序

1. 一般热身

热身的目的是让运动员在即将从事的运动训练或比赛中做好生理以及心理上的准备。热身活动时负荷和内容要求要遵循循序渐进的原则，因此热身要从简单的一般热身开始。运动训练中常用的一般热身手段是慢跑，在热身活动中，一般跑 800 ~ 1000m，将会大大提高神经系统兴奋性、心率和呼吸频率的加快、血流量增加，提升身体核心温度与肌肉温度，使身体各系统和器官进入准备状态。因此在准备活动中一般是由一般性热身排在热身顺序的首位。

2. 静力性拉伸

静力性拉伸是指通过缓慢的动作将肌肉韧带等软组织拉伸到一定长度时，保持静止不动状态的练习方法。但是有许多学者对静力性拉伸产生质疑，认为静力性拉伸会对其力量和爆发力产生负面影响，从而影响其训练和比赛。徐建华等人认为在运动之前进行常规的拉伸训练会对即刻的力量表现呈现负面的影响，要谨慎使用。鲍冉等人在研究不同拉伸方式对 7 ~ 8 岁儿童下肢柔韧性及爆发力的影响中发现，静态拉伸研究组的立定跳远成绩随时间上升的趋势放慢，且原地纵跳成绩下降。

虽然有很多人对静态拉伸提出质疑，但也有许多人的研究成果对静态拉伸予以支持。谢永民等人以浙江稠州银行的 15 名女子职业篮球运动员进行赛前准备活动中最佳拉伸方式的研究，研究发现静力拉伸对于柔韧性的改善最为显著，且不会对爆发力造成不良影响，并认为静力拉伸是女子职业篮球运动员赛前准备活动中最佳拉伸方式。郑晓烨在静力性拉伸对少儿短距离自由泳打腿急效研究中指出静力性拉伸并没有对游泳运动员发挥造成不利影响，男女运动员之间也没有显著性的水平差异；并且静力性拉伸对运动员自由泳打腿具有一定的促进作用，对运动成绩有积极作用。对于静力拉伸的作用我们应该辩证地去看，静态拉伸可能是一把双刃剑，是利大于弊，还是弊大于利，是需要我们继续研究探讨的。或者怎样做才能消除静态拉伸的负面效应也是我们应该研究的。龚建芳等人对 20 名体育教育专业男性大学生进行不同拉伸形式及延期时间对下肢爆发力的实验研究，结果显示静力性拉伸对下蹲纵跳能力（CMJ）的负面影响明显，成绩下降 4.3%。拉伸后随时间延长（10min），下蹲纵跳能力出现下降现象。黄浩洁等人对 45 名体育专业的大学生进行泡沫轴滚动和静态拉伸对成年男性下肢运动能力的急性影响研究中发现，静态拉伸会削弱肌肉向心收缩的无氧爆发力和超等长收缩的肌肉弹速，却不会削弱下肢反应时肌肉向心收缩的弹速以及超等长收缩的无氧爆发力。徐盛嘉在热身方式对运动表现提升的影响研究中认为静态拉伸与动态拉伸相比可能更有利于特定运动的表现。短时间拉伸不会影响后期运动表现，建议不要长时间拉伸，在拉伸后的专项热身活动可降低负面影响。吴明杰等人认为进行静态拉伸还是有一定的益处，特别是对预防肌肉拉伤可能有一定的效果。虽然降低拉伸强度，减少拉伸时间并不能既保留拉伸的益处又能消除拉伸的负面效应，但增加对拮抗肌的拉伸，或者在静态拉伸后加入专项准备活动，都可能消除拉伸对运动表现的负面效应。

综上所述，静力拉伸会增加关节活动范围，并降低运动损伤的风险。虽然在进行静态拉伸之后立刻进行体能主导类快速力量性项群运动可能会降低运动表现，但在静态拉伸之后的 10min 钟以后或者在静态拉伸后进行专项热身会降低这种负面效应的影响。对于静态拉伸的利弊应结合不同运动项目辩证地去看，例如舞蹈、体操等一些对静态柔韧要求比较强的项目需要用静态拉伸来提升自己的柔韧性。在篮球、排球、游泳等项目训练或比赛之前进行静态拉伸也有利于提高运动成绩。对于跳跃、短跑等项目进行短时间的静态拉伸或者在拉伸后进行专项热身可降低或消除静态拉伸产生的负面效应。

3. 动态拉伸

动态拉伸是指有节奏控制并且多次重复同一动作的拉伸练习方法。动态拉伸不仅可以提升韧带柔韧性并拉长肌肉、促进肌肉的血液流动，还可以使人做好身体和心理上的准备去迎接下面的训练和比赛。姚晨以 14 名女子篮球运动员为研究对象，研究动态拉伸对篮球运动员弹跳成绩的影响，结果显示动态拉伸显著提高了女子篮球运动员的弹跳高度。在拉伸后 5 分钟内，其积极效果最为明显。拉伸 5 分钟后其积极效应趋于下降，但仍旧高于干预前的高度。温泉在对 12 名受试者进行不同热身方法对于纵跳成绩的急性及延迟性影响发现，动力性拉伸热身技术是最有效地在进行肌肉快速收缩的运动之前的热身技术。热身后在 15 分钟之内进行运动效果最好。刘晓阳等人通过文献综述认为适时的动态拉伸不会对力量和爆发力产生负面影响，还会对提高关节活动范围产生积极作用。徐盛嘉认为，动态拉伸与静态拉伸相比，动态拉伸是一种可行且安全的方法。但在增加关节活动范围上不如静态拉伸。

综上所述，动态拉伸是运动之前有效的热身技术，在动态拉伸后的短时间内进行运动的效果最好，但在增加关节活动范围上不如静态拉伸。

4. 专项热身

专项热身是在专项运动之前进行的热身活动，根据项目的主要特征，对目标肌群采用专门且组合的动作进行的热身方式。目的是使身体各器官和系统进行深度激活，适应接下来的训练强度和训练内容。专项热身是正式训练前的一个有效过渡，使运动员循序渐进地进入训练状态，并完成与专项技术相关的身体机能准备。专项热身应在正式训练之前，专项热身结束之后随即进入正式训练。

5. 热身顺序

谢永民等人研究发现虽然 CMJ 跳跃的高度在静力拉伸后即刻有所下降，但是经过专项准备活动后又重新回升，并最终与动态拉伸无明显差异。吴明杰等人研究报道在静态拉伸后加入专项准备活动，可能消除拉伸对运动表现的负面效应。姜自立认为热身环节中按照有氧练习（慢跑）+ 静力性拉伸 + 专项练的内容和顺序进行，可能是避免静力性拉伸对运动表现产生负面效应的有效措施之一。刘晓阳等人通过文献综述发现静态拉伸加动态拉伸或在静态拉伸后进行动态热身不会对运动表现产生不利影响，甚至有可能提升运动表现。

综上所述，在静态拉伸后加入动态拉伸和专项热身会降低甚至不会对运动表现产生负面效应。为了使利益最大化，热身顺序应按照一般热身 + 静力性拉伸 + 动态拉伸 + 专项热身。

三、大学体育课程热身部分存在的问题

（一）热身活动内容固定化与程序化

导致热身活动效益的退行性变化，热身活动是体育课的重要内容，但由于传统热身模式的影响及教师掌握知识范围的限制，热身活动内容呈现单一化特征，即慢跑 + 原地动力性伸展体操。不可否认，传统的热身模式具有极强的普适性与实用性。但个体从少年到青年、从小学到大学，体育课热身内容的固定化与程序化非但不能提升学生锻炼兴趣，反而使学生产生厌倦情绪。热身环节流于形式，实质功能与作用得不到充分实现，热身活动效果因此呈现出退行性变化，影响学生科学锻炼与体育课教与学的效果。

（二）教师对热身活动重视程度不够

热身活动对于体育课堂的重要性是体育教育的常识与共识，但体育教师作为体育课的主导者，在热身活动的实际操作过程中的表现却不尽相同。主要问题在于：在心理上认同热身的重要作用，在实际操作中重视程度却不够，主要表现在以下方面。

1. 热身活动指导主体转移

在实际的课堂操作中，体育教师将热身活动指导主体交由体育委员或具有运动锻炼经历的学生执行完成的情况并不少见。执行动作包括动作示范与口令指示，教师此时进行监控或从事其他准备性工作。但由于该执行者存在技能的不稳定性，如动作示范不到位时影响到跟操学生的热身动作完成质量；口令节奏快慢变化不合理影响到学生动作的练习效果与情绪。此外，语言提示不足、激励不足与领操员态度也将影响到学生的练习积极性与热身效果。

2. 热身时间短、内容少、语言提示不足

热身活动指导主体、时间与内容共同决定了热身的效果。指导主体由于重视程度不足，缩

短热身环节的时间，热身内容简单化，热身活动仅采用慢跑或原地动力性体操练习，不能使学生达到充分的热身效果，不利于教与学的顺利进行。在对于某些体育项目是不够的，同时使运动损伤风险显著提高。

（三）热身内容的安全性隐患

在运动中，不合理的身体动作是引发运动损伤的重要诱因。本文结合运动解剖学、运动损伤学，对大学体育课常规热身动作的安全性进行观察与分析，以原地动力性体操练习为例，存在安全隐患。

四、训练前热身活动的动作要点

在做运动前，让身体从静止状态然后进入到运动状态，可以避免身体因变化过快而影响健康。做热身是最重要的，但也是最容易被人忽略的。

（一）为什么要热身

运动热身是任何运动训练的重要组成部分，热身的重要性在于可以避免运动损伤的发生。减少损伤的风险系数。帮助身体增加身体的核心温度、肌肉温度。肌肉温度的增加可以使肌肉更松弛、更灵活。

热身主要以提高体温和活动关节为主，分为动态热身和静态热身。动态热身，以慢跑小跳等为主；静态热身以拉伸为主，二者缺一不可。

1. 颈旋转

前后左右活动头部，拉动颈部肌肉。动作共需进行 3 组。每组 10 次，每组间允许有 5 ~ 10 秒的休息时间。

2. 髋关节旋转

身体上半部分前倾，腰部向下弯曲 90 度，身体起来，分别向左向右弯曲，拉伸。动作共需进行 3 组，每组 10 次，每组间允许有 10 ~ 30 秒的休息时间。

3. 侧臂运动

手持重量轻的小哑铃或者不拿，成角度地慢慢摆动双臂。动作共需进行 3 组，每组 10 次，每组间允许有 10 ~ 30 秒的休息时间。

4. 高抬腿

双脚交叉高抬腿。尽量抬高带自己的极限。动作共需进行 3 组，每组 10 次，每组间允许有 10 ~ 30 秒的休息时间。

5. 交替髂腰肌拉伸

脚步往右跨出成弓形步，双手举高。然后撤右脚回到原位，同时活动背部，双手抓地，臀部顺势向上翘起。动作共需进行 3 组，每组 10 次，每组间允许有 10 ~ 30 秒的休息时间。

6. 深蹲

该动作主要活动的是膝关节，做该动作时要注意身体不要向前倾斜，同时下蹲的动作以慢为主。动作共需进行 3 组，每组 10 次，每组间允许有 10 ~ 30 秒的休息时间。

7. 拳击小碎步

就像拳击手一样，双脚保持小碎步的跳跃，并同时向后点地。动作共需进行 3 组，每组

10 次，每组间允许有 10～30 秒的休息时间。

8. 原地侧弓步

先身体站直，以一只脚为支撑点，向左或者向右迈出一步，身体顺势向迈出脚的地方压下去。动作共需进行 3 组，每组 10 次，每组间允许有 10～30 秒的休息时间。

9. C 字绕肩

身体站直，双臂伸展，指尖由高到低画一个 C 的动作。动作共需进行 3 组，每组 10 次，每组间允许有 10～30 秒的休息时间。

10. 交叉跳跃

做完上面的动作，这时，我们的身体已经做好了充分的预热准备。最后再来一个全身的交叉跳跃，就可以正式进行健身了。动作共需进行 3 组，每组 10 次，每组间允许有 10～30 秒的休息时间。

此外，热身虽然没有固定的模式和方法，但对于本身患有某些疾病的患者而言，在进行热身时是要特别注意的。像患有低血糖、低血压的人不宜空腹热身，最好随身携带一些饼干、糖果和含糖的饮料等。患有心脏疾病的人适宜用慢动作热身，而且之前最好先到医院做心肺功能的检查，根据自身身体状况、病情程度及医生的建议，为自己制定热身“处方”。

需要格外注意的是，老年人在热身过程中如果出现气短、虚汗、头晕、胸闷等不适情况时，应立即停止运动并休息观察。必要的时候送到医院就诊，以免延误治疗时机。

（二）热身时的动作要点

1. 热身运动以拉伸为主

热身运动以拉伸为主，主要拉伸身体各部位的肌肉，提高肌肉弹性，提醒他们进入运动状态。而不需要做一些强度过大运动。热身的时候，如果选择了强度过大的运动，在正式进入运动后，身体容易感觉疲惫。

2. 热身运动时间不宜太短

时间的长短，一般一小时的运动至少需要超过 10 分钟的热身运动。不过这个时间长短也要根据个人的实际情况，包括年龄、天气、体质来决定的。比如经常运动的人或者年轻人可以适当减少热身时间；经常不运动的人或者受伤刚刚恢复的人都应该加长热身的时间。

3. 内容要有针对性

在运动前，应该要想好自己接下来的运动计划，知道自己接下来会重点训练到的部位。在做热身运动时，在做完针对全身的热身后，可以加强对接下来会训练到的部位的热身。如运动前可通过原地踏步走、抬膝来为腿部热身；如是胸部和肩部则可以做转身、举臂绕圈等。

（三）运动后的冷身也不能忘

运动后，身体真正平静下来，通常需要一小时左右。最好通过舒缓的运动，逐渐调整身体状态，避免剧烈运动突然停止造成的不适感。系统充分地冷身可以有效降低运动损伤发生的可能性。

运动中，心脏将大量血液泵入肌肉来提供能量，同时通过运动中肌肉的挤压流回心脏完成循环。运动结束后，如果突然停止身体的活动，血液滞留在四肢肌肉中，甚至可能因心脏和大脑缺血而晕倒。同时，运动中血压和心率突然下降，以及神经调节的突然变化，都会对健康造成不良影响。

适当的冷身运动，包括剧烈运动后的慢跑、跑跳运动后的快走、力量练习后的舒展体操等，这些运动可以维持肌肉的积极性，促进血液的回流。

五、高校体育课热身活动的组织实施

（一）合理摈弃与传承

大学体育课程的改革与创新，不仅要从课程内容和结构、教学方法及手段等常规途径出发，更要放眼全局，统筹兼顾。首先应避免热身活动程序化导致热身效益减退的情况，在现有的知识成果基础上推陈出新，探索提升热身活动效益与提高大学生练习兴趣的有效途径；其次，要摈弃不重视热身环节的错误思想，合理安排热身时间与内容。教师尽量亲自执行热身指导，也可对代理执行者进行系统的训练后让其上岗，在思想和行为上做到转变；最后，要摈弃传统热身活动中存在的不安全动作与不安全因素，发扬和继承传统热身活动中科学有效的动作，做到合理摈弃、科学传承，提升热身活动的科学化水平。

（二）创新与突破

1. 内容的创新

随着体育科学的快速发展，国内外科学运动理念与新兴运动的开展。了解前沿的知识，学习新技能对于体育教育从业者十分重要。主要体现在将所学知识、方法、技能进行有效的整合，创新性地结合项目特征开发与拓展热身活动的内容，形成有别于传统的新型热身组合。

吸收借鉴流行健身操、瑜伽、普拉提、芭蕾形体训练等项目中适合热身的基本动作来进行热身组合与内容的创新。

在原有动力性体操练习之后加入静力性拉伸练习，优化热身效果，丰富原有单一的动力性体操练习模式。

结合课堂练习项目开发专门性、针对性热身活动。

2. 形式的创新

热身活动包括三大要素：热身活动主体、指导热身活动的主体、热身活动媒介（场地、器材等），热身形式的创新可从以下三个方面进行。

热身活动主体：热身活动的主体是练习者，在热身活动中适当加入双人配合或多人组合的练习形式，有利于发挥热身活动效益，对提升课程氛围、促进练习者之间的相互认知有较好的作用。

指导动作的主体：首先，指导动作的主体保证动作示范的标准化，在合理的方向、位置进行动作示范；其次，指导主体通过口令快慢的恰当变化来指导相应动作的速度，避免因动作速度不合理而使练习者产生身体不适感；最后，指导主体还应强化热身过程中的语言提示，在恰当的时机对练习者热身活动进行语言诱导与激励，优化热身效果。

练习媒介：首先，在热身活动中加入音乐伴奏，并进行合理的热身动作组合编排，改变以往单纯依靠人声口令来指导热身的形式。此时指导主体可进行动作要领等相关语言提示，增强练习者注意力，提高热身效益；其次，在热身活动中结合课程项目加入相应的器械，如篮球、足球、排球、乒乓球、跳绳等，合理利用、科学编排，增强热身活动的趣味性与练习者的积极性。

3. 坚持科学热身

热身活动是体育课教学训练前的重要铺垫，科学热身要从多方面角度综合考虑。在进行热身内容编排与组合时既要注重其有效性，保证热身效益，也要坚持热身内容与形式的多样性，提高学生的练习兴趣。进行热身的时间与强度安排时，全面考虑季节、气温、课程运动强度、个体差异等因素。从而做到行之有效，多样性、有效性相辅相成，达到最优的热身效果。随着体育科学发展与研究的进步，大学体育课热身活动将会呈现出实用与新颖并重、经典与创新共存的大好局面。

第二节　训练中医务监督

一、运动医务监督

医务监督是指用医学的知识和方法，对体育参加者的健康和机能进行监护，预防锻炼中各种有害因素可能对身体造成的危害，督导和协助科学地锻炼和训练，使之符合人体生理和机能发展规律；在赛前进行体格检查，并对场地器材、饮食卫生、生活制度等执行情况进行检查，组织场地急救工作，并做好运动性伤病的防治工作；通过医务监督，可以更加有效地利用体育手段，促进体育活动参与者的身体发育，提高他们的健康水平与运动技术水平；培养科学的体育锻炼方法和良好的健康习惯，遵守体育锻炼的健康原则，避免与减少运动损伤的发生；保证体育教学和运动训练的顺利进行，使运动员从中受益并获取更大成绩。

（一）高校体育医务监督的领导和管理

教育部“关于进一步加强高等学校体育工作的意见”指出：“高等学校主要负责同志作为学生体质健康的第一责任人，要加强学校体育工作的领导”，明确了领导的职责。高校体育医务监督由体育部（教研室）和学校医疗保健机构共同实施，在实践中一般隶属于学校不同主管领导和主管部门。明确学校主要负责同志作为学生体质健康的第一责任人，为体育医务监督工作创造了一个统一协调的机制。组织学校各体育协会、各运动队、各班级体育委员参与医务监督工作，培训、指导他们参与体育卫生健康教育、监测追踪学生的体质、观察发现运动过程出现运动损伤等问题，形成师生共同参与的体育医务监督网络，使体育医务监督渗透到体育工作的各个环节。

（二）高校体育医务监督的内容

学生体格检查与体质测试。按照“高等学校招生考试体检项目”和《学生体质健康标准（试行方案）》对新生进行体格检查和体质测试，建立《学生体质健康登记卡》，对有残疾或其他疾病的学生建立档案。以后每学年进行体格检查和体质测试的追踪监测，随时了解学生的体质情况，有目的地进行体育卫生健康指导。

常用的生理监测指标。常用的生理监测指标有脉率、疲劳、肺活量、体重、血压、血红蛋白、尿蛋白等。脉率是一种简易而重要的监测指标，作为体育锻炼中的一种医务监督方法，用于判定、控制运动量的大小、训练水平的高低等。疲劳是运动者机体工作能力暂时性下降的表现，疲劳恢复后，运动能力随着提高是运动的生理学基础，疲劳不能及时消除则会导致过度疲劳。疲劳有主客观判断指标，一般以自我监督为主，常用主观指标观察，运动量以第 2 天疲劳能够逐渐恢复为宜。

研究运动损伤发生的原因、特点、类型及其预防措施，是运动损伤的医务监督主要内容。其工作的重点是一级预防，在损伤未出现即采取积极有效的预防措施。兼顾二、三级预防。在出现损伤后及时治疗，以减轻其对运动带来的负面影响。运动性疾病有其发生的规律，同样以预防为主。

体育场馆设施、器材的医务监督。运动场地的大小和结构，运动器械和设备，室内体育馆的通风、照明、空气的温度和湿度以及馆内的器械设备，学生上课的着装是否符合卫生要求等是监督的主要内容。

自我监督。自我监督是从主观感觉和身体客观指标的变化自行判断运动的效果，运用自我医务监督能有效地减少和预防运动损伤，促进运动效果及比赛成绩。其要点是教会学生掌握监督的方法，自觉进行监测并进行记录和对比。随时掌握体质变化的情况，及时调整和报告教师。

营养医务监督建立。合理的膳食制度是监督的要求，在体育比赛及高水平运动队的训练要求更高。具体是平衡膳食的三大营养素，补充适量的水、维生素和微量元素。

身体残疾和患有特殊疾病学生的医务监督。

随着教育大众化的到来，越来越多的残疾学生进入高校学习，对残疾学生或患有特殊疾病的学生简单地做出免修体育的结论已不能适应“健康第一”的要求。应根据每一位学生的情况开出运动处方，因材施教，使其参加力所能及的体育锻炼。对确有体育运动禁忌症者，才禁止其进行体育运动。

体育卫生健康的宣传教育活动。

体育卫生健康的宣教活动应是医务监督的一个非常重要环节，采用体育理论课、专门培训、讲座、墙报、网络、咨询等形式，使学生接受终身体育的理念、科学锻炼的方法和体育安全知识的宣传教育，是达到“健康第一”目标的重要手段。

运动处方应用。

运动处方评估体育教学的效果，根据运动处方协调与其他教学活动的关系、协调体育教学各环节的关系、协调普通学生与特殊学生的关系等，是达到体育科学性、实现健康目标的保证。

二、医务监督在体育教学与训练的组织与实施

（一）体育与健康课教学的医务监督

1. 把握学生健康状况进行健康分组

在学校里，对健康较差或有生理缺陷的学生采取免修体育课的做法是不妥的，除非患有禁忌体育活动的疾病（如心脏病、肾病等的急性阶段）。所有学生都应该上体育课，通过体育锻炼培养意志、锻炼体魄、促进健康。体育教师通过调查、咨询和体格检查，了解学生的健康状

况、发育状况、机能水平、运动史等，然后把学生分为准备组、基本组和特别组。

健康状况和发育状况基本正常或存在轻微缺陷、机能水平差、平时不参加体育锻炼者，编入准备组。健康状况和发育状况基本正常或只存在轻微缺陷，但机能水平尚好，并经常参加体育锻炼者，编入基本组。健康状况不正常、身体有较严重的缺陷、不宜参加一般体育活动者，编入特别组。

2. 体育与健康教学课中的医务监督

通过医务监督，保证体育教学能够切实贯彻区别对待原则、循序渐进原则和全面性原则，提高教学质量、预防运动损伤。在教学实践中，切实做好以下医务监督工作：

（1）体育教学组织的医务监督

学生进入青春期后，初中低年级男女生合班教学，高年级和高中学生、大学生宜采用男女分班教学。根据学生的健康分组情况，区别对待安排教学内容和运动量，并且在安排运动量大小、动作难易程度、身体活动部位等都应符合渐进性、全面性原则，课堂上随时注意观察学生的反应。如发现不少学生出汗多、面色苍白、动作反应迟钝或不协调等现象，同时有心悸、头痛、恶心等自我感觉，说明运动量太大，需要及时进行调整。

（2）运动场地设备的医务监督

每次上课前应检查运动场地和跑道是否平整，跳远沙坑里的沙质是否符合标准，有无杂物。沙坑在使用之前需将沙子翻松耙平。翻沙子的铁铣用后要放在安全的地方；投掷场地应示以明显标志；检查爬绳、爬竿、跳箱、单双杠等固定器械有无年久失修的潜在危险，地面是否有厚度足够、大小适宜的海绵垫；海绵垫之间相互衔接得是否严密。教育学生不要穿易滑的塑料底鞋上体育课，运动服装一般要求宽松合适，不要过于肥大或过紧；禁止将胸花、别针、小刀、铅笔等尖锐锋利的物品放在衣服口袋里，以免刺伤。经常对学生进行体育卫生宣传教育，制订相应的规章制度来保证体育运动卫生的贯彻实行。

（二）大运动量训练的医务监督

体育教师不仅要抓好体育与健康课教学，而且要组织学生参加大运动量训练，培养体育尖子学生，为国家输送体育人才，乃至培养高水平运动员。运动量太大或太小均不能达到提高运动成绩的目的。那么，如何协助科学地掌握适宜的运动量成为训练期医务监督的重要内容。通常以如下几个方面的指标变化来评定适宜的运动量。

1. 脉搏变化

训练期间观察晨脉（体育教师参照学生的自我监督日记），测量训练课前和课后的脉搏，该脉搏差值可用来表示课的运动量。课后 5-10min，脉搏已恢复到课前水平的属小运动量；较课前脉搏快 2-5 次 /10s，属中等运动量；快 6-9 次 /10s，属大运动量。如果定期检查成绩时，在定量强度跑后即刻的脉搏比前次测得的减少，而跑的成绩提高了，说明训练中运动量安排是适宜的；如果脉搏比前次增加，成绩下降，则可能是训练安排不当，运动量过大，或者是身体健康情况不佳。

2. 观察血压变化

正常情况清晨血压应比较稳定，如果发现清晨血压较平时增高 20%，或经常在

18.66/9.33kpa 毫米汞柱以上，健康原因除外，可能是运动量过大影响的结果。

3. 血红蛋白

血红蛋白是评定学生身体机能状况的一个重要生理指标。在大运动量训练期间，体内需要血红蛋白增加，同时肌肉活动又消耗血红蛋白，所以这时如果食物中铁质和蛋白质含量又相对不足，则血红蛋白可暂时下降。如果持续下降至正常范围以下（男子不足 12g，女子不足 10.5g），运动医学称之为运动性贫血。在训练中，如果血红蛋白下降 10% 以上，同时运动成绩下降，表示身体机能状况不好，应当注意调整运动量。在一次紧张的比赛后，血红蛋白普遍下降。但经过赛后调整，大都能恢复至赛前水平。

4. 心电图

心电图是记录心肌发生电活动的图形，学生经过长期训练后，心电图往往表现出某些特征。譬如窦性心动过缓、房室传导阻滞等。这是由于迷走神经作用加强、心脏产生适应的结果。但是，在运动量过大、训练过度、心脏功能不良时也会出现上述相类似心电图改变。所以，应当结合其他征象进行仔细的分析判断。尤其当心电图出现显著窦性心律不齐、早搏，长期存在的不完全右束枝传导阻滞以及 ST 段降低、T 波倒置等假缺血性复极异常改变，更要密切注意。因为上述情况很可能是过度训练心功能不良的表现。

除以上介绍的各项生理指标，还可以根据项目的特点和具体需要选择其它指标，如尿单元、尿蛋白、肌酐、血乳酸等。

（三）比赛期的医务监督

大运动量训练的主要目的是提高运动成绩，而反映成绩的最佳方式是比赛。学生在比赛期间神经系统处于高度紧张状态，心血管和呼吸系统以及内分泌系统等机能也都处于较高水平，以适应比赛中体力的负担和消耗。某些项目的比赛还可能给机体带来不利的影响。例如，超长跑的低血糖、腹痛，游泳比赛的能量消耗、各种球类比赛的外伤问题等。因此，为了保证运动员的健康，使比赛顺利进行，赛期的医务监督工作是十分重要的。

1. 赛前医务监督

比赛之前应再次体检，对参赛学生体检的重点是心血管系统。除了一般医学检查之外，还要进行机能检查。必要时可做肝功能、心电图等特殊检查。要严格把关，不允许机能不良者去参加力所不及的竞赛，不允许有感冒、发烧、心动过速、心电图有异常改变、外伤未愈或各种内脏器官疾病者参加比赛。发现心脏杂音要作具体分析。如果是生理性杂音，心血管机能试验反应正常，平时照常训练且无任何不适的自觉症状或疾病时，允许参加比赛。对那些有疾病史，或心血管检查及心电图检查异常的心脏杂音者，需要慎重，可进一步作专门检查后再决定。

此外，要协助做好比赛程序的组织和编排工作，避免和防止学生连续参加比赛，及不考虑性别、年龄的编组现象；加强对比赛场地、路线、器械设备、服装和卫生检查。

2. 赛中医务监督

协助做好赛期伙食的调配和管理工作，为学生提供充足的营养；建立赛期临场医疗急救站；开展体育卫生宣传工作，如比赛前充分做好准备活动；注意饮食饮水卫生；遵守比赛规则；遵守生活制度；讲究个人卫生等。

3. 赛后医务监督

比赛后要进行体格检查，根据比赛项目的特点和需要，有针对和选择地测定某些生理指标，从中发现是否有异常改变，以便及时处理。尤其对那些能量消耗大的比赛项目，赛后要密切观察身体恢复情况。比赛引起的疲劳以及体力的消耗常常不可能在一两日内恢复，采用数种恢复方法是必要的。虽然睡眠对于疲劳的消除十分重要，其它如温水浴、局部按摩、热敷和局部负压等手段，效果也很显著。赛后两三天内仍应补充营养。

（四）督促学生填写自我医务监督日记表

自我医务监督是指学生采用自我检查的办法，对训练和比赛成绩、健康状况以及身体反应定期记录在训练日记中，作为体育教师医务监督的一项重要补充；作为体育教师调整训练计划、安排运动量、预防过度训练和运动伤害事故的重要依据。使学生养成注意自己身体健康、遵守训练卫生和个人卫生的良好习惯。

在学校体育各项活动过程中，除了医务人员和体育教师对学生定期进行检查和观察外，学生必须注意自己身体的变化，定期做好记录，以便观察训练效果，并及时发现异常。自我监督主要包括两方面：主观感觉和客观检查。学生在体育活动中可以根据具体情况制定相应表格以记录自我监督结果，随时观察变化趋势。

1. 主观感觉

（1）一般感觉

一般感觉反映整个机体的活动状况。可根据个人的感觉，如视力良好、一般、不好等情况，在体育锻炼时就可以根据个人的一般感觉调整运动量和内容。

（2）运动心情

记录时可根据个人的心情写为：很想锻炼、愿意锻炼、不想锻炼、冷淡或厌倦等。锻炼时可根据个人的心情进行适当调整。

（3）不良感觉

在体育锻炼中由于各种原因，有时会出现一些不良感觉。如肌肉酸痛、四肢无力，精神不振等，这些现象经适当调整或休息可以消除。

（4）睡眠

经常运动的人睡眠应是良好的，表现为很快入睡、睡得熟、很少做梦，早晨精力充沛。如果出现失眠、屡醒、多梦或嗜睡，早晨精神不好等现象，就要检查锻炼方法和运动量是否合适。记录时应注明睡眠的持续时间和睡眠状况是否良好。

（5）食欲

经常运动的人一般食欲很好。但是健康状况不良或身体不适时，食欲便会减退，容易口渴。运动刚结束就进食，食欲也较差。记录时可写：食欲良好、一般、减退或厌食等。

（6）排汗量

运动时人体排汗量多少，与运动量、锻炼水平、饮水量、气温、衣着多少，以及神经系统的状态等因素有关。如果其他因素相同，则没有经常训练的人运动时出汗多。经常锻炼的人由于对环境适应能力强，所以出汗较少。如果排汗出现反常，则说明身体不适。记录时可写：排汗量一般、减少、增多、大量等。

2. 客观检查脉搏

测脉搏时除注意频率外，还应注意节律。在训练时期，测晨脉若每分钟晨脉比过去减少或无明显改变，节律齐，表明身体机能反应良好，有潜力；若每分钟比过去多 12 次以上，表明机能反应不良，可能与疲劳未能消除或存在感染有关。如果晨脉数比过去增加明显，且长期恢复不到原有水平，可能是早期过度训练的反应，应做进一步检查。如果发现脉搏节律不齐或有停跳现象，可能是心脏机能异常征象，应采用心电图等方法进一步检查。

最初参加训练时体重可能减轻，经过一段时间可回升。在训练时期，体重出现“进行性下降”现象，并伴有其他异常征象（睡眠失常、情绪恶化等）时，可能为早期过度训练或身体有慢性消耗性病变（如肺结核、甲亢、热能不足等）的表现；如果体重逐渐增加，表明运动量太小，热量累积过多。儿童少年的体重长期保持不变，甚至逐渐下降都是不正常。

运动成绩长期不增加或下降，可能是身体机能状况不良的反应，也可能是早期过度训练的表现。肌力检查在机体良好时，肌力不断增加或稳定在一定水平上。如果肌力明显下降，则说明出现疲劳。肌力的测定可根据具体情况选择不同的方式。如握力、背力及计算机测力等。在客观指标中，除上述几种外，还可根据设备条件和专项特点，定期测定其他的生理指标。但总体上说，自我监督指标不宜过多，自始至终，应贯彻简便易行，客观、有效的原则。

3. 填写自我医务监督日记表

学生每次体育锻炼后对照了解自己在锻炼期间的健康状况和由于运动后所引起身体的种种变化。然后根据指标分析自己的运动是否适宜。如有异常，及时向体育教师反映，以便体育教师及时总结经验、纠正错误；将训练中获得的经验上升为理论，从而提高体育教师的执教水平。

学生的自我医务监督指标是体育教师执教的重要依据。体育教师的医务监督运用是反映科学执教、提高学生运动成绩、促进身心健康的关键。在教学与训练中，体育教师应遵循“实践—认识—实践”的原则，不断总结经验，提高教学和指导训练的能力。

第三节 训练后放松整理

一、放松训练的作用

（一）放松训练能增强肌肉收缩的力量

放松训练对肌肉的收缩能力影响非常明显，大小相同的两块肌肉，由于肌肉放松能力的不同造成的力量悬殊相差 30%。运动生理学研究表明：对于肌肉放松能力强的人而言，运动时有 90% 的肌纤维参与；对于肌肉放松能力弱的人而言，运动时只有 60% 的肌纤维参与。肌肉的放松能力与肌肉收缩前的初长度关系紧密。肌肉越紧张，其初长度越不易被拉长，从而降低了肌肉的收缩力量；反之，如果肌肉的放松能力越强，其初长度越容易被拉长，从而增强肌肉的收缩力量。

（二）放松训练能提高肌肉的收缩速度

对于短跑而言，速度是最重要的，而跑速取决于步长和步频。如果大脑皮层运动中枢兴奋与抑制的转换速度快，则步频就快。大脑皮层运动中枢兴奋与抑制的转换也是肌肉收缩与放松能力的交替。如果肌肉具有很强的放松能力，可以有效加强髋关节的柔韧性和灵活性，从而提高步长。

（三）放松训练能够提高学生的速度耐力

短跑所需的能量来自三磷酸腺苷的分解，而肌肉中现成的三磷酸腺苷的数量有限，仅能维持 12 秒。为了给肌肉提供更长时间的能力，就必须在肌肉放松的时间内（肌肉两次收缩之间）再度合成三磷酸腺苷。如果是有氧供给将会极大提高三磷酸腺苷的合成速度，提高肌肉的放松速度，加快血液循环，从而为肌肉输送大量的氧气。由此可见，通过放松训练，能够加快三磷酸腺苷的合成速度，提高学生的速度耐力。

二、高校体育训练中肌肉的放松训练

（一）颈部肌肉的放松训练

颈部肌肉的放松训练在大学体育乃至任何运动前都会做到，以两个八拍为一组，让学生多做几组。在第一个八拍中，喊一时要求学生头部尽量往下低，喊二时要求学生头部尽量向上仰，喊三时要求学生头部尽量向左歪，喊四时要求学生头部尽量向右歪，喊五、六、七、八时要求学生头部沿逆时针方向旋转 360°；在第二个八拍中，喊一时要求学生头部尽量往下低，喊二时要求学生头部尽量向上仰，喊三时要求学生头部尽量向左歪，喊四时要求学生头部尽量向右歪，喊五、六、七、八时要求学生头部沿顺时针方向旋转 360°。

（二）肩臂肌肉的放松训练

肩臂肌肉的放松训练以两个八拍为一组。肩臂肌肉放松训练的准备工作是将两臂自然放松下垂，在第一个八拍中，喊一时要求学生提起肩部，喊二时要求学生放松肩部，喊三时要求学生提起肩部，喊四时要求学生放松肩部，喊五、六、七、八时要求学生按逆时针旋转肩部；在第二个八拍中，喊一时要求学生提起肩部，喊二时要求学生放松肩部，喊三时要求学生提起肩部，喊四时要求学生放松肩部，喊五、六、七、八时要求学生按顺时针旋转肩部。

（三）体前屈训练和体后屈训练

两腿比肩稍宽，左右开立，双臂伸直，尽量向前下方压，促使身体前屈，保持静止姿态五分钟左右，然后成直立姿势；双手往后下方去触及脚后跟，将身体往后屈，送髋，保持静止姿态五分钟左右，再成直立姿势。

（四）体侧屈训练

两腿比肩稍宽，左右开立，左手尽量往身体左下方伸展，促使身体向左侧屈。再换个方向，右手尽量往身体右下方伸展，促使身体向右侧屈，如此反复。但切记动作要均匀连贯，适度即可。

（五）大腿前群肌肉的放松训练

大腿前群肌肉的放松训练方法主要有两种，一种是卧式训练，另一种是站式训练。卧式训练就是让学生俯卧在地，伸直左腿，用右手捏住右脚脚面并缓缓拉向右臂，保持 8 秒；然后伸直右腿，用左手捏住左脚脚面并缓缓拉向左臂，保持 8 秒，如此反复。站式训练就是让学生用左腿站立，右手握住右踝，均匀缓慢向上拉，腿前群肌伸展后，保持 8 秒；然后让学生用右腿站立，左手握住左踝，均匀缓慢向上拉，腿前群肌伸展后，保持 8 秒。

（六）双臂画圈训练

双臂画圈训练旨在放松手臂肌肉，让学生自然站立，双臂下垂，然后从下往上再往下均匀画圈数次，再反方向画圈数次。

三、高校体育训练中心理的放松训练

大学体育教学中的心理放松训练方法主要有以下几种：

（一）目标设置训练法

每个学生的个性心理不同，学生的心理状态影响学生的运动能力。首先，学校应该设置合理的教学目标，满足不同学生的心理需求，使学生在放松的心理状态下完成课程要求；其次，教学目标要透明化，教师明白自己的教学目标，学生明白自己的学习目标；最后，目标设置要有层次，学生的训练目标应该由简单到困难，逐步增强学生的自信心，从而最大限度地发挥运动能力。

（二）表象放松法

心理放松训练的一个重要环节就是表象放松法，它是指在教师的指引下，在学生的脑海中重现运动情境，唤起学生对运动记忆的表象感知。表象放松法有助于发掘学生的运动潜力，提高其实际训练水平。

（三）意识干预训练法

意识干预训练法是指通过教师语言、动作等行为，缓解学生的心理压力，从而实现学生全身心的放松，充分发挥学生的运动才能。

四、放松训练在田径教学中的运用

在田径项目中，“田赛”类项目包括跳高、跳远、标枪、铁饼等项目；“径赛”类项目包括长距离跑、短距离跑、中距离跑，如 200 米、1000 米跑和马拉松等项目；“全能”类项目是“田赛”和“径赛”的结合，包括女子七项全能和男子十项全能。在高校田径教学中，体育教师会通过多种训练方法使学生的田径技、战术水平以及身体素质得到较为全面的提高，其中放松训练是在初中田径日常教学中常见的一种训练方法。放松训练主要是指针对学生在紧张状态下的身体机能，通过放松训练的练习方法，使其身体机能等状态达到最终放松的目的。

（一）研究结果与分析

1. 放松训练的学生田径生理学机制

从田径运动项目的能量供应层面来说，放松训练其本质目的在于减少田径运动身体机能中 ATP-CP 的消耗，即磷酸原在身体机能中的消耗，在减少 ATP-CP 的消耗的同时，提高身体机能中速三磷酸腺苷 ATP 的再合成；从大学生生理层面来说，放松训练其目的在于提高学生协同肌、对抗肌以及主动肌之间的协调性，从而有效加快中枢系统之间的协调性，以便改善人体肌肉组织之间的阻力。尤其是对大学生在训练过程中因训练量较大而产生的肌肉之间的阻力有一定的缓解作用。

2. 田径教学训练中放松训练的重要性

（1）增加肌肉的收缩力量

肌肉收缩的强度与肌肉的松弛程度密切相关。只有随着肌肉协调功能的提高，身体才能调动更多的肌肉纤维参与运动，进而增强肌肉力量。因此，肌肉松弛能力弱的人表现出参加运动的肌纤维较少；而肌肉松弛能力强的人则表现出参加运动的肌纤维较多。肌肉越放松，对身体本身产生的阻力就越小，越容易被拉伸，肌肉的收缩力就越大；相反，如果肌肉处于张力状态，拉伸的空间越小，肌肉的初始长度就越短。大学生在参与田径训练的过程中，肌组织之间的收缩能力也就相应地越差。而在体育学习中引入放松训练，可以使学生在训练过程中保持肌组织尽可能地放松。这种放松有利于使学生的肌肉被拉长，以便更好地提升学生的肌组织力量。

（2）加快肌肉的收缩速度

在“径类”项目中，学生在参与跑的过程中，其在跑时的步幅以及步频是决定位移快慢的主要因素。而决定学生步频快慢取决于大脑中枢神经的兴奋感以及学生神经系统的灵活性。学生的神经系统反应越强，学生的步频越快。另外，学生在进行短跑时，大脑和肌肉处于极度紧张状态，血流速度瞬间减慢，容易导致神经疲劳加剧，导致学生步频降低，影响学生的跑速。同时当学生在训练过程中其对抗肌组织处在完全放松的情况下，有助于学生肌组织的柔韧性和灵活性得到提高。在学生肌组织的柔韧性和灵活性得到提高的基础上，步幅便会得到相应的提高。

（3）降低运动过程中的能量消耗

在人体运动过程中，会有不同程度的能量消耗。过多的能量消耗会导致人体工作效率的下降，使肌肉组织中的物质能力储备出现能量匮乏的现象。例如在“田类”项目中的铅球，学生在扔出铅球的瞬间，此时的肌肉组织相对处在一种“缺氧”状态，使机体中的 ATP 大量消失。此时如果学生的肌肉组织依旧处在较为紧张状态，那么在合理的投掷次数范围内，会出现越扔越近的现象，也增加能量消耗。如果肌肉的 ATP 足够，它可以在肌肉收缩和松弛过程中重新合成，补充肌肉运动所需的能量。因此学生通过放松训练更有利于其肌组织群之间的高效工作，并及时减少学生在训练过程中的 ATP 消耗，使其得到较好的恢复，从而保持学生较高的肌肉耐力。

（4）增强关节的灵活性和柔韧性

关节的柔韧性与骨结构、关节周围组织结构和关节韧带密切相关。如果关节周围的肌肉是柔韧的，可以保持肌肉的放松，进而增强肌肉关节的灵活性和柔韧性，延长学生的步长，减少韧带运动对关节运动的阻力，提高关节的柔韧性。关节柔韧性可以改善关节周围肌肉和韧带的伸展性，这是参与关节运动的原发运动肌的力量。学生在进行放松训练时，能有效地提高肌肉活动的灵活性，特别是能有效地增强主动肌和对抗肌之间的协调性，对学生提高运动成绩具有重要意义。

3. 田径教学中放松训练的运用

（1）在技术方面的运用

大学生在参与田径训练的过程中，其身体之间各机体的协调性与学生对该田径项目的节奏掌握是影响其成绩的主要因素之一。因此可以以此为基础，在日常教学中引入与放松性训练相关的教学内容。比如针对学生短跑训练过程，可以让学生按照一定步频、步长节奏进行有规律地跑。学生通过对节奏的把控，及时找到符合自身的训练节奏。前几秒可以很快地达到跑步开始时的最高运动频率，在其间大约有三四步；然后是短期的放松，大约有两三步；最后是加速，通过这种调节训练，学生可以找到自己的肌肉放松点，帮助学生提高技能的扎实性。

（2）在身体素质方面的运用

良好的身体素质是参加各项运动训练的基础，因此必须注重训练。教师亲自带领学生进行100米长跑，观察学生长跑过程中存在的问题。在长跑结束后，如果发现学生摆动手臂的频率太高，教师应首先听取体委委员反映的信息，并用观察项目分析长跑过程中的错误。学生简单休息后，教师组织全体学生在操场上跑来跑去，观察教育效果。对于学生不完全掌握、应用不规范的现象，教师可以组织学生进行多次练习。

（3）在心理方面的运用

采用腹式呼吸可以使身体迅速进入放松状态，学生也可以通过欣赏轻音乐的方式达到放松身心的目的。例如学生在每次田径教学完成后，进行放松训练，通过口腔、鼻腔之间的协调呼吸，再带动腹部呼吸后随即放松，往复循环。这种放松式的训练不仅可以降低学生因田径训练带来的身体疲劳感，同时其心理也得到了较好的放松。这种放松一般在训练前或者训练后运用得比较多。

放松训练其本质目的在于减少田径运动身体机能中ATP-CP的消耗，提高人体中协同肌、对抗肌以及主动肌之间的协调性，从而有效加快中枢系统之间的协调性。放松训练可以使肌肉处于放松状态，有利于增强肌肉力量，并将减少肌肉运动过程中的能量消耗，从而保持学生较高的肌肉耐力；放松训练在田径教学中可以运用到技术、身体素质以及心理方面。特别是在田径教学中运用放松训练方法，可以避免学生在学习过程中运动损伤的发生，以及消除学生在学习过程中的一些不良情绪和学习后因训练强度带来的身体疲劳感。

第六章　高校体育身体素质训练探究

第一节　力量素质训练探究

一、大学生加强力量素质训练的必要性

要研究大学生力量素质现状及提升路径，首先应明确力量素质的概念。从文字构成来看，力量素质包括“力量”和“素养”两个词语。力量即力量素质，指人体肌肉进行收缩和舒张工作时克服阻力的能力。所克服的阻力包括内部阻力和外部阻力两种。前者包括肌肉的黏滞力、关节的加固力及各肌肉间的对抗力等。后者则常常是发展力量素质的手段，人体在克服外部阻力中提高、发展自身的力量素质。力量素质是人体运动的基本素质之一，也是获得运动技能的基础，与其他素质联系密切，也是评价运动水平的重要指标之一。素养则指平日的修养，由训练和实践而获得的技巧或能力。

由此可见，力量素质即由力量训练和实践而获得克服阻力的能力。力量素质包含力量素质及力量素质培养过程双重的内涵。力量素质的大体范围主要包括核心力量、上肢力量、下肢力量及其训练过程。

（一）人类肌肉力量退化，影响人类体质的整体水平

从人类进化的历史看，科学技术的发展将人类从繁重的体力劳动中解放出来，人们出入以车代步。现代交通工具及现代坐姿类工作性质将人们的运动降到了最低限度，提、抱、背、扛、上楼梯等均被现代工具替代。根据拉马克的“用进废退”学说，人类的肌肉力量正在大幅减弱。研究显示，19 世纪，人们生产和生活中的动力 4% 来自风车、水轮及数量有限的蒸汽机，96% 来自人和家畜的肌肉力量；到了 20 世纪 70 年代，各种机械化和自动化设备产生的动力占 99%，只有 1% 的动力来源于人和家畜。南澳大学健康科学系高级讲师格兰特 · 汤姆金森博士研究发现，人类的肌肉耐力（重复施力的能力，如做仰卧起坐的能力）从 20 世纪 80 年代到现在，已经衰退了 8%～10%。从那时起，人类体重不断增加，肌肉力量却变得越来越虚弱，特别是女性。

人体肌肉是发育最晚的组织之一，发展最完善的阶段是 30 多岁，30～50 岁之间维持相对稳定状态，随着年龄的增长存在自然衰退的过程。据研究，骨骼肌质量从 20 岁到 80 岁总体上可能下降高达 40%。我国 2014 年公布的国民体质监测数据显示，20～59 岁各年龄段人群握力、背力均呈减弱趋势。肌肉的不协调发展及随着年龄增长导致的退化，都将对体质健康造成不良影响。而衰退的早晚、衰退的速度因性别、身体不同部位及健身锻炼的不同存在个体差异。按照自然规律，运动的减少将使快速退化持续下去。现代社会人的寿命不断延长，有的人

体质水平即便不高，也可能达到理想的寿命，但有可能将不良的体质传递给下一代，以致降低人类体质的整体水平。

（二）肌肉力量是决定体质、健康的重要因素

1. 力量素质是其他身体素质的基础

人的基本活动能力，诸如走、跑、跳、投、攀爬、提、拉、扛、举、背等，都是由肌肉紧张用力做功完成的。肌肉力量是身体素质的基础，影响着速度、灵敏度、耐力、平衡力、协调能力等；而身体素质是对一个人体能或体质起决定作用的部分。力量素质作为基础性身体素质，对成年人而言，无论是绝对力量、快速力量还是力量耐力，除了先天因素外，均需要后天训练才能增进或保持。

2. 力量素质的高低影响健康、寿命及疾病治疗

肌肉力量的增加或减少遵循“用进废退”规律，通过肌肉力量训练，可增加骨密度，增强钙质吸收，提高骨骼抗压抗阻能力，有助于延缓衰退，提高灵敏素质、速度素质、协调素质等，减少由于年龄退化带来的摔倒、意外损伤及由于运动减少引起的骨质强度改变导致的骨质疏松、颈椎腰椎疾病等。刘丰彬的动物实验证明，力量训练有助于延缓骨骼肌衰老。在对老年人的研究中发现，右手握力与死亡率高度相关。可见，力量是一个人生存的基本能量，是影响健康、寿命、衰老及疾病防治的重要因素。

二、大学生力量素质现状

（一）力量素质测试现状

在我国现行的青少年体质测试中，一般采用引体向上、仰卧起坐、立定跳远三个项目来测试力量素质。引体向上是一项直接反映男生上肢、胸背及腹部肌肉力量的运动，尤其是前臂、大臂、肩部的肌肉力量。目前我国大学生引体向上评分标准（大学一、二年级测试要求，下同）为一次性完成 10 个合格、19 个满分（有特别要求的院校除外）。然而，据统计我国大学生引体向上的及格率仅为 30%。仰卧起坐是测试女生腰腹力量的主要项目，一分钟完成 26 个为及格，完成 56 个为满分。目前大学生仰卧起坐及格率为 65% 左右，对比引体向上及格率高出很多，但对比中学女生仰卧起坐成绩却下降了很多。立定跳远是反映下肢力量的测试项目，主要是反映下肢弹跳力和爆发力。立定跳远测试标准为女生 151cm 及格、男生 208cm 及格，相对来说大学生立定跳远的及格率还是较高的。然而，总体来说我国大学生体测合格率只有近 70%，大学生力量素质现状不容乐观。

（二）力量素质训练现状

力量素质是人体获得运动技能的必需条件，更是取得优异运动成绩的必备基础。力量素质影响着耐力素质、速度素质等其他身体素质的发展，同时与其他身体素质相互协作完成各种体育运动。关于力量素质的训练研究一直为高校体育教师及相关专家学者所重视，并在实践中进行积极的探索。目前，对力量素质的训练主要分为核心力量训练、上肢力量训练、下肢力量训练三部分，其训练针对的肌肉部位及一般训练方法如下。

核心力量训练主要针对躯干周围的肌肉，作用部位为人体肩部以下、髋部以上，包括腹

肌、髋部肌群等在内的 29 块肌肉。核心力量是上肢力量与下肢力量的传导纽带，对身体重心的稳定、身体姿态的调整、运动技能的掌握和发挥等具有非常重要的作用。目前，大学体育课上所采用的核心力量训练方法有单腿蹲、平衡站立、平衡垫俯卧撑、健身球俯卧撑、健身球反向划船、单腿站立举腿等。也有学生或教师自创一些核心力量训练方法在小范围使用。

上肢力量训练主要是对于手腕、前臂、上臂、肩部等部分肌肉力量的练习。上肢力量常用训练方法有引体向上，持哑铃、杠铃挺举抓举，俯卧撑（俯卧撑推起击掌）、仰卧撑、掷实心球、双杠支撑摆动等方法。大学生可以选择徒手练习方法，也可以选择使用器械练习的方法，练习中做到上肢肌肉达到最大收缩，并且持续进行。

下肢力量训练主要是对于腿部（大、小腿）、足部肌肉力量的训练。下肢力量常用训练方法以跑、跳运动为主导。大学体育课堂一般采用的跑、跳项目有变速跑、阻力跑、立定跳远、屈体跳、蛙跳、跳绳、单腿跳等。此外蹲起、双脚夹球抛出等也是目前下肢力量训练的常用方法。

（三）大学生力量素质影响因素情况

影响大学生力量素质的因素是多方面的，如大学生的先天体质、大学之前体育运动能力发展的情况、大学生的家庭环境、学校氛围等等，这里我们只择取学校范围内对大学生力量素质形成影响最直接的两点进行分析。

1. 大学生用于体育锻炼进而提升力量素质的时间

由于大学生课业任务多、作息时间的不合理以及不良生活习惯等多方面因素导致大学生的课外锻炼时间不足，进而严重影响了学生的体质健康，当然也影响着大学生力量素质的提升。课业任务量以及完成任务的时间分配是值得学校及相关教育部门深思的问题。对于作息时间及生活习惯的养成，大学生本人则具有相对的主导性。大学生应科学合理地分配自己的时间，留出足够的体育锻炼时间，及早养成良好的体育锻炼习惯，有计划有目的地提升自己的力量素质。

2. 大学生对于体育锻炼及力量素质提升的态度

相较于高中时期更为宽松的规范制度和更多自由的时间，使得大学新生往往易于滋生懒惰的心态。甚至一些在中学时期已建立起良好体育锻炼习惯的学生也开始以散漫的态度对待体育运动。再加上各类社团活动的影响，大学生的体育锻炼意识受到较大冲击。大学生对于力量素质重要性的认识及对体育锻炼的态度直接影响了大学生力量素质。总之，合理分配时间多参加体育锻炼、科学地选取锻炼项目，并且提升参与体育运动的兴趣、坚持不懈地努力锻炼，是大学生获得良好力量素质的关键。

三、大学生力量素质提升的新路径

了解了大学生力量素质测试以及训练的基本情况，分析了大学生力量素质的主要影响因素，我们可以通过基本训练、创新训练、针对性训练三个路径来提升大学生的力量素质。

（一）基本训练

选择适当训练方式，遵循力量素质练习的阶段性规律，科学组织训练。

大学生在进行力量训练的过程中，应在个人身体情况的基础上，选择适当的训练方式，遵循力量素质练习的阶段性规律，科学地进行训练。静力性训练可有效实现肌肉生长但易于疲劳，动力性训练有益于提升力量耐力，因此两种训练方式应交替进行。力量素质练习应循序渐进地进行，根据锻炼情况可以分为开始、强化、保持三个阶段。开始阶段的时间长度一般为1-2 周，采用跑步、俯卧撑、仰卧起坐等简单的方法，找到适合的负荷量。强化阶段从第 3 周开始，此时经过开始阶段练习者的肌肉力量和肌肉耐力都有所增强，因此应增大负荷量以及强度，但一次增加负荷量不应超过原来的 1/10。保持阶段是在力量素质达到一定水平后，要保持已有力量水平而对主要肌肉群进行有规律的间歇循环训练。掌握力量训练的阶段性规律，科学合理地组织力量训练，脚踏实地地提升大学生力量素质。

（二）创新训练

激发大学生力量练习兴趣，创新力量素质练习方法。

在大学生力量训练实践中，无论是高校教师还是大学生本人都或多或少地进行着创新探索。结合创新的代表性以及取得的效果，下面主要介绍采用太极拳练习、联系人体运动系统结构理论进行练习、使用运动 APP 辅助练习三种。

1. 采用太极拳练习提升大学生力量素质

太极拳是近年很受大学生群体喜爱的运动项目之一，在其练习过程中手如盘丝、旋腰转脊、旋踩转腿，使周身劲力一气贯穿，是一项能够调动核心力量、上肢力量、下肢力量共同作用的运动。经测试发现，一段时间的太极拳运动后，参与学生的腿部力量、背部力量提升明显，尤其是女生背部力量的提高更为显著。太极拳运动应由简入繁，在练习中集中精力，让意识引导动作才能获得最优效果。采用太极拳运动进行力量素质练习是我国传统运动项目应用于现代体能训练的一大创新，对于太极拳运动的发展以及力量素质提升都具有很大价值。

2. 联系人体运动系统结构理论进行力量训练优化

人体运动系统结构主要包括骨、关节、肌肉，三者协调作用展现运动系统功能。科学化的运动训练可以优化人体运动系统结构，熟悉人体运动系统结构理论也可以促进运动训练的科学化。肌肉力量对骨骼应力、对关节运动都有着密切的影响。骨量大的人需要更多肌肉力量和肌肉强度来提升应力，在肌肉力量训练中让肌肉承重量降低、训练速度提高，可以训练肌肉耐力，同时有益于关节灵活性提升。了解并运用人体运动系统的结构理论才能更科学、更高效地进行力量素质训练。

3. 使用运动 APP 辅助大学生力量训练的进行

“互联网 +”的时代，运动类 APP 已经在全球广泛运用，并受到广大运动人群的欢迎。尤其在大学生群体中更是受到前所未有的追捧，对大学生课余体育锻炼以及体育运动习惯的养成产生了深刻的影响。有研究显示，运动 APP 的跑步功能、力量练习功能分别以 60% 和 40% 的程度为大学生所喜爱。力量训练中运动 APP 主要起到视频直观教学以及教练“陪伴”的作用，使大学生进行力量训练更便捷、更科学。而有了参照标准以及榜样带领，大学生进行力量训练更易坚持下去。

（三）针对性训练

针对不同运动项目进行针对性的力量训练。

不同的运动项目对力量大小、主要发力部位、力量性质等的要求有所不同或偏重。因此不同的运动项目可以进行有针对性的力量训练，以便大学生更好地参与该项运动，进而在运动中进一步保持和提升力量素质。如田径运动中最主要的是速度力量的训练，减少身体阻力、增强爆发力，可以提升田径运动中动作完成的质量和效果，速度力量训练极大提升了运动者的耐力和力量。篮球运动的力量训练则要求较为全面，力量练习应与速度、敏捷性练习联系进行。要坚持长期进行，注意柔韧素质的提高、预防受伤，等等。健美操的动作大都是全身性的，对于身体肌肉的共同发力、身体重心的稳定性要求较高，因此健美操运动者的力量训练应调动更多的肌肉群以获得更好的训练效果。

第二节 耐力素质训练研究

一、大学生加强耐力素质训练的必要性

（一）增强学生对体育知识的掌握能力，提高综合素质水平

对提高大学生的身体素质，以及开发智力有着极为重大的影响。大学生处于教育成熟阶段，耐力素质训练有利于提高学生的身体灵活能力，增强学生的观察能力，培养学生的毅力及独立思考的能力。完善大学生耐力素质训练的方式是学校不断优化教学结构的表现，可以有效地避免传统体育教学的局限性，有利于将体育教育资源最大化利用，不断促进学生体育知识、体育品德及体育技能等多方面的提高。

（二）培养学生热爱体育的精神，发挥体育教学的真正价值

完善大学生的耐力素质训练的方式，将耐力素质训练的内容延伸至学生多种体育项目的教学中，不仅有利于加强学生对大学体育学科的认识，提高学生的体育技能，还能够培养学生良好的体育精神。比如，在长跑这个体育项目中，学生在进行该体育项目的训练中，通过增强肌肉力量提升心肺功能，不仅有利于学生了解耐力训练对身体形态和机能的影响，提升学生耐力素质，还可以使学生切身地感受长跑的体育精神魅力，激发学生对体育运动的热爱。

二、大学生耐力素质训练的现状

（一）训练方法颇多，使用有偏差

现如今的大学生耐力素质练习的过程中，耐力素质训练方式并未融入体育教学体制，仅是浮于表面。大学生的耐力素质训练的方式多样，有持续练习法、循环练习法和比赛游戏法等众多方法。学生在进行耐力训练时应根据具体的体育项目从而选择合适的耐力训练方式。当下，大学生对练习方法缺乏具体的实际分析运用，“拿来就用”的训练方式无法将体育项目与耐力训练灵活衔接，易导致大学生的耐力素质训练过高过空。

（二）重理论，轻实践

目前，大学体育在教学过程中较为偏重学科性耐力素质训练教学，而忽视了当前隐性体育教学和活动性体育教学。大学生的耐力素质培养要发展“知、情、意、行”，但是如此教学便

只能培养“知”，而严重缺乏其他三个方面的发展。大学生耐力素质训练方法的优化需要学科性教学和活动性教学相结合，耐力素质训练方式的应用与理论学习相辅相成，才能够让大学生做到“知、情、意、行”的全面发展。但是目前过于学科性体育教学的偏重则不利于耐力素质训练方法的优化。

三、完善大学生耐力素质练习的新路径

耐力素质的训练在高校体育教学中是极为重要的组成部分，它是通过体验式的教学提高学生身体素质。然而，就目前学生体质呈现整体下降的趋势来看，高校有必要重视和采取有效的训练方法提升高校学生的耐力素质，从而达到提升他们体质的目的。

（一）跑步训练的灵活应用

1. 常规跑步

计时跑步是比较常见的训练方式，通常是根据学生的身体素质制定跑步距离，跑到终点后休息 5～8 分钟，根据学生的心率制定下阶段的距离。这种训练是提升耐力素质最有效的方法之一，具有一定的强度。对于一些基础比较差的学生，3～5 人一组围绕操场跑，仅以不掉队为要求也可以使他们在锻炼意志力方面有所收获。相比以上两种单纯考验耐力的跑步方式，教师也可以针对基础较好的学生进行尝试，即训练学生对速度的把控。这种跑步方式是以切换速度强化学生对速度把控能力的——直道变弯道的变速，弯道再回到直道上的变速（加速或减速）。这种跑步训练方式有效地避免了有些学生出现走路的情况，并能在快速转慢速、慢速转快速的训练中加强他们对重心的控制，从而使他们对于跑步的速度把握更加游刃有余。

2. 趣味跑步

如果说常规的训练可能会使基础比较差的学生在训练过程中产生抵触情绪，体育课堂中的“形散神不散”——变相练习提高学生的耐力素质便是有针对性地为学生设计的趣味性强的教学手段，在体现教学方法新颖多元的同时使得学生更愿意自主训练。比如说八字跑、蛇形路线跑等，让学生通过相互追逐、分组对抗等趣味比赛达到训练的目的。

当然这样的例子还有很多，小道具的加入可以使跑步的训练拓展到更多的领域。比如，篮球过障碍、足球带球的攻防，甚至把跳绳穿插在其中，让学生同时进行跑、跳训练，在欢乐中达到了耐力训练的效果。当然，对那些对训练有心理压力的同学，教学场地的适当变换也可以促进他们的放松，教师可以尝试。训练场地发生转换，那些有压力的学生的注意力会被新鲜的环境分散，不论是开展室内（篮球场）跑还是越野跑，他们都会对这种主题式的跑步训练感到新鲜不已，接下来的训练内容也更容易激发他们想要尝试的兴趣。教师可以通过分组选领队的方式展开耐力训练，分好组的学生会产生一种强烈的集体感。不但可以有效地锻炼耐力，还可锻炼学生们的组织能力、团结精神，提升学生的素质。

（二）其他训练的适当添加

1. 跳绳训练

除了跑步训练，跳绳训练也是一种极佳的耐力训练方式，且动作不复杂，对场地要求较小，十分适合高校体育训练。操作上以计时跳绳为主，短跳绳和长跳绳皆可，还可变换跳绳的

形式——单人计时跳绳和集体跳绳。其中，单人短跳绳又可以翻出诸多花样，如双腿跳、单腿跳、分腿跳、团身跳、后腿弯曲跳、蹲跳等。通常跳一分钟即可休息片刻，之后根据学生的状态设定下一环节的运动量。以基本的双腿跳为主，如果学生已掌握基本动作并熟悉则可以尝试增加一些难度，比方加入一些手部的交叉动作，手脚都能得到锻炼，对反应能力也是一种练习。掌握比较好的同学还可以尝试边走边跳、边跑边跳。而集体跳绳同单人跳绳相比则更注重学生反应能力和团队合作能力的提升。训练方式是从正面或侧面通过摇动的长绳，以不碰触到绳子为通过。集体的跳绳也和单人跳绳一样可以玩出花样。队形的变换交错、通过绳子时的姿态选择都可以为集体跳绳加大难度和挑战，这样反复练习既有趣又能加强耐力的锻炼。

2. 篮球活动

篮球是一项人数要求不高、体验很有趣的运动。很多学生喜欢篮球运动，不论是运球还是带球过人、投篮都可以让学生找到其中的乐趣。高校更是不乏一些篮球好手，运球灌篮可以说十分轻松。但是尽管看起来容易，对篮球运动员体能的考验不小。如果利用篮球展开耐力素质训练，强度和趣味性一定都十分符合高校学生的需要。笔者曾经做过这样的尝试，在篮球场地上让学生运球跑步，还有在操场上的运球追逐、躲避、让拒，一堂课下来，学生的热情不减，仅有少数同学感到累，收到了极好的训练效果。

3. 柔韧训练

高强度的训练也需要柔韧性的训练作为缓冲。尤其是从避免在运动中受伤的角度来说，通过柔韧训练获得动作幅度和协调性的增强具有积极的意义。不仅如此，研究表明，一位5000m运动员每天在结束正常的训练后利用5分钟的时间进行柔韧性训练，结果2个月后的成绩比之前提升超过50s。柔韧性训练在高校的体育教学中通常被安排在训练的准备阶段，主要包括站立体前屈、劈腿和弓步压腿等方式，这些准备都是为了更好地进行耐力训练。

（三）丰富体育课内容的建议

1. 健康知识的宣传

体育课的内容一直是以各项训练为主，但回归到为什么要进行各种体育训练，不做体育训练的身体会怎样的问题，现在的课堂上总是缺少更多的阐述。有研究表明，随年代推移，高校学生的肺活量及耐力指数明显呈下降趋势。与此同时，随着肥胖概率的增大，他们的心肺功能也在逐年下降。因此，体育课也应针对高校学生不重视身体素质这一点进行知识的讲解以求改善。

2. 学生健康服务机制的构建

提高高校学生的耐力素质不仅需要体育课上的训练还需要校方的重视和投入。为学生建立健康服务机制可以对学生的体质情况有一个比较确切的把控，便于体育训练内容的展开，也便于规划体育教学方案。同时，学校的重视也会带动学生对体质的重视，从而引入耐力素质的观念就相当于水到渠成。自然而然，学生会在课上、课余加强耐力素质的训练。

3. 增加体育课的时间

高校学生耐力素质的不足多是体育训练不足等多重原因导致的。而体育训练通常借助体育课完成，所以体育课的分量应当有所提升。注重素养提升的现今教育中，美术和音乐都作为重点提升的素养出现在教学当中，体育素养作为需要提升的一门学科素养也应当从课时方面有所重视，不可被占用、缩减。否则即便是提出了提升高校学生耐力素质的方案也无从实施，诸多方法必然会沦为纸上谈兵。

四、健美操专项耐力训练

耐力训练是高校竞技健美操训练的重要组成部分，但同时也是在训练中易被忽视的部分。目前，高校竞技健美操耐力训练中，广泛使用“一般耐力”训练方法和手段，“专项耐力”训练没有获得应有的重视，并存在理论模糊、实践混淆的现象。

（一）高校竞技健美操专项耐力训练方法

我国普通高校竞技健美操训练在硬件上不具备高水平专业队使用的运动训练器材、专业恢复设备、高频摄像、电脑建模分析等条件。尽管国家加快了高校体育设施的建设，但总体不充分、不均衡。普通高校竞技健美操运动员需要完成所在学校规定的其他课程的学习，在训练时间安排上无法达到专业运动员“一天三训”、大周期持续训练的效果累积，这使得耐力训练变得更为重要。目前，我国普通高校竞技健美操训练一般是以每周训 3 ~ 4 次、赛前 1 ~ 2 月进行集训的方式进行的。基于运动训练学普遍规律和我国普通高校竞技健美操训练特点，我国普通高校竞技健美操专项耐力训练应依据运动训练目标和运动训练学原理选择训练内容，并通过科学的训练方法和手段呈现训练内容并达成训练目标。因此，不同院校对于训练效果积累有较高要求的专项耐力训练，需要另辟蹊径、顺势而为。

目前，我国普通高校竞技健美操运动员普遍将有氧耐力跑、跳绳、功率自行车和徒手动作重复练习作为一般耐力训练内容，作为专项耐力的基础；专项耐力素质训练的主要内容为健美操动作组合训练、成套动作训练。高校竞技健美操专项耐力训练以动作组合重复训练为主要内容，显然不够充分。运动实践证明，力量与耐力训练合理交叉可以较好地提高专项耐力训练效果。竞技健美操中跳跃和托举动作的力量训练应与专项耐力训练进行科学的训练模块组合；操化及难度动作应与核心力量训练进行科学组合。鉴于力量训练与耐力训练的兼容性较低，任何水平的运动员在力量训练中都要避免单组力竭性高强度训练。与多组力竭性力量训练方法相比，同期训练课程中应该采取中强度重复负荷；非力竭性负荷刺激的方法，能够提供给运动员一个更佳的力量提高环境，保障最大力量、爆发力和专项成绩获得最佳提高，以保证随后耐力训练的质量。适度的专项力量与耐力组合训练有利于增加专项技术动作的经济性和肌体恢复力。在训练中综合单个运动技术、基本动作组合、成套动作组合的重复、间歇训练结合核心力量和爆发力训练，可以更好地提高专项耐力训练的效果。设定大、小周期训练板块时，可根据在校大学生训练时间和恢复状态，机动调整耐力训练间隔和训练负荷，以促进训练效果的积累。

（二）专项耐力训练具体应用

1. 融入其他素质训练，丰富专项耐力内容

完美的竞赛表现绝非空中楼阁，需要运动员的专项耐力等多项基本素质作为支撑，才能在 26 ~ 28 拍 /10s 的快节奏音乐伴奏下持续 110 ~ 130s 的成套动作。基于高校运动员每周 3 ~ 4 次训练课、间隔和恢复时间较长的现状，可合理增加其专项耐力的负荷。负荷量反映负荷对运动

员机体刺激量的大小，负荷强度反映负荷对运动员机体刺激的深度。负荷的量度与负荷的内容一起构成了训练负荷，施加于运动员有机体，产生相应的训练效果。竞技健美操专项耐力训练实践中根据训练计划制定专项耐力训练目标，合理设定并有效控制负荷量和负荷强度的协同变化。公共组运动员在年训练周期与学期训练周期中一般耐力与专项耐力安排应先一般后专项，适度增加一般耐力训练比重。在集中训练周期强化专项耐力训练，应占耐力训练总量的70%以上。专业组运动员在年训练周期和学期训练周期中，应采取专项耐力与一般耐力训练交叉融合的模式，设定较高训练负荷，并体现高于竞赛过程的训练强度；在集中训练周期中，专项耐力训练负荷需根据运动员个体极限制定，但不宜进行力竭性专项耐力训练。

除使用组合动作、成套动作重复训练等传统专项耐力训练方法，还需要丰富耐力训练方法与内容，避免运动员在专项耐力训练中出现倦怠。可以使用一般耐力与专项耐力手段相结合、耐力训练与力量训练交叉（如二者同期训练需考虑兼容性）、体能练习与基本动作重复、间歇训练融合等方法，配套一定的中等负荷专项辅助训练。

2. 合理安排训练目标，提高训练效率

我国高校竞技健美操竞赛由国家、省、直辖市教育部门组织，比赛时间一般安排在每年的下半年。竞赛分为专业组、半专业组和公共组。高校竞技健美操训练目标和训练周期据此设定。专业组的专项耐力训练目标立足于整套动作稳定发挥，关注高潮部分中难度动作的稳定度；半专业组的专项耐力训练目标则立足于具有一定难度的动作组合的完整性和操化动作的规范性；而公共组运动员专项耐力训练目标立足于动作规范和齐度，关注成套动作的稳定发挥。由于不同院校和专业之间的生源差异，大学生运动员专项耐力水平存在较大的起点差异，需要在训练中针对运动员的个体机体特征和组别训练目标进行训练安排，解决“吃不饱”和“吃不下”的问题。

普通高校竞技健美操运动训练中的专项耐力训练，通常是以无氧供能为主的高强度动作组合练习，可通过调整单组强度、组数以及组间间隙时间对训练负荷进行掌控。竞技健美操基本动作及其组合是按照训练目标和负荷量需求设计而成的，用以发展运动员基本素质和运动技巧。在训练实践中，公共组专项耐力训练应以单个动作和组合动作重复、间歇或循环训练为主，辅以一般耐力训练；而半专业组和专业组则应以组合动作和成套动作的重复训练为主，专项耐力训练与专项力量训练交叉，通过加大负荷强度增加刺激深度。依据组别合理设定训练目标能够强化专项耐力训练的针对性，取得较为理想的训练效果。

第三节　速度素质训练探究

一、速度素质的内涵

（一）速度素质的概念

速度素质是青少年体能训练中一种十分重要的运动素质。过去国内外对速度素质的研究也是百花齐放，百家争鸣。例如：苏联的普拉诺夫认为“速度是指运动员保证在最短时间内完成动作的综合功能”。德国的盖•施莫林斯基提出“所谓速度是指在神经系统和肌肉组织运动过程的可变性的基础上，以一定的速度来完成动作的能力”。加拿大的图多·博姆帕将速度的内涵定义为人体“快速运动的能力”。我国的过家兴教授提出“速度素质是人体快速完成动作的能力和动作反应时间的总称，也可理解为人体（或身体的某部分）进行快速运动的能力”。

董国珍教授指出，“速度素质是指人体快速运动的能力。这里包括人体快速完成动作的能力和对外界信号刺激快速反应的能力”。随着文化的融合，对速度素质的认识逐步趋向一致，普遍认为速度素质是指人体或人体某部位快速运动的能力。

（二）速度素质的分类

从概念角度理解，速度素质包括人体快速完成动作的能力和对外界信号刺激快速反应的能力，以及快速位移的能力。其中，反应速度是指人体各种信号刺激的快速应答能力；动作速度（动作频率）是指人体或人体某一部分快速完成某个动作的能力；位移速度是指人体在特定方向上位移的速度，以单位时间内机体移动的距离为评定指标。

（三）速度素质的影响因素

速度素质的三种表现形式之间既有联系又有区别。从生理学内部机制角度分析，反应速度主要表现在神经活动方面。而动作速度、位移速度则侧重于人体运动时肌肉活动方面。

1. 反应速度的影响因素

反应速度主要受神经系统的调控，因此影响反应速度的主要是反应时（反应潜伏期：指人体接受刺激与做出肌肉动作之间的应答时间），而反应时取决于完整的反射弧（感受器—传入神经—神经中枢—传出神经—效应器）。具体表现在以下几个方面：

（1）感受器的敏感程度

感受器越敏感，越能缩短对各种信号刺激的感受时间。感受器的敏感程度在相当程度上受到注意力集中程度与指向，以及感受器疲劳程度的制约，所以在速度训练时要求集中注意力。

（2）中枢神经系统机能

中枢主要是对刺激信号做出选择性分析，以便反射活动的传导，因此中枢神经系统机能就受到神经系统兴奋性和条件反射建立巩固程度的影响。所以速度素质的训练会随着动力定型的日益稳固而提高。

（3）效应器的兴奋性

效应器的兴奋性主要通过肌纤维的活性得以表现。研究表明，肌肉紧张时比放松时反应时要缩短 7% 左右。另外，肌肉疲劳时反应时间明显延长。

2. 动作速度与位移速度的影响因素

动作速度与位移速度的主要特点都是通过肌肉系统最大限度地快速活动形式，在最短的单位时间内完成动作。由于人体运动时肌肉活动的形式与质量受到身体形态、生理机能、力学和运动技术等多方面的影响，故动作速度和位移速度也由多种内外部机制所制约。主要取决于人体外部形态（构成力学最佳结构）、肌纤维类型（主要是白肌）、肌肉用力协调性及动作技术等方面。

（1）身体外部形态

人体外部形态对速度的影响，主要在于四肢的长度。在其他条件相同的情况下，四肢的长度与该部位的运动速度成正比。因为人体四肢的运动形式是肢体绕关节轴的转动，四肢越长，离轴心的距离越远，运动速度就越大。

（2）快肌纤维（白肌纤维）的多少

肌肉的快速收缩是速度素质的基础。从肌肉的结构来说，人体骨骼肌分为快肌纤维（白肌纤维）、慢肌纤维（红肌纤维）和中间型纤维三种。纵观历届奥运会短跑项目的奥运冠军的人种，几乎都是黑人，就是因为黑人肌肉中的快肌纤维（白肌纤维）比较丰富。研究表明，速度性项目优秀运动员的快肌纤维比耐力性项目运动员多得多。因此，人体肌肉快肌纤维百分比越高，快速运动的能力也越强。

（3）肌肉用力的协调性

良好的肌肉弹性以及主动肌和对抗肌之间的协调交替能力也是实现快速运动、准确完成动作的重要保证。关节的柔韧性对大幅度完成动作（如步幅）的作用十分明显。因此，在发展速度（特别是位移速度）的过程中，安排适量的力量和柔韧练习，对速度素质的提高有积极意义。

（4）动作技术的完善性

速度素质在很大程度上取决于完善的运动技术。动作的幅度与半径大小、工作距离的长短与时间、动作的方向、角度及部位等均与速度的快慢有密切关系。合理、有效的技术可以通过缩短运动杠杆、摆正重心、有效地使用能量等作用而快速完成动作，并能使动作完成更省力、更协调。

除上述影响速度素质的内在因素外，速度素质还受到一些外部因素的影响，如气候、温度、环境等。这些在发展速度素质的过程中都应引起充分的重视。

综上所述，速度素质主要由大脑皮层神经系统活动所决定。正是中枢神经系统的兴奋和抑制引起肌肉系统的收缩与放松而形成的协同动作产生速度。动作过程越流畅，中枢神经系统兴奋和抑制交替得越快，肌肉更自由地收缩和放松，表现出更快的速度。

二、速度素质训练内容与方法

（一）基础速度素质训练内容与方法

1.不同距离的直线冲跑练习

（1）10 米冲刺跑练习

训练迅速加速的能力。

（2）30 米加速跑练习

训练起动跑后速度持续加快的能力。

（3）60 米途中跑练习

训练将最快速度保持一定距离的能力。

（4）100 米冲刺跑练习

训练途中跑获得的速度不仅不能下降，而且还要尽可能地有所加快的能力。

（5）200 米、400 米中距离跑练习

此项练习是提高速度耐力的有效手段。

2.往返冲跑练习

（1）来回跑练习

采用距离不等，如 5 米、8 米、10 米或 15 米的距离进行数次来回冲跑练习。练习要求接

近终点时，不能降低速度，应保持最快的速度立即转身折返跑。注意为了保持速度不减低，练习时冲跑的距离不宜过长，往返次数也不宜过多。

（2）10 米前后冲跑练习

从起点快速跑至终点，再由终点快速后退跑至起点，如此反复练习。

（3）10 米左、右两侧并步跑练习

以右脚在前，左脚在后并步跑至终点，再以左脚在前，右脚在后并步跑回起点。练习时可用两种动作姿势，一种是直立姿势跑，另一种是半蹲姿势跑，无论以何种姿势跑均要求以最快速度完成。

3. 接力跑练习

接力跑：把选手分成若干组，每组人数相等。听到口令后各组的第一位选手开始向终点冲跑，跑至终点迅速绕过终点标志往回跑。跑回起跑线后迅速拍击下一位同伴，同伴以同样的方式开始冲跑。以此方法持续练习，以先跑完一轮的小组为胜。

把参加训练的学员分成两组，每组 6 人，在地上画两条平行线，两线之间相距 2 米。两组学员间隔一定距离，排成纵队站在起跑线上。听到起跑令后，站在最后的学员拿球以蛇形方式依次绕过队友跑到队前，再立即把球抛给本组的最后一名选手。该选手接到球后再开始第二轮跑，依次进行。以率先完成传球，并在跑的过程中没有触及本组队友的小组为优胜。

（二）专项速度素质训练内容与方法

速度素质是羽毛球专项身体素质训练的核心。简单地说，羽毛球竞赛就是以不同形式的速度竞赛决定胜负。技、战术风格中的第一条规定“快”字，就是通过不同形式的速度来体现的。因此，专项速度素质训练，主要围绕提高该项运动所需要的反应速度、起动加速度、变向移动速度、挥臂速度和前后场配合的连贯速度等方面进行。

1. 专项视听反应速度训练

场地步法：听或看手势信号进行快速全场移动步法练习，以及前场、中场和后场各种分解和连贯步法练习。

看手势进行各种向前、向后、向左、向右的场地并步、垫步步法练习，以提高选手的反应速度。

击球挥拍动作练习：听教练喊 1、2、3、4 数字口令，选手按照预先约定的姿势做击球挥拍动作练习。

起动步法练习：听或看信号做起动步法练习，提高判断反应速度。

2. 专项动作速度练习

（1）多球练习

快速封网练习：练习者站在发球线附近准备，一人站场地另一侧，快速持续发平射球，练习者持续数次快速移动在网前封击。

多球双打快速近身杀球练习：练习者站场地中部准备，一人站场地另一侧，用拍快速从前场向练习者近身位置拍击球，练习者用正、反手姿势快速进行防守反击练习。

多球双打快速平抽快挡练习：练习者于中场位置防守反攻站位准备，一人站场地另一侧，用拍从中场快速持续向练习者扣球，然后双方连续平抽快挡。球失误后，迅速扣下一个球，不间断反复练习。

多球前场快速接吊、杀球练习：练习者于中场位置防守站位准备，一人站同侧场地前场位置，用杀球和吊球线路向练习者抛球，练习者做连续被动接吊杀球练习。

多球扑球练习：练习者网前位置准备，一人站场地另一侧，用多球快速向练习者抛近网小球，练习者做正、反手姿势快速扑球或推球练习。

快速反击全场球练习：练习者站单打场地中心准备，一人站场地另一侧，运用多球向练习者发各种位置的球（适当缩小场地移动距离），练习者跟上发球速度，连续快速地回击。

（2）快速跳绳练习

单足快速变速跳练习：采用 1 分钟快、1 分钟慢的密频小步、高抬腿、前后大、小交叉步等专项步法动作，做快速变速跳绳练习。

1 分钟快速双摇跳练习：1 分钟内以最快速度完成双足双摇跳，要求突出的是速度，以次数多者为佳。

（3）击墙壁球练习

封网动作快速击球练习：面对平整墙壁一米左右站立，在头前上方以封网动作，小臂手腕发力向墙壁连续快速击球。

接杀球击球练习：面对墙壁站立，用接杀挑球或平抽球动作，快速向墙壁连续击打体前腰部上下位置的球。

（4）快速挥臂练习

肩上手腕前屈后伸快速持续挥拍练习：持拍手臂贴耳置于肩上，上臂和前臂不动，仅靠手指控制握拍，手腕以前屈后伸动作快速持续挥拍。

快速小臂屈伸挥拍练习：持拍手臂贴耳置于肩上，大臂不动，以肘为轴，仅小臂以后倒前伸击球动作快速持续挥拍。

小臂体侧前后摆挥拍练习：持拍手置于与肩齐平的高度，肘微屈，肘前后摆动，用类似抽打陀螺的动作做快速摆臂。

快速抽球动作挥拍练习：按信号或节拍做各种正、反手快速持续抽球挥拍动作。

快速连续杀球动作挥拍练习：上下肢协调配合，用完整杀球动作快速持续做挥拍动作。

快速手腕绕八字挥拍练习：持拍手体前以肘为轴固定不动，手指放松握拍，仅用手腕沿 8 字形线路，快速持续做挥拍练习。

（5）下肢快速频步训练

原地快、慢变速高频率小密步踏步练习。

原地快、慢变速高抬腿练习。

原地快、慢变速向前向后屈腿踢练习。

原地快、慢变速转髋练习。

原地快、慢变速体前左右交叉跳练习。

原地快、慢变速向前小垫步接向后蹬转练习。

以上练习内容按照慢—快—最快，再由最快—快—慢的动作速度节奏练习，时间可以控制在 20 秒慢，转为 30 秒或是 1 分钟快，再接 30 秒最快的速度交替进行练习。

（6）跨越障碍物练习

将障碍物摆放成直线或斜角等形状，练习者以各种跑跳姿势快速穿越或跳越这些障碍物。

三、速度素质训练中应注意的问题

利用素质转移规律，合理安排速度素质练习的顺序和时间。

在体能训练中，各种运动素质之间存在素质的转移现象。在速度练习中，常使用发展力量的手段来促进速度的增长。而在静力性练习中，由于动作缓慢，会降低神经过程和肌肉活动的灵活性，而速度素质训练要求神经灵活性高。因此，速度素质训练应放在力量素质训练之前，力量练习也应以动力性力量为主。所以速度训练强度较大，对青少年的兴奋性和运动欲望要求很高。一般训练时间不宜过长，应安排在训练课的前半部分。

掌握速度素质训练的敏感期。

速度素质的发展水平在一定程度上受到人体生长发育水平的制约。研究表明，7-14 岁正处在速度素质的快速增长期（敏感期），抓住这一阶段的速度练习，有助于促进动作频率、单个动作速度及反应速度的快速发展，同时重视全面身体素质的训练，不宜过早专项化训练。

预防和消除“速度障碍”现象的产生。

速度障碍是速度素质发展到一定水平，常会出现提高缓慢甚至停滞不前的现象。所以为了消除这种现象，应该采取多样化训练手段，加强基础训练，全面提高身体素质水平，防止和缓解速度障碍。如果已经出现了“速度障碍”现象，可利用助力跑等方式改变习惯的动力定型，建立新的条件反射。

重视训练后的肌肉放松。

“没有恢复的训练是危险的训练”，训练后的肌肉放松对速度的提高非常重要。因为肌肉放松时，血液循环通畅，能为参加活动的肌肉输送氧气，加快了 ATP 再合成速率。而 ATP 又是速度素质的直接能量来源，所以要重视运动训练后机体的恢复再生。

四、高校中长跑运动员速度素质训练方法

高校中长跑运动员速度素质训练历来都是体育教师探索和研究的重点。事实也充分证明，只有拥有了足够的速度素质才能保证运动员在比赛中取得更好成绩。从这个意义上说，需要我们足够关注高校中长跑运动员速度素质训练，并采取行之有效的策略保证训练指导效果的优化。

（一）高校中长跑运动员速度素质训练的可行性

众所周知，中长跑运动训练的一项核心任务在于使运动员在特定距离范围内，尽量花费更短的时间。也就是在特定的限制条件下，以求发挥出更快的速度。所以，无论采取何种训练对策，均需要注意此核心目标的实现。

1. 对实践过程的分析

如果对高校中长跑运动员的训练过程进行分析，可以发现运动成绩正常情况下是处在一个平稳进步的状态。从各项调查数据总结出：因为年代的发展，高校中长跑运动员在速度方面的能力是逐年提升的，而且逐渐向接近短跑运动员速度靠拢，并与专业运动员的差距也越来越小。

2. 运动生理的分析

我们现在强调速度素质训练，也是完全符合人体生理特点的，同时也是高校中长跑运动员持续健康发展的现实需要。速度训练一方面能够使绝对速度得到发展，另一方面还能够带动机体的重要生理变化。从人体各项身体素质的发展规律看，我国高校男子运动员的速度素质正好处于发展的巅峰期，即 19 至 22 岁的最佳阶段。与此同时，速度素质易于长期保持，衰退期相对耐力素质要晚很多，且其在训练与竞赛时的运用效果要远远优于耐力素质的表现。若是未能注意到速度素质训练发展这一特殊时期，会对未来的训练产生非常不利的影响，以后再想在提升速度方面有所成就必定要事半功倍。反之，如果速度素质训练做得好，会给后期的耐力训练奠定良好的基础。所以我们认为，针对高校中长跑运动员进行速度素质训练，是非常可行的，也是非常必要的，将会促使中长跑运动员身体素质与竞赛成绩都取得长足的进步。

（二）高校中长跑运动员速度素质训练的策略

速度素质是表现运动参与者快速运动能力的基本素质，其主要表现在反应、动作、位移等方面的速度。对于高校中长跑运动员而言，其速度素质如何，关系到专项成绩乃至竞赛时的整体表现。特别是在位移速度方面，可以对比赛结果产生决定性影响。所以，体育教师需要做好运动员的速度能力方面的优化训练，具体可采取以下几方面策略。

1. 反应速度的关注

反应速度的好坏很大程度上决定了运动员起跑后的比赛位置，位置不好则影响战术发挥，进而影响比赛结果，不可等闲视之。反应速度特别强调了运动参与者对不同外部刺激所形成反应的速度。为了确保反应速度的提升，可以指导运动员利用重复法进行训练：在听到信号后以站立的方式起跑 30 米，在此过程中根据教练员的手势完成练习。

除此以外，听觉和视觉相统一的练习也是极有必要的，具体做法是让运动员紧闭双眼，由教练员在其旁边安排海绵垫，要求运动员在听到指令（枪声、击掌声等）后，以最快速度睁开双眼，进行相应的跑动或者跳跃动作，以提升运动员反应速度。

2. 运动速度的关注

运动速度所强调的是人体的整体或者人体的某一部分按照要求完成相应动作所需的时间。对高校中长跑运动员的运动速度进行训练指导，通常可采取下述策略。首先是让其在既定时间之内完成快速摆臂、高抬腿或者各种跳跃动作；其次是让运动员用身体稍微前倾的方式进行行进间小步跑训练。此外，像原地支撑后蹬跑、行进间的直道转弯道跑、牵引跑、下坡跑等也均可以视情况需要加入到训练规划中去。以此改善跑步技术，提高主被动肌的协调能力，提高运动速度。

3. 位移速度的关注

位移速度指的是在特定阶段的运动中，以单位时间内通过的距离为标志的速度。针对位移速度的训练，可以利用重复跑、变速跑与短跑等方法进行训练。

（1）重复跑

近些年随着中长跑成绩的普遍提高，在比赛过程中运动员肌肉工作持续时间大幅减少，这就使得运动机体单位时间的工作强度有较大的增加，所以能量供应的过程也随之出现变化，以此保证身体机能特别是肌肉工作的需求。举例来说，对于 800m 跑而言，其是在 2min 之内的超大强度运动，运动过程中重点借助无氧代谢进行能量供应。若想使成绩得到提升，便一定要尽量调整有氧供能比例使之节约化，并同时让无氧供能得到加强，尤其是提高乳酸供氧能力的发展。如果在途中跑过程中较长距离地进行加速冲跑，则易造成体内乳酸堆积情况出现，由此引起机体中碱贮备遭到破坏。这会对机体各种酶活性产生不利影响，造成酸中毒现象的发生。这个问题对于平时缺少专门训练、耐酸水平不够高的运动员来说显得尤其突出，具体表现为呼吸急促与两腿酸沉等。所以如果想要取得理想的成绩，一定要利用有效的重复跑手段，进行相应的耐酸训练，以培养运动员在乳酸大量堆积的状态下，还能够以高速跑状态应对长距离的挑战。比如针对 800m 跑的运动员，可以要求其进行 200m 至 600m 的重复跑；针对 1500m 跑的运动员，可以安排 800m 至 1200m 的重复跑；而像 3000m、5000m 跑的运动员则选择 1000m 至 3000m 的重复跑等。不过流行的趋势是减少重复跑的距离，一些 3000m 和 5000m 跑的优秀运动员经常采用 1200 米以内的距离，以高于比赛的速度进行重复跑，突出速度要求，在大赛中取得不俗成绩。

另外，高校运动员每组重复跑以 2 次至 5 次为宜，在速度方面可要求其采用等于或者略高于比赛的速度。中跑项目可以采取超过专项距离的段落进行重复跑，其超过的距离也不宜过长，一般超过专项距离几百米即可。如 1500m 跑项目，用 1600~1800m 即可。长跑项目基本不采用超出专项距离的重复跑训练，那样会造成时间的浪费，而且不能产生理想的训练效果。如果采取重复跑训练，运动总距离可以超出专项距离数倍。像 800m 跑运动员重复跑总距离可以达到 2000m 至 3600m，1500m 跑运动员可达 3600m 至 4000m，3000m 跑运动员可达 4800m 至 6000m 等等。

（2）变速跑

变速跑是一种有效提升中长跑运动员速度素质的方法，主要有间歇跑和法特莱克跑两种方法。间歇跑是快跑与慢跑交替进行的一种练习方法，根据训练任务、运动员专项水平，选择快慢跑次数和组数。快跑距离一般为 100m 至 400m，反复次数一般 5~20 次（近年来反复次数趋于减少），组数为 2~3 组（组间充分休息）。间歇跑与重复跑的主要区别在于休息方式与间歇时间。间歇跑的休息方式主要是慢跑，间歇时间一般是待脉搏恢复到每分钟 120 至 130 次，就要进行下一次快跑。间歇时间控制在具体操作上，一般采用慢跑段落耗时与快跑段落耗时挂钩的方式，比如，在（100 米慢 +200 米快）时，慢跑耗时等于快跑耗时；在（200 米慢 +200 米快）时，慢跑耗时是快跑耗时的一倍。由于间歇跑的运动负荷比较大，对于一般高校中长跑运动员而言，每次训练的总量不要太大，像 800m 跑项目可做 3600m 距离内的变速跑，1500m 跑项目可做 6000m 内的变速跑，3000m 跑以上项目的运动员变速跑距离可适当增加。此外，每星期间歇训练的天数最多两天，以防止过度疲劳的产生。

法特莱克跑（任意变速跑）又称速度游戏，是一种在自然环境条件下进行的变速跑。跑的形式、加速距离等训练要素完全依赖运动员自我感觉支配，运动员心率范围在 130 至 180 次 / 分之间，运动时间为 30 分钟至 120 分钟。总体来讲是一种有氧训练方法，但由于跑的过程中可以根据实际情况自由加入一些不同距离、不同强度的加速跑的专门练习或跳跃练习，又可以发展无氧能力。同时因为不断变换训练环境，减少了训练枯燥感，可有效地提高训练效果。长期的实践证明，间歇跑对 800m 跑效果较好，而法特莱克跑更加适合 1500m 至 5000m 跑项目。

（三）100米短跑速度提升训练实践

在100米短跑中，运动员需要全身协调配合，不仅要有极快的速度反应能力，还要具有超强的爆发力、自身的基本良好素质等。因为田径100米短跑的技术特点鲜明，所以对于训练方法的要求是比较高的，运动员只有通过系统的、科学的训练才能有机会创造良好的成绩。在世界的体育竞技水准逐渐提高的当下，科学合理的训练方法对于成绩的提升有着至关重要的意义，天赋和努力是运动员竞技体育能够成功的要素，但是如果没有科学的训练方法，那么天赋是很难兑现的。如果找不到科学的训练方式即使再努力也难以弥补技术上的差距，这需要教练员采取适合的方法逐渐引导运动员进行科学训练，才能让运动员发挥出高效的田径运动竞技水准。

1.影响短跑学生速度训练的因素及改正方法

起跑和起跑后的加速姿势不规范。

改正方法：通过教师的示范讲解和自身的体会对蹲踞式起跑加速跑技术进行练习，这样可以使自己建立正确的动作技术观念，了解动作技术的要领和方法。让学生在体会起跑时的动作时机和跑动的技术规格并且完善起跑后加速与起跑时的动作衔接技术，注意起跑时要做到步幅小频率快，在身体抬起的时候加大步幅并提高步频，这样就能有效地衔接起跑时与冲刺时的动作技术。

在跑动中重心后仰或坐着跑。

改正方法：造成跑动中的错误动作的主要原因还是起跑的时候小腿后蹬力量不充分，使身体重心导致后移，或者跑动中臀部没有前送以致出现坐着跑的现象。正确的百米跑动作应该是在后蹲动作起跑前在大腿的配合下，迅速地将髋、膝、踝三个关节充分地伸展，并且配合两臂大幅度地摆动，这样对提高后蹬起跑效果有一定的积极作用。

跑步中过分前倾或重心失控。

改正动作：在跑动中身体前倾的角度要适当地调整，大小腿要充分地摆动，积极地送髋。

跑动路线左右摆动、上体左右晃动。

改正动作：加强较弱腿和手臂的力量性练习，主要提高摆臂的连贯性和力量感。

跑动中全身紧张，脚踏地过重。

改正方法：学生在训练中多进行协调性练习，反复体会跑跳动作。

弯道跑时重心向内倾斜不够。

改正方法：纠正外侧腿与摆臂时的发力方向。

比赛前学生心理素质差，导致全身无力。

赛前很多学生多会表现出尿频、面部肌肉紧张、小腿无力的感觉，在比赛中各种错误的动作频出，所以需加以改正：学生在做准备活动时不要太过于激烈也不要低迷，应该使自己的兴奋度达到适中；多参加一些比赛，提高自己在赛场时的心理素质；赛后应该严格要求自己加强训练，只有在自己实力充足的情况才不会怯场。

2.提高短跑速度素质训练的新方法

速度训练。

要有效提高运动员的快速运动能力就需要进行速度训练，它可以包括：

反应速度：是指人体对各种刺激快速做出反应的能力。遗传因素对反应速度造成较大的影响，一般要提高反应速度在 14 岁之前有一定的效果，之后就没有多大意义。但是后天的训练也只能提高 20%，遗传因素对反应的影响占 80%。

动作速度：是指完成单个动作或成套动作所需要的最短时间。动作速度也受遗传的影响，但后天的训练还是占绝对作用的，所以加强动作速度的训练对成绩的提高有着重要的影响。

力量训练：力量水平的提高对短跑训练起着积极有效的影响，尤其是腿部力量最为重要。在短跑力量训练中，应该加强腿部的力量训练，可以通过蹲起杠铃来提高腿部肌肉力量。同时在练习中要处理好伸肌与屈肌的协调作用，充分发挥腿部力量。

速度耐力训练：速度耐力训练采用的方法应该超过或者接近专项运动训练的距离所承受的强度，通过间歇跑和反复跑的练习方法来进行。以各种距离跑的形式来提高速度练习，这样可以对快跑时锻炼的量和强度提出具体的要求。尤其以量为主，慢慢地过渡到以强度为主。

柔韧素质训练：柔韧素质是指人体最大幅度完成动作的能力。柔韧素质与人体关节活动的灵活度以及肌肉和韧带的伸展性有着密切的联系，协调这方面的素质对发展柔韧性有一定的积极作用。柔韧素质的训练可以在准备活动的时候通过拉韧带和活动各个关节的方式来提高肌肉的伸展性。这样在正式训练和比赛中可以降低运动损伤，同时对动作质量的提高有着不可代替的作用。

心理素质训练。

由于短跑运动是一项距离短、强度大和速度快的运动，无论是在训练和比赛的过程中，运动员都会出现不同程度的心理紧张。主要表现在焦虑和神经过度紧张，导致注意力不集中。有的可能在比赛和训练中会降低其兴奋性，导致对比赛的淡漠。为了预防和消除这些不良的应激状态，完善和提高短跑运动员心理素质的训练尤其重要。

放松跑练习。

短跑中的放松跑练习对提高运动员的成绩有着重要作用。在快速跑的高强度运动中放松跑对提高运动员的成绩也有积极的影响，在放松跑的过程中对运动员的心理减少压力中起着调节作用，以保持运动员在高速跑的过程中身体的协调发展，促进身体各部位的合理用力，从而达到运动员在跑动中动作的协调。放松跑练习是为了运动员在激烈的运动中保持身体的放松。假如肌肉处于紧张的状态，在训练中就很难将肌肉拉长，可能在运动中导致受伤。只有肌肉用力与放松保持在一个节奏上才能有效地提高训练效果。才能获得肌肉最大的收缩速度，使肌肉得到有效的放松。

提高步长、步频的训练。

运动员在短跑中，必须用最快的速度完成所要跑的距离，这对一个运动员的步长和步频都要求非常高。然而在短跑中影响步长的主要因素有大小腿的力量、关节的灵活性以及韧带伸展性等，对短跑步长的提高有着重要的影响。而影响步频的主要因素有神经的灵活性、动作的协调性以及在跑动的过程中技术和腿部力量协调用力。步长的训练：肌肉收缩速度的提高对步长具有重要的作用，不仅可以减少短跑时的步伐，同时也可以缩短跑步时间。加强大脑皮层兴奋与抑制的转换过程，提高肌肉快速收缩的能力与肌肉放松的能力。步频的训练：步频能力的提高主要决定于在跑动时的大小腿的后蹬力量、手臂前摆动的力量以及髋关节的灵活度等。所以要发展步频必须着重发展大腿的伸肌，减少屈肌的力量，同时锻炼髋关节的灵活性。

第四节　柔韧素质训练探究

一、柔韧素质的训练概述

柔韧素质是人体的一种重要身体素质。发展柔韧素质不仅可以加大动作幅度，使动作更加优美、协调，而且能加大动作力量，减少受伤的可能性。因此，正确地进行柔韧素质练习，对于提高运动技术水平具有重要的意义。

（一）柔韧素质的概念

柔韧素质是指人体关节活动幅度的大小以及跨过关节的韧带、肌腱、肌肉、皮肤及其他组织的弹性和伸展能力。

柔韧素质包括两个方面的含义：

一个是关节活动幅度的大小；

一个是跨过关节的肌肉、肌腱、韧带等软组织的伸展性。关节的活动幅度主要取决于关节本身的装置结构。跨过关节的肌肉、肌腱、韧带等软组织的伸展性，则主要通过合理的训练获得。

关节是指骨关节，它是骨杠杆转动的枢纽，是肢体赖以活动的部位。

因为人体运动是通过关节角度的变化来传力、受力，才能使人体产生复杂多变的运动形式，所以关节是人体固有的解剖结构。虽然骨关节结构具有解剖特点，并有其自然的生理生长规律，但如不经锻炼，其关节活动不会适应体育运动的需要。同样，跨过关节的肌肉、肌腱、韧带也有其自然生理生长规律，如不经训练也只能维持自然生长情况下的活动能力。因此，只有通过体育锻炼，跨过关节的肌肉、肌腱、韧带及所跨的关节，才能在中枢神经支配下共同改变其功能，以适应体育运动所需要的形式、方向、范围和幅度。

关节幅度是指构成关节的骨骼在其关节结构内，屈、伸、旋内、旋外、旋转的最大可能范围。但体育运动中大部分动作需要尽可能地达到其最大范围以利技术的发挥。因此只有通过合理的柔韧训练才能使关节的活动幅度逐渐加大以适应体育运动的需要。

中枢神经支配下的肌肉、韧带力量的增长必须与所控制的关节活动范围相适应

不能因肌肉过分增大而影响关节的活动幅度，也不能因肌肉、韧带过分伸展而造成关节的松弛无力。可见，体育运动中的柔是指肌肉、韧带拉长的范围，韧是指肌肉韧带发挥的力量。控制关节不受损伤的最大活动幅度，柔和韧的结合便是柔韧，发挥的能力便是柔韧素质。

（二）柔韧素质在运动实践中的意义

根据人体生理解剖结构，柔韧包括四肢和躯干各关节的柔韧。其主要关节有：肩、肘、腕、胯、膝、踝及脊柱等各关节。柔韧的训练就是对上述各关节灵活性的练习。在体育运动中，因项目不同对各关节活动幅度要求的程度也就不同。但各关节全面柔韧的发展是基础，只有在全面发展的基础上，才能突出本专项需要的关节部位柔韧的重要。

如投掷、体操、举重、游泳等项目需要肩关节柔韧性较高。投掷标枪时，肩部柔韧差不能满弓，游泳运动员肩部柔韧差将被列入淘汰之列，举重运动员肩部柔韧差将不能从事举重运动，体操运动员肩部柔韧差大量动作不能到位、技术发展受到限制而会被淘汰。但这些项目的运动员必须以全面发展关节柔韧并适应本专项需要为前提，才能突出肩部柔韧的重要性。

篮球、排球、小球项目的运动员腕部柔韧性要求较高。如排球运动员的扣球动作，首先是腕部的柔韧，因为它是控制球的关键部位，可控制球的方向、速度。但扣球力量需要肩、胸、腰、胯的柔韧性都好才能有利于体前肌群的拉长，然后发力传递于手使球扣得有力。下肢柔韧性好，将充分发挥弹跳力以赢得空中发力的时间。如果腕部柔韧性差，扣球时将使球失去方向和全身传递于手应有的力量。因此对任何一个具体项目来说，全身各关节的柔韧在每一个动作中都有其具体作用，哪一个部位差都会影响动作的掌握和技术的发挥。因此各关节柔韧的发展是相互交替促进的发展。还有的项目，因专项技术的需要对全身各关节的柔韧要求都很高。如竞技体操、技巧、艺术体操、跳水等项目，不仅对肩、腰、胸、胯、腿有较高的柔韧要求，甚至对脚面的柔韧也有较高的要求。

可见，柔韧素质对各项运动技术的掌握和发挥具有重要的作用，其具体作用如下：

加大运动幅度，有利于肌力和速度的发挥。

提高关节的灵活性，增加动作的协调优美感，可获得最佳的机能水平。

加速动作掌握进程，有利于技术水平的提高。使技术动作显得轻巧灵活，更加协调和准确。

防止、减少伤害事故的发生，延长运动寿命。

柔韧素质是各项选材的重要依据之一。

（三）发展柔韧素质的注意事项

1. 循序渐进，持之以恒

柔韧素质的发展是需要意志的练习。痛感强、见效慢、停止训练便有所消退，因此应持之以恒才能见效。

当初次练习时已见效，第二天再练习有痛感，第一次练习获得的效果全部消退并差于第一次练习前的效果。这是由于肌肉被拉长回缩力增加的原因，因此应继续将其慢慢拉开，消除痛感。经过一个时期的练习，该长度的伸展已适应，应进一步拉长肌肉牵拉肌腱，进一步增强回缩力。因为柔韧练习本身就是由不适应到适应逐步提高的过程。

由于肌肉、韧带等软组织的伸展并不是一时一刻就能得到提高的，所以练习应逐步提高要求，做到循序渐进，不能急于求成。

根据停止柔韧练习一个时期，已获得的柔韧效果会有所消退的特点，柔韧性练习要做到系统化、经常化。特别是当某一部位因伤停止练习后，该部位所获得的柔韧效果将全部消退，其恢复期相对延长。因此在某一部位受伤后，其他部位仍应适当练习，否则柔韧性会因停练而消退。

2. 柔韧性练习要因项因人而异

柔韧性练习必须根据专项特点和练习者的具体情况安排。例如，跳跃项目的运动员主要要求腿部和髋部的柔韧性；游泳运动员主要要求踝关节和躯干柔韧性；体操运动员主要要求肩、髋、腰、腿部的柔韧性。因此，在全面发展身体各部位柔韧性的基础上，要重点练习本专项所需要的几个部位的柔韧性。另外练习者的具体情况不一样，在进行柔韧素质练习过程中必须区别对待，突出针对性、应用性，这样才能收到良好的练习效果。

在运动训练中，虽然各项对柔韧性都有一定的要求，但一般说来没有必要使柔韧性的发展达到最大限度，柔韧性的发展程度只要能满足专项运动技术的需要就可以了。

3. 柔韧素质的发展应与力量素质发展相适应

柔韧的发展应是在肌力增长下的发展，而肌力的增长快不能因体积的增长而影响关节活动幅度。力量练习是发展肌肉的收缩能力，柔韧练习能发展肌肉的伸展能力。因此力量结合柔韧的练习提高肌肉质量最为有效，即既能达到力量和柔韧的同时增长，又能保证关节灵活性的稳固。

4. 柔韧素质的发展要兼顾相互关联的身体各个部位

在有些动作中，柔韧性的表现不仅仅是在一个关节或某个身体部位，而是牵涉到几个相互有关联的部位。如为发展腰部柔韧性若采用桥的练习，就是由肩、脊柱、髋等部位的关联所决定的。因此，在练习过程中对这几个部位都应该进行发展，倘若忽视某一部位就有可能出现外伤。如果发现某一部位稍差，就应立即采取措施使其得到改善。另外，也可通过其他部位的有效发展使其得到补偿，这样做可以使各部位的柔韧性得到发展，保证专项运动训练的需要。

5. 柔韧素质练习要注意外界温度与练习的时间

外界温度过高或过低，都会影响到肌肉的状态，影响到肌肉的伸展能力。一般地说，当外界温度在 18℃时，有利于柔韧的发展。因为肌肉在这个温度下，伸展能力较好。温度过高，肌肉紧张或无力都会影响其伸展能力。如跳高运动员每做完试跳之后，总要穿上衣服，目的在于保持体温，使肌肉处于良好的状态，以便迎接下一次试跳。

一天之内在任何时间都可以进行柔韧性练习，只是效果不同。

早晨柔韧性会明显地降低，所以早晨可做一些强度不大的“拉韧带”的练习。一日之中在 10～18 时人体能表现出良好的柔韧性，此时可进行一些强度较大的柔韧性练习。

6. 柔韧性练习之后应结合放松练习

每个伸展练习之后，应做相反方向的练习，使供血供能机能加强，有助于伸展肌群放松和恢复。如压腿之后做几次屈膝练习，体前屈练习之后做几次挺腹挺胯动作，下弯腰后做几次体前屈或团身抱膝动作等。

7. 柔韧练习时要防止受伤

柔韧练习主要是运用各种方法拉长人体关节肌肉、韧带的长度。但如不注意科学的方法，非常容易出现肌肉拉伤事故。因此，要提高柔韧练习的最终效果，必须要防止在练习时受伤。一般在柔韧练习前，可做一些热身活动，减少肌肉的黏滞性；在拉长肌肉的过程中，不宜用力过猛，特别是在柔韧被动练习时，教练员施加的外力要循序渐进，要了解运动员的个性特征，还要及时注意运动员的练习反应，以便合理地加力与减力，保证柔韧练习的正常进行。

二、柔韧素质的种类及特点

人们通常把柔韧素质简称为柔韧性。但不能把柔韧性和柔软性混为一谈，虽然两者都可用身体活动幅度的大小来衡量，可是他们在实质上是有区别的：从字义上讲，柔韧是既柔和又韧，即柔中有刚，刚柔并济；而柔软只是柔与不硬，或曰柔中无刚，刚柔相济。从性能上看韧是在幅度中含有速度和力量的因素，即在做大幅度动作时，肌肉仍能快速有力收缩和钢丝一样，既能变曲又能迅速伸直。而柔软是幅度大，却缺乏速度和力量，做动作时软绵绵的，打得开却收不拢。体育运动中需要的柔韧性而不是柔软性。

柔韧素质从其与专项的关系看，可分为一般柔韧性与专项柔韧性。一般柔韧性是指为适应一般技能发展所需要的柔韧素质，专项柔韧性是指专项运动特殊需要的柔韧性。由于专项柔韧性是具有较强选择性的，因此，同一身体部位具有的柔韧性由于项目的需求不同，在幅度、方向等表现上也有差异。

柔韧素质从其外部运动状态的表现看可分为动力性柔韧性和静力性柔韧性。动力性柔韧性是指肌肉、肌腱、韧带根据动力性技术动作需要，拉伸到解剖学允许的最大限度能力，随即利用强有力的弹性回缩力来完成所要完成的动作。所有爆发力前的拉伸均属于动力性柔韧性。静力性柔韧性是指肌肉、肌腱、韧带根据静力性技术动作的需要，拉伸到动作所需要的位置角度，控制其停留一定时间所表现出来的能力。如体操中的控腿、俯平衡动作、“桥”、劈叉，体育舞蹈中的各种造型；跳水运动员保持体前屈的姿势等就是这种能力的体现。动力性柔韧性建立在静力性柔韧性的基础上，但必须要有力量素质的表现。静力性柔韧性好，动力性柔韧性不一定好。

从完成柔韧性练习的表现上看，柔韧素质又分为主动柔韧性和被动柔韧性。主动柔韧性是人主动运动中表现出来的柔韧素质水平。被动柔韧性则是在一定外力协助下完成或在外力作用下（如教练员协助运动员做压腿练习）表现出来的柔韧水平。主动柔韧性不仅反应对抗肌的可伸展程度，而且也可反应主动肌的收缩力量。一般说主动柔韧性比被动柔韧性要差，这种差距越小，说明柔韧素质的发展水平越均衡。

从柔韧素质在身体不同部位的表现看，又可分为上肢柔韧性、下肢柔韧性、腰部柔韧性、肩部柔韧性等等。

柔韧素质从与专项关系分：一般柔韧性、专项柔韧性。

从动静表现上分：动力性柔韧性、静力性柔韧性。

从用力主体上分：主动柔韧性、被动柔韧性。

从身体部位分：上肢柔韧性、下肢柔韧性、腰部柔韧性、肩部柔韧性。

三、柔韧素质练习的方法、手段

发展柔韧素质的目的是提高跨过关节的肌肉、肌腱、韧带等软组织的伸展性。其伸展能力的提高主要是由于“力”的拉伸作用的结果。柔韧素质的练习方法主要有两种，即主动或被动形式的静力拉伸法和主动或被动形式的动力拉伸法。这两种练习方法的特点，都是在“力”的拉伸作用下，有节奏地逐渐加大动作幅度或多次重复同一动作，使软组织逐渐地或持续地受到被拉长的刺激。

（一）柔韧素质练习的方法

1. 主动或被动的静力拉伸方法

缓慢地将肌肉、肌腱、韧带拉伸到一定酸、胀、痛的感觉位置并略有超过，然后停留一定时间的练习方法。

这种方法可以减少或消除超过关节伸展能力的危险性，防止拉伤，由于拉伸缓慢不会激发牵张反射。一般要求在酸、胀、痛的位置停留 6 秒 ~ 8 秒，重复 6 ~ 8 秒。

2. 主动或被动的动力性拉伸方法

有节奏的、速度较快的、幅度逐渐加大的多次重复一个动作的拉伸方法。

在运用该方法时用力不宜过猛，幅度一定要由小到大。先作几次小幅度的预备拉长，然后加大幅度，从而避免拉伤。每个练习重复 5 ~ 10 次（重复次数可根据专项技术需要而增加）。

主动的动力性拉伸方法是靠自己的力量拉伸，被动的动力性拉伸方法是靠同伴的帮助或负重借助外力的拉伸，但外力应与运动员被拉伸的可能伸展能力相适应。

上述方法可单独采用亦可混合运用，练习时间根据需要确定。

（二）发展柔韧素质可采用的手段

在器械上的练习：利用肋木、平衡木、跳马、把杆、吊环、单杠等。

利用轻器械的练习：利用木棍、绳、橡皮筋等。

利用外部的阻力练习：同伴的助力、负重等。

利用自身所给的助力或自身体重的练习：如压腿时双手用力压同时上体前压振；在吊环或单杠上做悬垂等。

发展各关节柔韧所采用的动作：压、踢、摆、搬、劈、绕环、前屈、后仰、吊、转等。

（三）发展各关节柔韧性的练习方法、手段

1. 肩关节

肩关节是由半球形的肱骨头和肩胛骨的关节盂构成的球窝关节，所以肩关节是关节中最灵活、活动幅度最大的关节。它的加固主要靠喙肱韧带和三角肌。因此该关节的练习用以增加肩部肌肉力量的同时增加肩部柔韧。发展肩关节的柔韧练习主要有主动或被动地压肩、拉肩、吊肩、转肩等。如手扶肋木的体前屈压肩、背对肋木双手上握向前的拉肩，在单杠或吊环上做各种握法的悬垂、借助绳或木棍的转肩练习。

2. 肘关节

肘关节是由肱尺关节、挠尺关节、肱挠关节构成。它是由内侧、外侧副韧带及挠骨环状韧带加固。肘关节的运动时屈伸动作较多，所以在发展屈肌力量练习的同时配以屈肌的伸展性练习。主要采用压轴、旋内、旋外、绕环的练习。

3. 腕关节

腕关节由挠腕关节（使手屈伸、内收外展）及腕间关节（使手旋转）构成。体操运动员主要发展背屈能力：采用俯卧撑推手、倒立爬行等练习；篮球、排球、乒乓球、手球、网球等项目对手腕的灵活性要求较高，既发展屈伸、内收外展又发展旋转的能力，主要通过基本动作、基本技术来发展；举重运动员发展手背后屈柔韧等。

4. 膝关节、胯关节

膝关节：膝关节由股骨远端、胫骨近端及髌骨后的关节面以及半月板构成，由内外侧副韧带、髌骨韧带、交叉韧带加固。膝关节的柔韧主要发展腿部后面肌群（股二头肌、半腱肌、半

膜肌、小腿三头肌、胫骨后肌）的伸展性；发展屈膝能力主要发展腿部前面肌群（股四头肌、缝匠肌、胫骨前肌、姆长伸肌）的伸展性。

胯关节：由球形的股骨头与胯骨的胯臼构成。由于胯臼较深，并有软骨形成的关节盂加大与股骨头的紧屈适应。虽然它是球窝关节，但运动幅度受到限制。它的加固由髌骨韧带及股圆韧带加固。胯关节的柔韧主要发展前后、左右开胯的能力。发展膝关节、胯关节柔韧，常结合在一起练，称为腿部柔韧练习。经常采用的练习有主动或被动地压腿、踢腿、摆腿、劈腿等。

5. 踝关节

由距骨上关节面、胫骨内侧踝关节面、胫骨下关节面及腓骨外踝关节面构成。踝关节前后韧带薄弱，而两侧的内、外侧副韧带较强。踝关节主要发展背屈和背伸及内翻外翻的能力。体操运动员主要发展足背的绷脚面能力，常采用各种后足背的练习；足球运动员主要发展内、外翻的能力；举重运动员主要发展背屈的能力等。

6. 脊柱

由 26 块椎骨组成，椎骨之间靠椎间盘连在一起。其中有 23 块椎体有椎间盘，椎骨之间由于椎间盘的弹性有少许转动，当肌肉牵动椎骨时，每一个椎骨少许转动的总和就使脊柱有了相当大的运动幅度。因此脊柱能前屈、后倾、向右侧屈、向左侧屈及转动。

脊柱的柔韧包括颈椎、胸椎、腰椎的柔韧。

颈椎柔韧主要采用头前后屈、左右侧屈、左右转动及绕环的练习。

胸腰椎柔韧常结合在一起练习，主要采用下腰、甩腰、体前屈等练习。

（四）发展柔韧素质的具体方法

柔韧素质的发展应从各项目的特点出发，有目的、有选择地进行。以下根据教学训练体会，提供一些发展柔韧素质的方法，供教学训练时参考。

1. 手指手腕柔韧性练习

握拳、伸展反复练习。

两手五指相触用力内压，使指根与手掌背向呈直角或小直角。

两手五指交叉直臂头上翻腕，掌心朝上。

腕伸屈、绕环。

手指垫高的俯卧撑。

杠铃至胸，用手指托住杠铃杆。

用左手掌心压右手四指，连续推压。

面对墙站立，连续做手指推撑。

左、右手指交替抓下落的棒球（或小铅球）。

靠墙倒立。

2. 肩关节柔韧性练习

（1）压肩

手扶一定高度体前屈压肩。

双人手扶对方肩，体前屈直臂压肩。

面对墙一脚距离站立，手、大小臂、胸触墙压肩（逐渐加大脚与墙的距离）。

练习者背对横马并仰卧在鞍马上，另一人在后面扶着他上臂下压。

两人互相以手搭肩，身体前倾，向下有节奏地压肩。

（2）拉肩

双人背向两手头上拉住，同时作弓箭步前拉。

练习者站立，两手头上握住，帮助者一手拉练习者头上手，一手顶背助力拉。

练习者俯卧，两手相握头上举或两手握木棍，帮助者坐练习者身上，一手拉木棍，一手顶其背助力拉。

背对肋木坐，双手头上握肋木，以脚为支点，挺胸腹前拉起成反弓形。

背向肋木站，双手反握肋木，下蹲下拉肩。

背向肋木屈膝站肋木上，双手头上握肋木，然后向前蹬直双腿胸腹用力前挺。

侧向肋木，一手上握一手下握肋木向侧拉。

体前屈坐垫下，双手后举，帮助者握其两手向前上推助力拉。

（3）吊肩

单杠各种握法（正、反、反正、翻等握法）的悬垂摆动。

单杠负重静力悬垂。

杠悬垂或加转体。

后吊：单杠悬垂，两腿从两手间穿过下翻成后吊。

（4）转肩

用木棍、绳或橡皮筋作直臂向前、向后的转肩（握距逐渐缩小）。

3. 腰腹部柔韧性练习

弓箭步转腰压腿。

两脚前后开立，向左后转，向右后转，来回转腰。

体前屈手握脚踝，尽量使头、胸、腹与腿相贴。

站在一定高度上做体前屈，手触地面。

分腿体前屈，双手从腿中间后伸。

分腿坐，脚高位体前屈，帮助者可适当用力压其背部助力压。

后桥练习，逐渐缩小手与脚距。

向后甩腰练习。

俯卧撑交替举后腿，上体尽量后抬成反弓形。

双人背向，双手头上握或互挽臂互相背。

肩肘倒立下落成屈体肩肘撑。

4. 胸部柔韧性练习

俯卧背屈伸。练习者腿部不动，积极抬上体、挺胸。

虎伸腰。练习者跪立，手臂前放于地下，胸向下压。要求主动伸臂，挺胸下压。

练习者面对墙站立，两臂上举扶墙，抬头挺胸压胸。要求让胸尽量贴墙，幅度由小到大。

练习者背对鞍马头站立，身体后仰，两手握环使胸挺出。要求充分伸臂，顶背拉肩、胸。

练习者并腿坐在垫子上，臂上举，同伴在背后一边向后拉其双手，一边用脚蹬练习者肩背部，向后拉肩振胸。

5.下肢柔软性练习

（1）前后劈腿

可独立前后正压，也可以将腿部垫高，由同伴帮助下压。

（2）左右劈腿

练习者仰卧在垫子上，屈腿或直腿都可以，由同伴扶腿部不断下压。

（3）压腿

将脚放在一定高度上，另一腿站立脚尖朝前，然后正压（勾脚）、侧压、后压。

（4）踢腿

原地扶把杆或行进正踢（勾脚）、侧踢、后踢。

（5）摆腿

向内、向外摆腿。

（6）控腿

手扶支撑物体，前控、侧控、后控。

（7）弓箭步压腿。

（8）跪坐压脚面。

（9）在特制不同形状的练习器上练习脚腕不同方位的柔韧（特制练习器械见弹跳力部分）。

（10）用脚内侧、外侧、脚跟、脚尖走。

（11）负重深蹲，脚跟不离地使脚尽量弯曲。

（12）双刀腿坐，双脚互相顶住，双手相拉，一人前俯，一人后仰。

（13）背对背坐，双手头上拉，一个前俯，一人后仰。

6.踝关节和足背部柔韧性练习

练习者手扶腰部高度肋木，用前脚掌站在最下边的肋木杠上，利用体重上下压动。然后在踝关节弯曲角度最大时，停留片刻以拉长肌肉和韧带。

练习者跪在垫子上，利用体重前后移动压足背，也可将足尖部垫高，使足背悬空做下压动作，增加练习时的难度。

练习者坐在垫子上，在足尖部上面放置重物，压足背。

左脚掌着地的各种跳绳练习。

左脚前掌着地的各种方向、各种速度的行走练习。

四、柔韧素质训练在高校跆拳道教学中的作用

高校跆拳道是一项手脚并用，以手为辅、以脚为主的搏击运动。高校跆拳道是当前高职院校教学中较为普遍并且学生学习激情较高的选修课程。柔韧素质训练是高校跆拳道教学中必须开展的训练之一，其训练效果将会很大程度上决定学生跆拳道课程的学习效果。为了保障高校跆拳道教学质量，教师重视并开展有效的柔韧素质训练是必要前提。由此可见，研究柔韧素质训练在高校跆拳道教学中的作用以及训练策略有着显著的现实意义。

（一）柔韧素质训练在高校跆拳道教学中的作用

柔韧素质训练在高校跆拳道教学中是一项非常锻炼学生意志、身体素质的训练项目，在跆拳道教学中有着不可替代的地位。因为只有学生在学习跆拳道的过程中，身体有非常好的柔韧性才能够有效开展高难度跆拳道训练，才能够促使跆拳道动作更加协调、优美。柔韧素质训练在高校跆拳道教学中的作用主要有以下三点。

1. 强化学生的柔韧性

跆拳道在比赛以及训练过程中对学生的柔韧素质都有着非常高的标准，特别是学生髋部与腿部的柔韧性，将会直接决定跆拳道训练过程中各个类型动作的质量以及标准性，对学生是否能够良好学习跆拳道、完成跆拳道考核有着非常重要的影响。长期的柔韧素质训练能够显著优化学生身体的柔韧性，进而保障学生更好地掌握高难度跆拳道动作，促使学生通过跆拳道考核，强化高校跆拳道教学质量。

2. 有效强化学生动作速度与力量等标准

高校学生在开展柔韧素质训练时，可以通过训练强化各个动作之间的协调性，促使自身的韧带弹性、肌肉收缩效果更好，从而促使学生的身体能够满足各类型跆拳道动作的要求。此外，在强化韧带弹性、肌肉收缩的同时，还能够优化学生的关节力量以及灵活性，这也是降低运动时意外发生的有效措施。由此可见，柔韧素质训练既是提高跆拳道教学质量的有效措施，还是保护学生在跆拳道运动时不受伤害的有效方式。

3. 显著优化高校学生的意志坚定性

柔韧素质训练是一个长期、困难的过程，学生在实行柔韧素质训练过程中会因为拉伸韧带等情况形成较强的疼痛感，学生只有在有足够的毅力坚持训练的前提下，才能够克服心理上的压力以及身体上的疼痛、痛苦，不断地开展柔韧素质训练，学生的意志坚定性必然能够得到培养、提升。由此可见，在长期的柔韧素质训练过程中，学生的抗压能力、意志坚定性必然能够得到提高。

（二）柔韧素质训练在高校跆拳道教学中的训练策略

高校跆拳道教学中，柔韧素质训练是一个长期、循环性的训练。训练的过程相对于跆拳道本身而言趣味性更低，学生还需要忍受相应的疼痛感。在训练过程中会消耗学生非常多的精力以及时间，学生在柔韧素质训练过程中极容易出现消极、厌倦等负面情绪。对此，教师需要让学生理解柔韧训练的重要性以及必要性，促使学生正确认识柔韧素质训练，培养学生对柔韧素质训练的兴趣，让学生在课堂内外都能够自觉开展柔韧素质训练，从而给跆拳道教学打下殷实基础。

1. 柔韧素质训练在高校跆拳道教学中的方式

（1）静态拉伸训练

静态拉伸训练主要分为两种：一种是被动拉伸，一种是主动拉伸。在实行静态拉伸训练时，学生的韧带以及肌肉会被拉伸到一定程度，在这个程度上会感受到相应的疼痛、酸痛以及胀痛等情况，并在这一程度上保持静止不动，对韧带、肌肉形成长时间的刺激，从而促使学生的韧带、肌肉能够适应这一强度。静态拉伸训练的目的在于让学生了解自己的韧带、肌肉拉伸极限点，并逐渐超越该极限点，同时降低学生过度拉伸而遭受伤害的现象。静态拉伸的训练方案主要是以分小组进行为主，可以将学生分为多个小组，每个小组两个人。让学生在合理的区域内实行无疼痛感的拉伸，每一个部位的拉伸时间控制在 40s 左右，并逐渐加大拉伸深度，直到感受到疼、胀、酸等感受后停留 10s 左右，实行多次训练。

（2）动力拉伸训练

动力拉伸训练主要是根据相应的规律以及动作，实行多次相同的拉伸训练。动力拉伸训练主要可以分为被动拉伸与主动拉伸两种形式。动力拉伸训练主要是在静力拉伸训练之后开展，在实施时，需要保障拉伸的程度以及速度缓慢。因为人体有两层保护本能，分别是两层神经细胞，当肌肉被过度拉伸后，神经会将信息传输到大脑中枢。然后另一神经细胞便会根据大脑中枢的信息形成一个拉伸反射的自我保护，从而在降低拉伸力度时肌肉便会自动恢复，导致拉伸训练没有任何意义。所以拉伸的速度过快并不会达到良好的拉伸效果，并且还有可能导致学生的韧带被拉伤。对此，在学生实行拉伸训练之前，需要先实行静态拉伸，先让学生的神经感知放松，然后再逐渐强化学生的韧带拉伸强度。“江山易改，禀性难移”，一个人个性的改善是极难的。但是只要目的明确、决心大，并遵照循序渐进的规律进行，还是能达到预期效果的。对意志训练应逐渐增加难度，尤其对矫正消极心理因素，切勿操之过急，要多次重复训练才能收效。区别对待原则：要针对每个运动员的年龄、运动经验、文化程度、社会和家庭影响等各种因素之差异所形成的不同个性特点和心理状态，进行区别对待、因材施教，才能收到良好效果，充分发掘与利用每个人的个性潜力。

2. 怎样培养拳击运动员的顽强意志

要为运动员建立明确具体的奋斗目标，不可能让运动员一次建立很多目标。教练员要引导运动员专心于既定的目标指导实现。更应知道，创造性的成就必须要有一个明确的目标去激发它。

教练员的动作是帮助发展运动员的自我形象（一个人对自己的感觉和认识，也就是自知之明的意思），许多运动员在拳台上表现出非凡的能力、优势能充分发挥出优秀技术，但有时就会出现错误，前后判若两人。有的运动员赛后懊悔地讲：“我想到了用右拳迎击可我又怕吃人家重拳，不该手软。”实际上这是由于心智不强而阻碍了行动，常说“拳随意发”，意不决自然发不出拳了，尽管可能获得的东西在头脑中闪现了一下。在训练中目标不要太多太困难，运动员要相信自己能完成，就首先要使运动员有一个肯定的自我形象。反之，若是否定自己，就很难达到这个目标。通过技术训练、身体训练、实战训练等来培养拳击运动员的顽强意志品质。对拳击技术严格要求，精益求精。当运动员在训练技术不耐烦时，这正是培养顽强性的好时机。鼓励启发运动员克服技术或素质上的薄弱环节，不断增加运动量和强度，就可培养自觉性、刻苦性和顽强性。教练员还可适当安排在运动员疲劳、厌倦状态下努力完成一些作业，这有益于培养顽强性。愈是在训练课的最后阶段，更要严格要求，并鼓励督促，按计划完成。如，击沙袋或跳绳训练，最后 1～2 回合可加快速度和延长时间，或直到打不动为止。

可通过调整运动量的大小、手段的难易、要求的高低等；也可以通过训练环境来调整困难程度，如，选择比赛对手的强弱以及比赛场地的气氛，以上均是运用与困难作斗争所设置的方法来培养运动员的意志品质。为实现这种任务，教练员在安排时必须使运动员经过一定的努力去克服那些依据运动员水平而安排的相应的各种困难练习，才能收到良好的效果。

当运动员在训练时，产生思想顾虑或精神紧张、兴趣下降时可运用“变化法”降低训练的要求，或采用转移性练习摆脱紧张的训练环境，让运动在舒畅的气氛中做一些饶有兴趣地练习。待情绪转好后，可再转入一个新的变化了的作业训练中去。

意志就像一把剑，未形成之前要经过千锤百炼，既成之后也要经受战斗的考验。作为教练员要善于在运动员遭受挫折而失去信心、表现出意志薄弱时，帮助运动员找出原因，使其自信心复原从而东山再起、鼓起勇气，以旺盛的斗志去迎接新的比赛战斗任务。并在每次胜利或失败之后，认真总结经验做到胜不骄、败不馁。

要培养运动员坚强的自我意志的能力。在平时训练和生活中养成自我暗示、自我鼓励、自我说服、自我命令的习惯。运动员只有经过严格的锻炼，才能够在碰到巨大困难时，自觉地进行自我调整，从而表现出坚强的意志力量，去战胜训练和比赛中的各种困难，获得成功。

第五节　灵敏素质训练探究

一、灵敏素质的概念及意义

（一）灵敏素质的概念

灵敏素质是指人体在各种突然变换的条件下，快速、协调、敏捷、准确地完成动作的能力。它是人的运动技能、神经反应和各种身体素质的综合表现。灵敏素质之所以是运动技能、神经反应和各种素质的综合表现，是因为各专项的每一个动作都不同程度地体现了力量、速度、耐力、柔韧等素质。通过力量特别是爆发力量，控制身体的加速或减速；通过速度，特别是爆发速度，控制身体移动、躲闪、变换方向的快慢；通过柔韧保证力量、速度的发挥；通过耐力保证持久的工作能力。

1. 灵敏素质的定义

“灵敏”一词就字面解释，可将其分为“灵”与“敏”两个部分，其中“灵”是指灵活多变，“敏”是指敏捷、机敏。在体育学范畴中，灵敏素质是指处在特定运动场景中的肢体感受刺激，并根据需要迅速改变方向或变换动作的能力。根据灵敏素质与专项的结合可将其分为一般灵敏素质与专项灵敏素质。一般灵敏素质是指在完成各种复杂动作时表现出的适应外界环境的能力；专项灵敏素质是指根据专项所需要，与专业技术联系密切适应外界环境变化的能力。灵敏素质是指在运动过程中，机体在外界条件发生改变时，作出相应空间与时间动作调整的能力。

2. 灵敏素质构成因素

速度素质在灵敏素质中的体现主要表现在反应速度与多向速度两个方面。反应速度取决于神经反射系统的能力、技术动作的熟练程度等。多向速度主要取决于身体的协调性、不同方向的力量控制、关节的灵活性、下肢肌肉的快速变向能力以及肌肉的收缩能力等。力量素质在灵敏素质中的主要体现是快速力量的发挥，快速力量的强弱与肌纤维类型、肌纤维横截面积、运动单位的募集等有着密不可分的关联。可见，灵敏素质与神经系统、身体协调性、肌纤维、关节灵活程度、肌肉收缩能力等诸多方面都有着密切的联系。

（二）灵敏素质的意义

灵敏素质是协调发挥各种身体素质能力、提高技术动作质量和创造优异运动成绩的重要条件。它在各个运动项目中作用主要有以下两点：

第一，能够保证人准确、熟练、协调地完成动作，取得优异运动成绩。

第二，能够灵活、巧妙地战胜对手，取得比赛的胜利。

（三）灵敏素质训练的学理性基础

1. 生理学基础

人体肌肉在神经系统、中枢系统等控制指挥系统的影响下，不断地收缩、伸张等，机体随之表现出不同的运动姿势或运动状态。灵敏素质作为综合性较强、复杂程度较高的身体主要素质之一，其生理内涵除基本中枢神经系统控制外，对机体各部位、系统配合要求更高。过多强调肌肉力量，则会导致机体出现紧张、僵硬现象；过度强调反应、动作速度，则会导致动作缺少力量感，造成动作质量下降或是动作结构出现缺陷。因此，灵敏素质的训练应以满足速度与力量生理基础为前提，以此基础条件为训练内容计划制订的遵循条件，进而开展训练。

2. 训练学基础

由于灵敏素质高速发展期处于青少年阶段，其训练基础应以人体生长阶段为制订训练计划阶段划分的主要参考。灵敏素质对于诸多运动项目运动技能、技术发展与进步有着重要作用，不同项群运动项目的身体素质需求存在着巨大差别。因此，灵敏素质的训练要以全面发展为基础，进而增强针对性练习。研究表明，成年后人体灵敏素质发展缓慢，几乎停滞，不利于后期灵敏素质发展训练，且训练效果较差。可见，灵敏素质发展还应以机体发育敏感期开展积极训练为基础。除此之外，灵敏素质与诸多身体素质之间联系密切。在训练过程中还应密切结合其余身体素质的发展与训练，在全面发展中提高灵敏素质。

二、高校灵敏柔韧平衡素质练习的新方法

（一）灵敏协调素质的练习方法及基本要求

灵敏素质是指在突然变换的条件下，能够迅速、准确、灵敏地改变体位、转换动作和随机应变的能力。它是个体的力量、耐力、速度、柔韧、协调性等多种运动素质和运动技能的综合体现，是一种较为复杂的素质。协调能力是指运动员的机体各部分活动在时间和空间里相互配合，合理有效地完成动作的能力。它是一种综合性的能力，集灵敏度、速度、平衡能力、柔韧性等多种身体素质为一体，充分反映了中枢神经系统对肌肉活动的支配和调节功能。灵敏协调素质的训练方法一般采用循序渐增难度法或者是通过改变外界环境（场地、器材、运动项目等）来增加技术动作的难度性和复杂性，以此提高学生的灵敏协调性。

1. 灵敏协调素质的具体练习方法

利用各种基本动作的身体练习发展灵敏协调性，例如各种形式的个人运球、传球、顶球、颠球、托球等多种练习，跳绳、跳皮筋、钻栏架、钻山羊以及各种球类运动、技巧运动、体操运动的专项技术动作的个人练习等。

做专门设计的各种复杂多变的练习。如用“之字跑”“躲闪跑”“穿梭跑”和“10 米移物跑”四项组成的综合性练习。

提高反应判断的练习：按口令做相反的动作；按有效口令做动作；原地、行进间或跑步中听口令做动作；如：喊数抱团成组。加、减、乘、除简单运算得数抱团组合，看谁最快等。

设计有趣的体育游戏，如躲避球、老鹰捉小鸡、木头人、铁人等，突然转换方向、急停急起的体育游戏。

2. 灵敏协调性练习的基本要求

练习手段多样化，练习内容多元化。

有效控制运动时的运动时间和频率，负荷不宜过大。

素质训练时，消除学生的恐惧心理或紧张状态，保证练习的效果。

（二）柔韧素质的练习方法及基本要求

柔韧素质是指用力做动作时扩大动作幅度的能力，关节运动幅度的增加有助于提高运动员的动作质量。其反映了运动员相关关节的肌肉、韧带、肌腱、皮肤和其他组织的弹性和伸展性。

1. 柔韧素质的练习方法

主动或被动的静力拉伸方法，缓慢地将肌肉、肌腱、韧带拉伸到一定酸、胀、痛的感觉位置并略有超过，然后停留一定时间。如拉伸大腿后侧肌群，直膝，上体前屈，两手臂环抱两小腿，使前额尽量贴近小腿，每次做 4~8 拍，重复 2~3 次。拉伸大腿内侧肌群，直膝，两腿分开坐于地上，上体分别向左右两侧屈，每次做 2~8 拍，重复 6~8 次。拉伸大腿前侧肌群，在垫上跪立，脚尖向后，同时双手扶在臀的上部，形成背弓，然后将两臂上举，在拉伸腿部肌群的过程中加强肩关节的肌肉拉伸。肩关节的肌肉拉伸可以通过两人压肩、双手后勾的形式进行拉伸。腰腹部肌群的拉伸可通过仰卧起坐、俯卧上体后仰等进行练习。同时，劈叉、前后侧压腿、前后侧踢腿、控腿练习等都是很好的静力拉伸方式。

主动或被动的动力拉伸方法，是一种有节奏的、速度较快的、幅度逐渐加大的多次重复一个动作的拉伸方法。颈部练习，头前点 – 后点 – 左点 – 右点（2~8 拍），头左转 – 右转 – 绕环一周（2~8 拍）。转呼啦圈比赛，在比赛的过程中锻炼腰腹部肌群的柔韧性。行进间的正踢腿、侧踢腿、里合腿以及外摆踢腿等，各做 4~8 拍。

2. 柔韧素质练习的基本要求

以主动的动力拉伸为主，静力拉伸为辅，动静结合，相互兼顾。

练习手段多样化，练习内容多元化。

在运动负荷的安排上，动作频率不宜太快，训练宜采用中等强度进行。柔韧性素质发展相对较快，但消退也快，因此训练要做到系统化、经常化。

（三）平衡素质的练习方法及基本要求

平衡素质是机体协调神经肌肉反应，以保持人体稳定的能力，即随时对人体重心有所控制的能力。许多运动项目对平衡能力的要求都比较高，比如说体操、艺术体操、舞蹈、武术以及跆拳道等。所以在开始特定的运动项目之前，平衡感的训练尤为重要。

单人动作的练习，单足站立、燕式平衡、体操技巧中的肩倒立、手倒立、前滚翻、后滚翻。

双人对峙练习，单脚站立推手角力、稻草人。

平衡木练习，平衡木上单脚站立、行走、爬行、跨越障碍物，平衡木上角力、传接球等。

跳跃的练习，单脚跳、双脚跳、小马跳、跳深、跨栏、跳皮筋、跳房子。

变换环境练习法，垫上滚动、轮胎上走跑、两人推拉、荡秋千、钻筒等。

三、灵敏素质在篮球运动中的训练方法

篮球运动是一项集体性运动项目，具有对抗性、竞争性、趣味性、观赏性、商业性等特点。篮球运动具有强烈身体对抗的特点，要求在篮球竞赛、训练、教学等活动中，参赛、参训人员需要具备较好的速度素质、力量素质、篮球技战术等。而灵敏素质是力量素质、速度素质、柔韧素质等素质的综合。青少年时期机体灵敏素质高速发展，成年后人体灵敏素质发展速度逐渐减慢，且随着年龄的增加而不断降低。篮球运动的高速移动与变向、变速等复杂动作需要一定水平的灵敏素质作为运动能力支撑。

（一）灵敏素质在篮球运动中的作用

篮球运动是一项攻防节奏紧密、运动强度较大、对抗程度剧烈的运动，双方球员为达到自身战术目的或意图，需要根据自身所处的不同形势采取不同的技战术，据此可将篮球技战术分为进攻技战术与防守技战术。灵敏素质对于防守与进攻技战术的目的达成有着重要意义。

1. 灵敏素质在篮球进攻技战术中的作用

在篮球运动中，进攻方往往通过灵活的移动，快速的持球突破，具有一定幅度的加速变向、急停，从而达到进攻的目的。整个过程中篮球运动员运球节奏、加速变向或是急停投篮等，灵敏素质都发挥着重要的作用。进攻方无球跑动时，需要运动员对场上形势做出快速反应，从而做出判断，进行下一步行动，进行挡拆、卡位等。持球运动员除应具备扎实的篮球运球技术，还要对场上形势做出准确判断，从而选择传球、突破或是投篮。在持球突破过程中要求运动员具有较好的速度素质、协调性以及力量素质，这些都是灵敏素质中不可或缺的综合因素。传球则需要持球运动员具有较好的反应速度以及力量素质、身体方向等方面的控制能力。投篮则要求运动员不仅具有优秀的投射能力，还要对运球节奏以及快速急停急起进行良好的衔接。可见，灵敏素质对篮球进攻技战术具有巨大的支撑作用。

2. 灵敏素质在篮球防守技战术中的作用

灵敏素质在篮球运动中发挥的作用，不仅体现在篮球进攻技战术方面，在防守技战术中同样重要。对于防守球员而言，其需要做出的反应，不仅包括场上形势，还要对进攻球员的行动进行预测，从而采取合适合理的防守行动，比如及时换防或补防、防守战术采用人盯人防守或是阵地防守。在整个防守过程中，要求运动员有较好的反应速度、灵活的脚步移动、肢体的协调以及快速加速能力，从而达到干扰、阻止进攻方的目的。在防守过程中，防守球员的脚步移动极其重要。不仅要对进攻球员的行动做出反应，还需要及时调整步伐与身体位置，从而避免失位或是犯规。灵活的步伐与良好的肢体控制能力，要求运动员具备良好的协调性与快速反应

能力，并以此为基础进行日常的防守移动练习，从而保证在赛场上能够充分发挥防守能力。可见，灵敏素质在防守技战术中的重要作用丝毫不亚于在进攻技战术中的作用。

（二）篮球专项灵敏素质训练原则

1. 持续性原则

训练计划的制订应满足阶段性、周期性与完整性三个条件。篮球运动中灵敏素质的训练对训练计划的科学性、系统性等要求更高。因此，制订篮球专项灵敏素质的训练计划，要具备完整、长期系统的条件。将一个完整大周期的训练计划拆分为多个小的阶段，并使各阶段之间具备较强的连续性、关联性以及可操作性。同时，将周期性训练原则、间歇性训练原则、系统性训练原则等结合为整体，融入持续性高、科学性强、实践力度大的可持续训练计划中。进而推动整个训练计划可以完整、高效地实施，提高训练计划可持续开展。提高运动员坚持不懈、执着追求的思想意识，借助各阶段的训练成果，引导运动员树立长远的目标。加深篮球学员、运动员对训练计划认识的深度，提高篮球运动员积极参与灵敏素质训练的热情，端正训练态度，从而提高运动员参与长期训练的韧性。

2. 整体性原则

灵敏素质在人体的多项素质中不是唯一的，人体各项素质在不同的运动项目中发挥着重要的核心作用。灵敏素质对于高爆发、快速移动、综合性强的篮球运动而言，有着重要的支撑作用，且各种复杂、高水平的篮球技术与技巧均需要灵敏素质的积极参与。但是，就篮球运动整体而言，速度素质、力量素质、身体形态等对于篮球运动同样至关重要。除基本素质外，篮球意识、球商、应变能力等因素对于篮球运动员的专项运动水平发展同样重要。在诸多因素的共同影响下，篮球灵敏素质训练计划的制订，还需考虑到其他相关因素，包括篮球运动的专项所需素质、专项运动技能训练等。提高训练计划的全面性与整体性，避免运动员因长期进行单一训练而出现身体素质下降的现象。因此，篮球专项的灵敏素质训练计划是建立在以灵敏素质为重点、素质训练为核心、专项技战术为主的基础上。

3. 针对性原则

篮球灵敏素质训练的针对性主要体现在两个方面，一是素质针对性，二是项目针对性。灵敏素质作为多项素质的综合体现，在制订灵敏素质训练计划时，要考虑参训运动员的个人身体素质差异，根据具体差异制订针对性高的训练计划。弥补篮球运动员身体素质的短板，提高篮球运动员的整体素质，为灵敏素质的提高奠定坚实基础。项目针对性则是指训练计划的制订、手段方式的使用、训练负荷特点等方面要符合篮球运动的要求。篮球专项方面的灵敏素质训练，其专项针对性主要体现在训练计划中的训练手段与方式中。比如，在训练过程中，增加篮球高层次运球练习、假动作练习或战术跑位练习。提高训练计划专项性的同时，针对篮球运动技能发展、运动员篮球竞技水平以及运动技术水平，提高训练计划的应用价值与实际价值。

（三）篮球灵敏素质训练方法

1. 绳梯训练法

在灵敏素质训练中，绳梯是较为常用的工具，不仅在篮球运动中，网球、足球、排球、羽毛球等运动项目的灵敏素质训练都有绳梯的影子。绳梯可以使整个训练过程更加具有趣味性，能够很大程度上提高篮球运动员的训练热情。绳梯训练法对篮球运动员灵敏素质中的平衡、脚下速度以及下肢力量的影响具有较好的促进作用。利用绳梯进行灵敏素质训练的目的主要是发展篮球运动员快速移动能力与步法的移动速度，如利用绳梯做左右单脚跳、跨步跳、小步跑、后踢跑、交叉转髋移动等。

2. 定向固定障碍跑训练法

定向障碍跑主要是发展运动员的快速转向、身体控制、速度素质方面的能力。往往几个标志桶就可以完成训练场地的部署。常见的有 T 形跑、十字跑、米字跑、伊利诺斯跑、内布拉斯加跑等。在训练过程中，不仅可以进行无球跑动，还可以在跑动过程中融入篮球技术，如运球变向、运球转身等。从而提高训练针对性，进而提升篮球运动员的技术水平。

3. 小球训练法

小球训练法在 NBA 篮球运动员训练中较常见，在左右相距 5 ~ 10m（根据运动员水平实际情况调整）的范围内，运动员做脚步快速移动练习。在练习过程中陪练人员不定时地抛出小球，篮球运动员在移动范围内接住小球，该方法主要是发展篮球运动员的快速反应能力以及身体控制能力。除此之外，还可以在运球练习过程中加入小球练习。如在原地运球过程中，陪练人员不定时抛出小球，篮球运动员在继续运球的情况下接住小球。

4. 折返跑训练法

折返跑主要用于发展运动员的速度素质以及急停急起能力，在我国大中小学篮球训练中乃至专业篮球队的日常训练中都涉及折返跑。该方法具有效果明显、可行性强、场地要求不高等诸多优点。较常见的方法包括“6 × 6m”折返跑、半场“三线”折返跑、全场“四线”折返跑等。对该训练方法还可以发展性使用，如在篮球运动员跑到特定位置时不要立刻返回，可以让陪练人员传球，篮球运动员进行接球跳投练习，从而提高篮球运动员在跑动过程中的反应能力与跳投技术。

（四）训练注意事项

1. 把握合理的运动负荷

在进行篮球运动相关的灵敏素质训练时，要注意根据不同年龄段、不同运动水平的参训人员所能承受的运动负荷极限，针对性地展开训练活动，避免因负荷强度过高导致运动员产生厌倦的心理以及疲劳的机体状态，确保运动员在参与训练时机体状况良好，积极性高。

2. 积极变换训练手段

在开展训练活动期间，注意运动员的机体适应情况，训练方法应当定期进行更新，避免出现由于训练手段单一，运动员产生厌烦的心理。教练员应积极地采取不同的训练手段，不断对运动员进行新的刺激，从而提高运动员对训练的积极性，提高训练效果。

3. 训练内容逐步加深

在训练过程中，训练内容的选择，应当由简到繁、由易到难。高难度或负荷强度高的训练手段应当放在训练阶段的中后期，这可以有效提高运动员对训练的热情与兴趣，以及运动员参与的积极性，提高运动员的成就感。比如，在定向障碍跑的训练内容中，开始阶段可以采用难度相对较低的折返跑，后期逐步深入进行 T 形跑、十字跑、米字跑等。

4.结合不同运动员技术特点

篮球运动是一项集体性运动项目，根据不同球员的作用，大致可以分为内线球员与外线球员。有研究显示，高水平男子篮球外线运动员相比内线运动员，进攻技术受专项素质影响的程度更高。高水平篮球内线球员在专项训练中应增加专项速度与灵敏素质训练、专项力量素质训练比重。可见，在篮球运动中，灵敏素质的训练根据不同的运动员技术特征应有区别地展开，因材施“训”，提高针对性，使训练效果更加明显，全面提升运动员水平。

5.综合素质全面发展

篮球运动员专项身体素质训练应遵循“整体素质观”的理念，在方法选择和训练负荷安排上，应满足现代篮球高强度、对抗性、多变性的发展特点。因此，在篮球灵敏素质训练过程中，应当注重与其他身体素质训练的结合，提高各素质训练之间的联系，促进篮球运动员全面发展。

6.注重运动员的心理变化

在整个训练过程中，教练员应当密切关注运动员的心理变化，及时掌握运动员在不同阶段的心理状况。当运动员情绪失落、训练态度消极或厌倦训练时，应积极与运动员交流，帮助其树立正确的思想观念，增强信心，提高其满足感，给予一定的肯定；鼓励运动员针对训练过程中的不同阶段，确立不同的目标，帮助其克服训练的“瓶颈”期。

第七章　高校体育训练计划与安排

第一节　体育训练计划概述

一、运动训练计划的释义

1. 运动训练计划是对于未来训练过程预先作出的理论设计

人类任何有准备的工作和行为在开始之前，都应对该项工作的进行和行为的实施作出一番思考，作出具体的安排。这种思考与安排都属于一种理论设计，运动训练计划，正是在运动训练过程之前对其预先作出的一种理论设计。毫无疑问，运动训练计划应有尽可能地准确地预见性，但运动训练过程的运行受内外部多种因素的制约和影响，对这种因素的变化很难做出完全准确地预测，因此预先作出的理论设计在实践中常常依主客观的变化情况而做出必要的及时的调整和变更。

需要强调的是，尽管我们准备在实施过程中作出必要的调整与变更，我们仍然应该而且必须在一个训练过程开始之前制订出完整的训练计划。同时还应该对于训练过程中可能出现的主客观条件的变化做出尽可能准确地预测，并力求设计好调整对策。古人云："凡事预则立，不预则废。"制订好训练计划就是训练活动之"预"的一个重要内容。

2. 运动训练计划是为实现训练目标而选择的状态转移通路

运动训练的最终目标是为了能在比赛中创造优异的运动成绩，但其直接目的就是提高运动员的竞技能力。而运动训练的过程就是运动员竞技能力发展变化的过程。这里如果我们把事物的变化理解为某种状态的转移，同时可以把运动员竞技状态能力的变化表达为运动员竞技能力状态的转移，即由初始状态向目标状态的转移。实现运动竞技能力状态的转移有多种通路可以选择，而教练员制订训练计划的工作就是为实现目标状态而做出的一种选择，是训练活动中的重要决策。

二、运动训练计划在训练过程中的重要作用

运动训练计划的制订与实施，是运动训练过程的中心环节，贯穿于运动员与教练员的全部训练实践活动中，其在训练过程中的重要地位主要表现在以下几个方面。

（一）使训练目标进一步具体化

通过运动训练计划的制订，把训练过程的目标具体化为若干个独立的而又彼此联系的训练任务，并进一步具体化为若干按特定要求进行的练习。运动员逐一地去完成这些练习，逐一地去实现训练任务和要求，逐步地接近直至完成训练的总目标。

（二）统一运动活动参加者的认识和行动

运动训练规划的实现是运动员的现实状态向目标状态转移的通路，使运动训练过程的所有参与者了解如何训练，便有可能完成训练指标，是对于训练成果所进行的预测能得到实现，并且围绕所制订的训练计划的贯彻与实施，统一教练员、运动员、科研工作者、医务监督员、行政官员及后勤人员的所有运动训练过程参与者的认识和行动。

（三）为有效地控制运动训练过程奠定必要的基础

通过运动训练计划的制订和实施，可以对运动训练过程中的诊断、指标等环节的状况做出适宜的评定。这是对训练过程实施有效控制的必要基础，也是保证运动训练过程胜利完成的重要条件。

第二节　体育训练计划的制订

一、训练计划制订的原则

（一）体能训练计划的密度

大运动量的身体训练应该每星期进行三到五次。为了取得最好的效果，主管必须力争每周安排五天身体训练。理想情况下，为了提高体能水平，心肺功能、肌肉耐力、肌肉力量以及柔韧等素质的训练每周至少应该安排三次。以力量训练为例，为了取得最佳效果，应该每星期安排至少三次力量训练。如果一个星期中的三次训练分别安排心肺功能训练、肌肉耐力训练、柔韧训练，那么，这三种素质中任何一种都得不到发展。

经过仔细设计与安排，可以制订针对体能训练计划。这份计划对体能的所有内容都“一视同仁”，全面发展。下面举例说明。

第一周，周一、周三、周五安排心肺功能训练，周二、周四安排肌肉耐力和力量训练。第二周，安排调换过来：周一、周三、周五安排为肌肉耐力和力量训练，周二和周四安排心肺功能训练。在每次训练中都安排了伸展练习以提高柔韧性。以这样的方式坚持每周五天训练，将能够平衡地发展肌肉耐力、力量以及心肺功能。在完成训练日 / 恢复日原则的前提下，某些肌肉训练和心肺功能训练可以安排每天进行。

例如，如果周一、周三、周五安排大负荷的跑步，在周二和周四也可以安排跑步。但是，周二和周四跑步的强度或距离或时间或者这三者都应减少以有利于恢复。只要训练时间足够，训练方法得当，体能的所有组成部分都可以通过每周三天的训练得到提高。但每周五天训练的效果要比每周三天训练的效果好得多。只要不违反训练原则，还可以尝试许多其他的方法，制订出满足完成任务所需的训练计划。这些训练计划有良好的营养做保障时，更能促使保持良好的体能。

（二）体能训练计划的强度

所有的训练在准备活动阶段以及整理活动阶段都应安排伸展练习。训练中最主要的问题是适宜的训练强度。训练的强度依练习的形式而改变。在以提高心肺功能为目的的训练中，练习必须全力以赴，以将训练心率提高到心率储备的 60% 到 90% 的水平。体能较差的个人应该以心率储备的 60% 这样较低的训练心率为训练的起点。对肌肉力量与耐力训练而言，强度指的是在某一特定练习中克服最大阻力的百分比。在确定力量训练的强度时，依据最大重复量（简称“RM”）是更为简便的方法。

例如，10RM 就是能正确举起 10 次的最大重量，8~12RM 就是能正确举起 8~12 次的最大重量。“正确”意指不借助其他肌肉群的助力，如；猛拉、弯曲或扭动身体等方式，而是将重物以正确的方式平稳地举起。对于普通人而言，如果他想提高肌肉力量与耐力两方面的能力，8~12RM 是最合适的强度。

如果主要是增强肌肉力量，应选择在肌肉力竭前能重复举 3 次到 7 次的最大重量，即力量训练应选择 3~7RM 的强度。另一方面，如果主要是增长肌肉耐力，应选择 12+RM。当采用 12+RM 作为训练强度时，每组重复次数就多了，时间越长，肌肉耐力的提高就越明显。但是，重复次数越多，力量的增长就越少。例如，如果一个人以能够重复 100 次的重量，即 100RM，作为训练强度，他的肌肉耐力将非常显著地增长，而肌肉力量却收效甚微。所有的练习在准备活动阶段以及整理活动阶段都应安排伸展练习。伸展幅度应尽量超过通常的运动范围，这时会有轻微的不适，但不应有痛感。

（三）体能训练计划的时间

与训练强度一样，训练所需的时间也依练习的形式而定。但至少应保证 20~30 分钟有一定强度的练习以改善心肺功能。进行肌肉耐力与力量训练时，练习时间与练习中的重复次数成正比。在足够阻力的情况下，使肌肉全力以赴地 8~12 次的重复量能够同时发展肌肉耐力与力量。有了进步后，每种抗阻力练习重复 2~3 组就可获得更大的力量。柔韧练习或者说伸展练习应该根据练习的内容进行安排。在准备活动中，例如在跑步之前，每个伸展动作应保持 10~15 秒。为了提高柔韧性，最好在整理活动中做伸展练习，每个伸展动作保持 30~60 秒。如果增强柔韧性是主要的目标，那么每个星期应至少安排一次柔韧性的专门训练。

（四）准备活动与整理活动

参加有组织的身体训练、部队体育竞赛或大运动量训练之前，一定要做好身体上的准备。准备活动有助于预防损伤，最大限度地提高成绩。准备活动提高机体内部的温度和心率。当心脏、肌肉、韧带以及肌腱做好运动准备后，受伤的机会将会减少。准备活动应包括原地跑或慢跑、伸展活动、柔软体操等活动。准备活动应持续 5 分钟到 7 分钟，安排在心肺功能训练或肌肉耐力和力量训练之前。做好准备活动之后，可以进行更大强度的训练了。

二、不同训练时期训练计划的内容和特点

不同时间跨度训练过程的基本结构都是一样的。

（一）基本期训练计划的特点

要了解不同训练阶段的基本内容及其安排特点，首先必须清楚各阶段训练的中心任务。

1. 基本训练的主要任务

在一个大周期的训练进程中，基本训练是整个训练过程的主体部分。从时间跨度上看，它几乎占去了 60% 的训练课时。运动员、教练员以及训练过程的其他参与人员的主要精力都投

入到这一部分训练活动之中。基本期训练的核心任务是通过科学的训练手段和措施，给予运动员适宜的运动负荷，使其机体产生一个良性的生物适应过程，从而提高运动员的竞技能力，为创造优异的运动成绩奠定坚实的物质基础。

2. 基本期训练计划的主要内容

根据基本期训练的主要任务，可以看出，其训练计划的主要内容是围绕着如何给予运动员适宜的运动负荷这一核心问题而设置的。运动训练离不开负荷，负荷对机体的刺激能引起机体的应答，并能促使运动员的体能、技能以及心理能力得到改善和提高。可以说，负荷是获得训练效应和提高训练成绩的基本要素。

（1）计划中的体能训练内容

体能训练内容是基本训练过程的主体内容。运动员的机体只有通过足够的体能训练，才有可能得到运动负荷的刺激。体能训练包括广泛的内容，归结起来可以分成 5 大类：力量训练、速度训练、耐力训练、柔韧训练及灵敏训练。在基本期的训练计划中，体能训练的内容大约占到总训练时数的 60% ~ 70%，并广泛分布于各小周期的训练安排中。不同的运动项目对运动员的体能特点有不同的侧重要求，所以，体能训练内容的安排也存在相应的区别。例如，在基本训练的体能训练内容安排上，田径跳跃项目突出速度与力量相结合的体能练习；中距离游泳突出速度耐力与快速力量耐力的体能练习。

在此需要了解的是，体能训练内容在训练计划中的结构安排。决定基本期训练内容结构的依据，是现实训练目标的需要和不同负荷后机体的反应及恢复状况。在接受了某一项内容的负荷之后，机体不同的生理系统和心理过程的反应是不尽相同的，所需要的恢复时间自然也不相同。也就是说，在一次训练后，人体的某些系统会产生过度疲劳，而另一些系统则只会产生中度或轻度的疲劳。由此可以看出，体能训练的各项内容在基本期训练计划中必须遵循交替安排的原则进行配置。这样，既能够使运动员所需要的各种竞技能力得到全面综合的发展，又可避免由于负荷过于集中而导致过度疲劳。

（2）计划中的技、战术训练内容

基本期训练中的技、战术训练内容，同样占有十分重要的地位。无论是单人项目、集体项目，还是周期性项目、非周期性项目，其主要的技、战术训练内容的实施，都安排在这一阶段当中。关于技术训练内容的安排比例，需要根据技术在各项目中所承担的不同任务而定。例如，“项群分类理论”中的技能主导类表现难度性项群的项目，其技术难度大、准确性要求高、占用训练时数多。所以，在计划中的安排比例自然也高；而在体能主导类耐力性项群中，其技术训练大都集中于初级阶段培养中。在专项提高阶段中，主要解决的是个体中存在的一些技术细节问题。因此，所占用的时间比例并不大。同样，关于战术训练，也是根据不同项目的具体要求来确定其内容安排的。战术训练在计划中的安排，在很大程度上是以模拟训练及实战训练的形式体现出来的。为符合比赛要求，一般都安排在恢复状况和体力状态良好的时间进行。值得一提的是，技、战术训练与体能训练不是相互独立的，而是在相互交替中融合的。反复的技、战术练习内容中包含着体能训练的意义，体能练习又常常借助技、战术训练形式来进行。

（3）计划中心理能力和运动智能培养的训练内容

心理训练在大多数项目中都占有极其重要的地位，因为它在比赛中直接影响到运动员能否正常地发挥自身的竞技能力水平。所以，教练员在制订训练计划时必须予以高度的重视。运动智能的培养对运动员来说也是不可缺少的、十分重要的训练内容之一。在某种意义上，可以把运动智能看作是一个运动员或一个运动队从中级水平迈进的桥梁。若不具备高水平的运动智能，其发展就很难有显示著性地突破。

（4）计划中机体的恢复训练内容

完整的运动训练体系不可缺少地包含着恢复训练的过程。具体到运动训练计划的内容安排，也必然遵循这种结构上的规律。需要强调的是，无论是在训练计划的宏观规划上，还是在计划的局部安排上，都必须自始至终地遵循“适时恢复”原则，决不可忽略恢复训练手段的及时安排。

（二）赛前期训练计划的特点

赛前期训练在一个总的系统训练周期中，占据着非常重要的地位，起着承上启下的关键作用。在安排这一时期训练计划的内容时，训练安排是否具有科学性，将直接影响到比赛的结果。由于受具体运动员和具体运动队不同层次及不同水平的影响，教练员在安排这一时期训练计划的内容和负荷时，不仅要掌握赛前训练的一般要点，而且还要根据具体情况灵活地予以区别对待。

1.赛前期训练的主要任务

赛前期训练的主要任务可归结如下：通过合理安排的内容、方法、手段及所提出的要求，都必须具有极强的针对性，紧扣中心任务。如若不能如期完成赛前期训练任务，则没有补救的余地。

赛前期训练的主要任务可归结如下：通过合理地安排负荷量，消除机体在基本训练期所形成的、尚未完全恢复的生理及心理疲劳；促使运动员的机体适应比赛的要求和条件，把在其训练中所获得的各方面的竞技能力，集中到专项竞技所需要的方向上去。

2.赛前期训练计划的主要内容

赛前期训练的内容相对于基本期的训练比较单纯、具体。但就其内容的结构特点来看，与基本期训练一样。即也是通过各种内容合理交替安排，使运动员保持系统地持续训练，以适宜的次数和适宜的量度给予负荷刺激，有效地提高专项竞技能力。

赛前期训练与基本期训练在训练计划内容方面的主要区别在于：赛前期训练的内容更加专项化，完成练习的形式更加接近于专项运动形式，练习的组织方法更加符合于比赛特点的要求；在体能训练方面，专项运动能力训练的比例增加，一般运动能力训练的比例减少；在技战术训练方面，局部的分解练习的比例减少，实战的完整练习的比例增加；在恢复训练方面，加强了恢复训练的措施，丰富了恢复训练的内容。

3.赛前期运动负荷安排的特点

赛前期训练负荷变化的基本特点：训练强度提高，而与其相对应的负荷量相对减少。

在此必须指出，赛前训练的重要目标之一，是使负荷强度得到有效提高，为运动员机体在比赛过程中充分发挥潜在体能创造良好的前提条件。通过基本期的长时间训练，运动员机体内已经积蓄了较大的潜力。要使这些潜力在比赛时得以充分挖掘，就必须在赛前的一段时间内，使运动员中枢神经系统的机能处于能够激发高强度神经冲动的良好状态。然而，达到这一目的行之有效的途径和方法，则是在赛前训练中适宜地安排适应性的高强度专项训练内容。

三、篮球运动员训练计划的安排

篮球训练计划是进行高强度、高对抗篮球比赛的基础，是一个篮球队的战术水平是否能够正常发挥的关键。因此，制订科学合理的训练计划是必要的。训练计划要做到循序渐进，总的来说，其安排要本着持续、系统、长期的思路。

（一）篮球训练计划原则

1. 超负荷原则

超负荷就是锻炼所承担的负荷超出平日的有限负荷。肌肉力量增长过程有疲劳恢复期，超量恢复有助于体能的训练，但是必须是适度的超负荷训练才能产生疲劳和实现超量恢复过程。肌肉力量的增长是通过负荷总量来实现，需要体育教师根据训练项目的合理安排。

2. 超量恢复原则

进行完超负荷的力量训练后使肌肉围度增大、负荷能力增强，此时是充分恢复的最好时机。超量恢复是乳酸转变为部分糖原的过程，但肌肉酸痛不能作为充分恢复的标准。由于能量物质的超量补偿，超负荷训练的效果最好，否则肌肉中供能物质的存量就错过了时机。肌肉在超负荷工作后营养的补充是超量恢复的物质基础，充分的睡眠能有效恢复精力，大部分能量物质的合成是在睡眠时进行，保持良好的睡眠是关键。

3. 连续性原则

身体训练之间的间歇应保持在持续发展的限度内。身体训练的间歇会影响各种效应之间相互的衔接，缺少持久性就会破坏系统训练的基本结构。

4. 身体训练与技术训练相结合的原则

身体训练的首要任务是发展篮球技术所需的运动能力和运动素质。身体训练与技术训练应从二者的训练内容上相结合，因为身体训练要根据技术训练的具体内容进行相应的合理安排，技术训练完成体能上的支持与保障作用。另一方面，技术训练应找到身体训练与技术训练内容之间的对应、相似、相通的节点，并通过融合使二者相得益彰。身体训练的效应与技能、智能水平各不相同，其必须考虑个体差异。不仅要从负荷的强度、密度上，还要在分析不同队员之间的个体差异上及时做出调整。篮球运动的身体训练要坚持保护与恢复两个原则，合理安排休息并优化组合。

（二）制订篮球运动训练计划

第一阶段：技能训练。

技能的掌握易激发学生兴趣，且它以融汇能力发展为前提。比如：想培养学生应用技术能力，应首先使学生掌握球类项目中的基本技术技能。篮球运动是技术性要求很高的运动项目，心理训练是必不可少的，其对技术发挥十分重要，关键时刻它对情绪稳定性要求更高，无压力的自由投篮是对运动员情绪的训练。通过心理训练使身体运动与大脑思维有机结合，训练过程中强调集体思维的训练，集体思维训练培养运动员对全队战术目标的理解和队员间同步思维的能力。科学设计出符合队员的心理训练方法，首先要明确训练的目的、明确想要解决的问题，是战术配合意识问题还是情绪控制问题等。

第二阶段：发展学生能力为目的的训练手段要有针对性。

发展学生的迁移学习能力就要先使学生掌握技术，然后把学习到的经验迁移到其他技术动作的学习中。

第三阶段：学习知识的训练。

1. 掌握力量训练方法

首先是上肢专项力量训练，采用近端支撑条件下的肌力训练，最好采用站立式推举杠铃等上肢动作形式，因为这更加接近篮球专项上肢运动动作。但引体向上、俯卧撑不可用，这些练习的肌肉拉力方向与篮球技术动作中上肢肌肉工作条件不符。另外肩胛骨的运动直接影响上肢动作完成的质量，故发展上肢不能忽略上肢带肌的训练。其次是下肢专项力量训练，篮球下肢专项力量练习时多采用原地支撑点在下肢远端的练习方法，逐渐克服离心收缩进行力量训练。训练时采用力量交替进行训练方法，从而发展屈髓、伸膝和屈膝肌群的力量，但是不宜过多采用各种形式的深蹲练习。最后是腰、腹力量训练，运动员空中完成动作质量的好坏与运动员的腰、腹、背肌力量直接相关，所以腰、腹动作发力训练中应多采用近端支撑条件下的克服自身体重的训练方法。

2. 掌握速度训练方法

一是有球速度的训练：有球训练包括各种传球、运球、突破、投篮等有球技术的训练。

二是无球速度的训练：无球速度的训练有抢篮板球训练、抢断球训练、看或听信号做动作训练等。快攻快下速度训练要强调动作的超前性。

3. 力量耐力训练方法

篮球比赛的时间一般在 1~2 小时，因此，采用重复训练法、间歇法长跑有利于篮球运动员心血管系统机能的提高，增加肌肉血乳酸的清除能力，使运动员赛后恢复能力得到提高。这种训练要注意提高篮球运动员的速度耐力，耐力训练讲究的是“强度”和“时间”的有机结合。

4. 体能训练

通过各种途径的培训学习提高教练员运动员对体能训练重要性的认识，采用科学的先进技术设备对体能训练进行监控。

5. 整体力量的训练

整体力量要求肌肉既有力量，又有弹性，是通过各环节的训练开始的。主要负重性练习：一般运用杠铃、哑铃等训练，是整体力量练习最常用的方法；克服自身体重的练习：各种跳跃、俯卧撑等，是发展环节力量；对抗性练习：通过对抗双方短暂的能力作用容易引起练习者的兴趣。

第四阶段：引导学生去探索。

教学中待学生掌握一定的基本技能要逐渐引导学生自己去尝试，比如在练球训练中出现错误动作，教师引导学生自己发现出现的错误动作并去纠正它，首先是要求学生设计出符合自己球队的心理训练方法。其次是提出训练要求，结合训练的目的引导运动员独立思考，使其知道为什么这么做，从而达到体能训练的目的。

第五阶段：发展队员能力的训练。

1.防守技术

训练中对防守策略的研究是重点，防守分为个人防守和集体防守。前者是通过控球队员阻碍其进行传球，集体防守是以抢打断为主要的防守方式。一般情况下，当进攻方有内线能力时采用区域联防；当对方比分落后的时候采用全场紧逼战术。在训练与实战进程中要引导对方暴露短处进行制约，应针对不同的情况采用不同的防守阵型，对场上瞬息万变的情况采用适宜的防守策略。

2.合作精神训练

通过对战术中的无对抗性配合练习达到对抗或模拟比赛条件下的进攻和防守，同时还有全队进攻战术和全队防守战术的训练。

第八章　高校体育网络课程的开发

第一节　体育课程模式

一、体育课程概念界定

（一）课程概念

课程一词，最早出现于唐宋年间。宋朝朱熹在《朱子全书·论学》中提到“宽着期限，紧着课程”，这里的课程所指的是功课及其进程。而在早期的英国课程则被意为跑道。所以在早期对于课程最常见的定义是“学习的进程”。而在《课程与教学》一书中认为课程是一个系统的工程，比教学有更大的空间，是学校教育中为学生发展创设的教育空间，在明确的教育目标之后通过课程计划、标准、评价制度、教材制度、管理制度等体现的。课程有隐性和显性。浅隐的、非正式的对学生产生潜移默化地影响教学是隐性课程。如：教师或图书馆所写的名句和名人案例等能够通过心理上的暗示来激励学生，从而产生行为、情感和价值观的变化。明确陈述的、外显的、正式的教学和教学内容是显性课程。如学校安排的课程或是培训机构的培训课程，属于直接的有计划性的课程。课程是学校为实现教育目标而选择的教育内容及其进程安排的总和，是学校有目的有计划的教育活动，它规定了不同阶段的学生在知识和技能、方法、情感态度与价值观等方面应达到的基本要求。课程也有广义和狭义的界定。广义的课程是指通过不同类型的学校，有目标有计划的，有明确的教育内容、教育范围的实施教育。而狭义的教育就是在教育计划中的一个学科。对于课程的概念还有很多不一样的想法，但是个人认为这四种是最符合当前我国高校的课程建设的理念。

（二）课程建设要素

课程建设在教育中是十分重要的，因为课程建设是教育活动的载体。课程建设主要有教学目标、学习活动、教学方法、时间及环境等几个方面，但对于课程建设的要素还有不同的说法。如泰勒认为课程主要包含四个方面，即教学目标、教学内容、教学过程、教学评价。教学目标包含认知、态度情感、运动技能；教育内容指具体的课程内容、辅助资源；教学过程是在课程实施的过程中所涉及的课程活动、任务及工具；教学评价是在课程实施时所展示出的各种评价方式，能够有效地保障课程实施的效果。课程设计还应含有师资队伍、教学管理制度和教学条件等多方面的内容。课程的建设是一项长期的复杂的工作，因为它不仅仅是学科的建设和专业建设的基础，它还能直接体现学校的教学水准。同样也是学校培养人才的关键，能直接影响学校所培养的人才质量。

（三）网络课程的概念

随着我国科技的进步，教育信息化资源建设越来越受到重视，使得目前的教育模式在不断地发生变化。现在网络已经成为学生学习和生活的重要组成部分，网络课程也随之进入学生的视野，因而网络课程受到了教育者的高度重视。那么什么是网络课程呢？对于网络课程的概念应该如何界定呢？如今网络课程仍然属于课程建设范畴之内，是学生通过学习环境的交互而获得学习经验。但是网络课程与传统课程相比，有其独特的优势，它是以现代化技术手段为基础，通过网络途径传播来实现教学目标的过程。网络课程主要依靠视频、多媒体、数据库等手段来实现，不能简单地归结为课本搬家。它不同于传统的教学过程，也不同于网络课件。网络课程并不是教学内容的简单罗列，而是通过网络表现的某门学科的教学内容及实施的教学活动的总和。对网络课程的概念界定，被大家普遍接受的是教育部现代远程教育资源建设委员会对网络课程进行的定义：网络课程是每一学科的课程通过在网络上公开的教学内容，也是学生学习的教学场地，也是各高校进行实施教育活动的总和。

（四）网络课程建设要素

网络课程的构建要素主要有课程资源、教学设计、在线学习活动、学习过程支持、学习评价与反馈、技术手段的支撑。一切网络课程的建设都以这六点要素为基础，再结合不同学科的特点来进行网络课程的构建。

课程资源有狭义和广义之分。狭义是指网上的学习内容教材及参考资料，广义是指教师对知识的补充或可在网上搜索到的学习内容都是课程资源的具体形式。教学设计是指对学习的内容、目标、过程及评价的设计，这也是决定课程质量的关键。在线学习活动组织、引导学生学习，完整的学习活动能更好地激发学生的学习兴趣和学习积极性。而学习过程的支持是通过学习导航、答疑反馈来坚定学生的学习信念，教师也可通过监督、帮助及鼓励为学生提供多方面的支持。学习评价与反馈分为形成性评价和总结性评价。形成性评价是为激发和提高学生的学习所设计的，而终结性评价，对学生的学习成就作出评价。学习评价也有四种评价方式，即考试评价、作业评价、在线评价、学生学习过程评价，但最能激发学生的则是同伴评价与自我评价。在网络课程构建当中最重要的一个要素就是技术手段的支持。

（五）普通高校体育网络课程概念

网络教育课程的发展是建立在网络等多媒体技术进步的基础上，通过计算机等媒介展现出来，所以说计算机网络技术是网络教育课程发展的基础。计算机上可以完成对课程的搜索、注册以及缴费等步骤，并且相关的网络资源可以十分方便地被利用，这些就形成了网络课程的优势。

网络课程的发展已经成为当前教育课程改变一个的途径，这在一定程度上也影响着我国体育教育开始向信息化建设方向发展。高校作为学校教育的重要组成部分，自然离不开网络教育。面对体育网络课程的发展机遇与挑战，我国的体育教育进入了发展的新阶段。那么到底什么是体育网络课程，到目前为止还没有人能够给出系统的界定。体育教育课程是学校为了适应当前教育模式的改革以及方便学生更容易地获取信息资源而在网络上开展的体育教学的相关课程，这样的课程是以体育的相关知识以及网络的相关技术共同建立的体育网络教育课程，是体育教育呈现在网络上的体育网络教育以及教育实践活动的总和。从动态过程来看，是教学内容、教学策略的互动与传递过程；从静态过程来看是为传递这一过程提供的环境保障。体育网络课程有其特殊性，不仅体现了网络课程的特点，而且还应该突出体育教育的精髓。比如：利用多媒体课件、网络视频、Flash 动画等把完整的技术动作，从不同的角度展现在学生面前，增强直观性；同时还应具有停播、重放、分解动作等功能，以利于学生学习，提高教学效果。

二、网络课程特点及未来发展趋势

（一）网络课程的特点

网络课程是现代教育发展的结果，是信息技术在教育技术领域的重要体现，是集网络技术、多媒体技术和数字技术相结合而形成的网络教育模式，这样的教育课程可以实现一对一或一对多的方式进行资源共享，有利于资源的充分利用。并且这种方式更加新颖、教学内容更丰富，更能提高学生学习的兴趣。更重要的是这样的教学课程不仅仅针对本校的学生，它能使更多人从中受益，是构建新的教学方法的一个重要手段。网络体育课程同样也是建立在网络技术快速发展基础之上，同时利用多媒体的发展对体育课程的教育内容、教学的方法以及教学的目标等进行建设，借助网络，将音频、视频、动画、图像等共享给学生。因此，体育网络课程革新了传统体育课程教学方式，展现了当代信息技术的特点。

1. 传播速度快，共享性强

将课程应用到网络上实现共享，只要有网络利用手机也可以对感兴趣的课程进行学习。这样学生可以在其空闲时间进行学习，帮助学生管理他们的时间。并且可以将教育资源以及教学资料进行充分地运用，还能有助于其他学校的学生进行学习，实现了信息的共享。而且在这样的课堂上，学生可以将不懂的地方或有问题的地方记录下来，发到评论区或留言板，这样可以让学习者相互之间进行讨论并解决问题，或是相关教师看到后也可以对其疑问进行解答，老师也可以通过这样的课程将好的学习方法或经验传递给更多的学生。在体育相关网络课程上，它可以将运动精神传递给更多人，有助于形成全民健身的效果，提高人们的身体素质。

2. 交互性强，学习、交流便捷

交互性就是在网络上学生可以相互交流知识，即使是不认识的两个人也可以通过网络平台对知识进行讨论与交流，这是网络教育课程的一大特点。首先学生可以根据网络教育课程的多少以及相关内容，再根据自己的实际情况决定自己每天学习的内容与进度，帮助学生对自己时间进行合理的规划；其次是学生可以根据网络上的课程进行学习后再根据相应的题目进行复习与巩固，并且可以反复不停地学习，直到掌握为止。

3. 虚拟性，时空跨越大

在传统的教育模式中，学生与老师待在同一间教室进行学习与交流，这样就限制了学习这门课学生的数量。如果想要更多学生学习到知识，老师就需要进行多次的授课，加大了老师教学的工作量。而网络教学的另一优点就是它摆脱了教学上时间空间的限制，使得教学更加灵活，学生学习的时间也更加灵活，并且可以满足更多学生学习的要求。随着现在网络技术与 5G 网络的发展，学生利用网络进行学习也更加方便，为网络课堂的发展提供了基础。这种新型的课堂环境、全新的教学模式改变了传统的教育方法，更能让学生培养自主学习的能力，提高学生学习的效率。

4. 丰富信息资源，提高学习效率

在现在这个信息化的时代，学生可以从多方面进行知识的获取，不再像以前那样知识的来源仅仅是从书本上或老师的讲授中获得，可以借助多媒体等媒介获取各地的知识。当前网络技术的快速发展促进了信息资源的多样性以及丰富性。并且采用网络课程进行教学时能够借助多媒体的功能，将文字、图像与视频相结合，更加形象地将内容展示给学生。在这个教学过程中，让学生感受到学习的轻松，同时可以帮助教师减轻一定的工作量。

5. 能满足学习者的个性化要求

学生在学习时可以根据自己的兴趣或自己的时间情况进行选择，不再局限在仅仅是学校规定的课程。网络课程可以充分地发挥学生的自主性，学生在学习时更多的是根据自己的兴趣进行选择课程，这样可以提高课堂的学习效果，对学生的学习也有一定的帮助，并且可以帮助学习者培养自己个性化的学习方案。所以在体育网络课程教育上也是要遵循学习方法与学习内容自由化的教学原则，学校不用为学生硬性规定学习方案，让学生自主决策，提高学习者自主学习的能力。

（二）未来发展趋势

相信在未来，随着网络技术的不断发展，网络教育课堂的教学模式也会不断的进步，更加完善，并且可以实现学生与授课老师、学习者与学习者之间的实时互动，每个人都能将其观点发表，学习者共同探讨，每个人都能成为信息的提问者与解决者。以后还可以通过视频直播、多媒体等相关的设备进行交流，信息提供者与获取者两者间的互动可以丰富双方的知识，帮助双方共同提高学习成果。随着 5G 时代的到来，进入了移动网络学习时代，目前基本上人人有电话，人人有网络。所以，学习者可以随时下载视频、课件、图片等教学资源，在一定程度上方便了学习，让学习不再受到时间、空间上的限制，随时随地进行学习。学校应该给予网络教育课程支持，在学校内建设校园网，方便学生有网络可以进行学习。其次应该鼓励学校教师开展网络相关课程，为学生提供更多教学内容，方便本校师生，也方便更多学习者。还可以促进学校与学校之间的交流与发展，最重要的目的是帮助学生获得更便捷的学习资源。

第二节　体育网络课程开发及其存在的问题

一、高校体育教学网络课程的设计与开发

网络课程是信息时代的必然产物，有助于促进高校体育教学的发展进步。在新时代的背景下，教育部门大力推行“新世纪高等教育教学改革工程”，关键在于对传统的高校体育教学模式进行大刀阔斧式的改革，设计并开发体育教学网络课程，提高高校体育的整体教学水平。

（一）网络课程设计与开发的基本原则与指导思想

1. 基本原则

高校体育教学网络课程设计与开发的基本原则集中体现在便于学生学习与突出课程特点两

个方面，具体如下：

（1）便于学生学习

作为教学活动的主体，体育教学网络课程的设计与开发必须以方便学生学习为基本原则，以高校学生的生理发展特点以及合理的心理诉求为依据，结合其文化层次较高的实际情况，在深入分析高校学生各项基本需求的基础之上，以便于学生学习与使用为标准进行高校体育教学网络课程的设计与开发。

（2）突出课程特点

高校体育最为直观的特点在于“实践性”与“运动性”。“实践性”指的是网络课程仅可为高校学生提供体育运动理论层面的知识，学生并不能通过这些去掌握体育运动的基本技能，而是需要亲身实践去加以体会学习，在实践的过程当中发现错误并纠正错误。“运动性”指的是在体育教学活动当中，无论是篮球、足球，或者是田径等均会牵涉到身体的运动，这也是高校体育教学网络课程与其他课程的区别所在。它以身体的运动为载体，促使学生学习运动并喜爱运动。

2. 指导思想

对于高校体育教学网络课程的设计与开发，其指导思想可总结为灵活性、便捷性、交互性、丰富性四点，具体为：

（1）灵活性

在网络课程之下，采用的多为“分布式异步”以及“集中式同步”两种教学模式。前者指的是根据学生的个人特长制定具有针对性的教学方案，后者指的是统一式的体育教学，多为理论教学。学生可根据自身的喜好与需求选择不同的教学内容完成自主学习，体现高校体育教学网络课程的设计与开发的灵活性。

（2）便捷性

高校体育教学网络课程的相关操作应当力求简单便捷，如果含有高度复杂的操作技巧，将会阻碍学生上网实现自主学习，压抑了学生的积极性。高校体育教学网络课程的便捷性集中体现在界面设计的简洁明快方面。

（3）交互性

高校体育教学网络课程的交互性主要指的是“人机交互”“师生交互”“生生交互”三类，有助于体现出高校体育教学网络课程的生动性与多变性。在交互性的基础下，打造形式多变与交互性强的高校体育网络课程学习环境。

（4）丰富性

丰富性主要指的是教学资源库资源的丰富性，在通过网络进行课程学习之时，教师与学生之间不可避免地存在着空间与时间上的距离。因此，教学资源库便成了学生主要的学习途径，学生获取体育运动的相关知识基本上均是基于教学资源库而实现的，只有丰富多彩的教学资源库才能满足学生的不同需求。

（二）高校体育教学网络课程的设计与开发

1. 分析选题

高校体育教学网络课程设计与开发的选题与定位需要以社会需求与学生需求为立足点加以

分析，具体为：

（1）社会需求

作为现代重要的教育手段，网络教学是社会进步发展的必然趋势。然而，目前我国高校在体育网络教学课程的设计与开发方面尚存在明显的不足，实践较少。因此，我国高校需要集合本校的研究课题与信息水平，建设具有高度应用价值的高校体育教学网络课程。

（2）学生需求

随着课程数量的增多，高校学生的课时数不断受到压缩。通过课堂教学与网络教学相互结合的方法，可帮助学生在有限的课时当中掌握更多的体育知识。大学教育的宗旨在于“授人以渔”，而非“授人以鱼”，体育教学网络课程可促使这一教学目标的实现。

2. 撰写脚本

（1）制作脚本

制作脚本是脚本撰写当中的重要内容，以其为载体，有助于把各项体育教学的知识主题当中的超媒体结构以各种媒体表现出来，以打造“变虚为实”高校体育教学网络课程的学习环境。以 Web 应用程序为虚拟平台（如图 8-1 所示），集成动画、音频、文本等，将虚拟层面的知识转化为现实层面的多媒体应用程序，开发并设计可供共同使用的教学管理以及学习认知等工具。

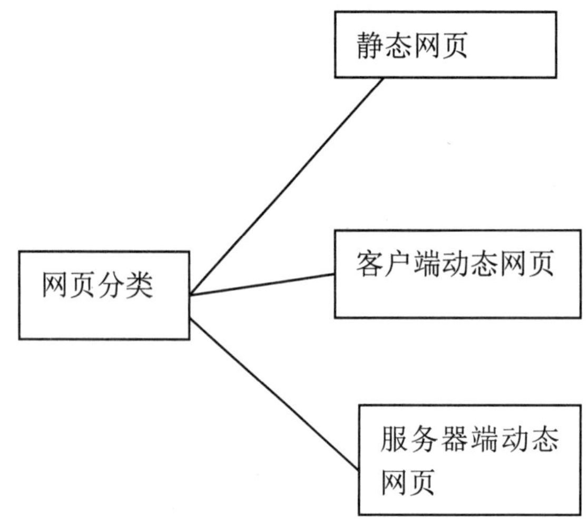

图 8–1　Web 应用程序虚拟平台示意图

（2）文字脚本

在文字脚本的撰写过程当中，除了要充分考虑教学的重要知识点，还需要通过文字的形式将教师的整个理论知识讲解过程完善而清楚地表达出来，对于其中的技术动作难点要点以及错误纠正方法等必须加以注明。此外，在引进超文本链接、视频、音频、图片等形式之时，也必须要做出明确的标记，以便后期制作者辨别与使用。撰写之时，需要遵循两项基本依据：一是高校体育专业的教学特点；二是拟定的教学大纲。

3. 结构设计

（1）功能结构

满足教师与学生的基本使用需求是高校体育教学网络课程功能结构设计的核心原则。通过上述可得知，高校体育课程学习具有明显的“运动性”，因此在进行功能结构设计的过程中，可以视频教学为主，剪切著名运动员。还可采用 Flash 动画的形式进行趣味性的演示与解说，搭配声音解说。这样既可起到提高学生学习兴趣的效果，也可对具体的战术实现动态变化的演示。

（2）知识结构

高校体育教学网络课程的知识结构设计可具体划分为三级结构，第一级为总目录，列举各项运动项目，包括田径、足球、篮球等。第一级总目录提供超链接功能，用户点击各体育项目即可进入到二级结构当中，在各单项页面之上进行更为详细的浏览。二级结构的单项页面也列举有该项目的细分章节内容，点击即可进入第三级结构，主要的学习内容在此页面进行更为具体的划分与解释，学习内容全面而详细。一、二、三级页面均设计有导航键，以帮助用户转入其他页面，便于学生使用操作。

4. 界面设计

高校体育教学网络课程的界面可分为操作界面与显示界面两类。界面作为人机互动的窗口，其重要性不容忽视。因而，开发人员在进行界面设计之时，需要遵循操作方便、简洁明快、可控性强等设计原则，具体为：

不同的内容以新开窗口的形式进行呈现，注意确保各个窗口之间可实现随时任意切换与大小的调整；提高个性化设置，以迎合使用者的不同心理诉求。

在二级以及三级页面的设计方面，其切换按钮必须直观而简明，要将其位置设计于学习内容的左上角部位，为使用者进入下一页面提供高度的便利性。

功能菜单按钮需要形象而生动，选择屏幕的上方作为常驻位置，便于使用者切换浏览页面。此外，界面需要附带反馈栏的设计。体育教学与其他的教学活动有着较大的区别，强调理论与实践并重。以网络学习的形式建立基本的体育学习概念之后，需要通过实践对其进行深化理解。鉴于此，界面设计必须附带有反馈栏，以便学生在学习过程当中遇到问题可及时向教师请教与咨询。反馈栏附近列举不同学习内容的负责教师的联络方式，如微信、微博、QQ 等。

5. 导航设计

作为高校体育教学网络课程的重要组成部分，导航设计的作用集中体现在引导学生进入页面、提高学习效率方面，有助于减少其他信息的干扰。以高校体育教学网络课程的实际情况为依据，可设计多种导航方式，常见的有四种，分别是浏览导航、线索导航、演示导航、书签导航。在网络课程学习的过程当中，学生处于主体地位，需要在科学的导航体系之下，搭配声音导航，以提高学习的整体效率。如某市一高校，其高校体育教学网络课程的导航的主要实现方式为导航图与图文链接，各个不同的页面均带有前进 / 后退的图标，且各个图标之间保持高度的一致。此外，任何页面都设计有可随时进入主页的图标，图标形象而生动。如足球项目则以足球表示、篮球项目则以篮球表示。田径项目则以奔跑的人形加以表示，学生点击之后便可直接进入该项目的页面当中。

二、高校体育网络课程存在的问题

近几年，在各高校中对有关网络辅助教学的方式方法等问题的探讨还处在起步阶段，课程开发目前还有许多缺陷，不是很适合当前网络教育的发展。多数国内的专家学者已对这些问题的存在有了认识。具体表现在：

（一）对网络课程的内涵认识不清

有些人对网络课程的具体内涵认识不清，把网络课程与网络课件相等同，觉得只需把实际教学的课件、作业、大纲等上传到网上，可以搜索、浏览就成了网络课程。实质上，这是把网络课程与网络课件概念混为一谈了，而没有真正理解“运用网络表现的某门学科的教学内容及实施的教学活动的总和”这句话的真正内涵。换句话说，即现在的网络课程设置中忽视了“实施的教学活动”的主要内容，只是把网络课程建设看成了“资源”来用，缺少了对教学活动细节的有效管理和教学资源的合理开发与设计。

（二）内容设计形式单一

近年来，伴随高校信息化建设的发展，我国各高等院校与体育方面的网络课程类别逐渐丰富，甚至是某些新兴的体育项目也有涉及，合理有效地管理这些体育教学资源，构成了相对比较健全的体育网上教学系统。然而，在具体的体育课程设计中，多数高校往往都是选取独立购买或独立开发的方法，在网络与多媒体的综合运用上，几乎看不到专业网络设计人员的指导与参与，导致课程资源重复开发严重。有的甚至把大部分的资源仅仅以 PPT 的方式呈现，却忽视了体育运动的特点，导致所设计的网络体育课程缺少视觉上的吸引力与灵活性。不仅花费了大量的人力、物力和财力，而且占用了大量的网络资源空间，同时也浪费了学习者的时间和精力。

（三）网络课程设计水平落后

网络课程结构设计水平不高，功能单一，直接影响了教育教学的质量。课程设计存在的诸多问题主要表现在课程内容设计、课程功能结构、课程评价设计、课程交互设计和搜索导航设计上。

第一，课程内容设计方面，知识的表现形式、知识点的连接以及学习重点、难点的呈现都存在问题。

第二，课程功能结构设计不够直观，导航不够简洁，导致找到想要学习的资源困难。

第三，交互功能上缺少实时互动视频传输功能。

第四，教学评价仍沿用传统的评价方式，只能对测验结果进行评价，不能对学生的学习过程进行评价。

第五，缺少检索系统、知识点的连接以及资源下载功能。

（四）网络课程资源开发不统一

进入 21 世纪，我国计算机信息通信技术发展迅速，但是标准数据教学资源库建设还存在不足，需要专业计算机网络人员参与开发与建设。在 2000 年教育部颁布了《现代远程教育资源建设技术规范》，但是规范中并没有课程功能结构标准，也没有对教育资源类型、数据资源格式作出明确规定，导致课程资源开发混乱、标准不统一、网络平台兼容性不强，造成各个高校之间资源不能共享。伴随着数据量的不断加大，这种问题更加突出，在很大程度上对区域和高校间的交流与共享形成了障碍。

（五）缺乏后期的维护与管理

现在各高校教育信息化的规模建设越来越大，其发展过程中出现的严重的片面现象，有的高校过分追求硬件或单方地发展，但在软件、教辅人员等方面相对比较落后，投入也不多，造成软硬件不匹配，短板效应非常明显。不但是对资源的一种浪费，还对学生的教育造成一定的不好影响。例如某些体育课程不能与体育运动前沿相接轨，学生的主体性没有体现出来，精髓缺失了，只是知识上的一种简单排列。其体育课程内容陈旧、更新慢，往往是一次性的建设，后期不及时更新，还缺乏相应的维护与管理，因而其内容不能实时保持先进，导致网络体育教学的各种优点发挥不充分，很难满足学生对体育教学的要求。

（六）评价体系不完善

网络课程是非常重要的电子教学资源，在高校的信息技术和课程的结合过程中占有重要地位。在高校进行网络体育教学，其效果的好坏与其课程建设的质量息息相关。这种模式的先进性是其发展的主要推动力，体育网络教学的可信度是由对其评价的高度来决定的，也是通过网络进行体育锻炼与学习的评价系统，同时起到检验体育网络学习效果的作用。但如今，在我国这种网络课程的评估体系还不健全，仍以传统模式为主。比如，在网络体育教学评估上，往往都采用一次性的最后评价来反映学习者的好坏，关键性的平常学习表现的评价却给忽略了。这样几乎与传统的教学方式一般无二，不能有效提高老师与学生的积极性。

（七）现有的体育网络课程视频不清晰

通常制作体育课件时，大多都是直接把录像转化成视频，这是一个非常浪费时间和精力的过程。这些录像文件容量相当庞大还不容易修改，导致网络教学开展不畅，并且严重影响效果。在视频资料中学生也非常不容易判断正确的动作要点。就运动技术而言，要想提高运动成绩甚至有突破，一定要在其研究方法上进行两个转变，即从传统的主要基于人眼观察到基于高精度运动捕捉与分析的人体运动技术测量方法的转变；从基于包含太多的感情色彩的经验方法到基于程序化的人体运动模拟与仿真的人体运动分析方法的转变。

三、高校体育网络课程存在问题的原因

（一）教师缺少现代教育观念和课程设计能力

教师缺乏现代教育观念：网络课程是基于现代化教学理念指导下的教学实践过程，强调教与学的交互过程。受现代教学观念的影响，更加强调学的重要性。如何提高学生的质量，就成为现代网络教学急需解决的问题。也就是说教师在教的过程中，不仅仅是知识的传授者，而是学习环境的开发者和教学活动的设计者，教师同时担任着四种角色功能。不过在实际调研发现，受传统教育理念严重影响，使教育观念相对落后，所以其制作的网络课程中还是更侧重知识呈现层面，而忽视了情境仿真教学，不利于充分进行分享与讨论，只能被动地进行学习，最终不能充分调动学生的积极性与主动性。只不过是把教案移到学生家里的一种效果，因此教学效果不理想，对体育网络教学的发展产生了严重的影响。教师的网络课程设计能力欠缺也不容忽视。体育网络课程的开发不仅需要专业网络技术人员，还需要开发者具有较强的多媒体技术、视频的开发与剪辑技术，否则技术示范动作就很难展现在学生面前。从查阅资料结果显

示，高校体育教师计算机水平不高，仅局限于普通的办公水平，对于软件课程开发根本不感兴趣，所以很难满足体育网络课程设计的要求。

（二）网络课程技术与网络环境的局限性

网络软硬件平台影响了网络课程教学的实施：网络建设是网络教学的物质基础。如果网络软硬件基础不能得到良好的保障，何谈实施网络课程教学。通过查阅资料，归纳总结出三个方面是影响网络建设的关键：

学校计算机设备存储量较少，很难同时满足大量学生上课需求。

网络硬件有待于更新完善，有的学校甚至出现硬件设施不能满足现代软件技术需求的现象。

虽然前期投入较多，但是后期维护不及时，影响了正常的网络教学。也就是说落后的网络硬件平台制约了体育网络课程的开展。网络自身引发的问题：网络在体育教学中的应用，给体育教学注入了新的活力，拓宽了体育教学的方式与方法，加大了体育教学的广度。但是，网络是现在信息传递与通信的重要工具，其所传播的信息很难控制，在一定程度也会给学生学习带来负面影响。同时，网络教学还存在很大的情感教育的缺陷。情感教育可以在很大程度上提高学习积极性与学习兴趣，是一种良好的非智力因素，有利于学生的认知与人格的健康发展。体育是人类社会的一种独特的文化活动，它的功能有很多种，最基本的就是锻炼身体，同时还要培养出勇敢顽强、团结协作、不怕困难的良好品德。是一种非常重要的情感教育。在传统的面对面教学中，可以很方便地进行情感上的交流。在网络教学的人机模式下，就无法完成这种情感交流了，肯定会对体育情感教学有所影响。因而这也是网络课程建设效果不好的又一原因。

（三）学校因素

目前多数学校对体育网络课程教学态度不够积极，甚至对体育网络课程教学持对立态度。主要是由于对网络课程的优势作用还不够了解，无法估量教学效果。再加上网络课程对计算机硬件设施要求较高，学校没有资金投入到硬件设施建设中，使得部分学校对网络课程的开发不积极，尤其对体育网络课程的开发更加慎重。

第三节　网络课程的开发模式

一、引进优质的体育网络教学资源

网络已经成为现代人生活必需品，学校要学会利用网络，积极引进优质的体育网络教学资源和网络信息资源，紧跟社会和科技的发展，引进精品课程，创建师生共享网络资源平台。引导学生利用闲暇时间进行体育网络教学资源学习，获取书本上得不到的知识，丰富课余时间。引进优质的体育网络教学资源，丰富课堂内容，强化学校与教师、教师与学生之间资源共享，提高线上学习的效率。

（一）引进多媒体素材资源

多媒体素材资源，其中包含图像图形、文本、音频与视频以及动画类素材。图形图像对视觉效果具有决定性的作用，例如 Photoshop。文本的表达信息的方式是以文字为主，应用范围广，包含的信息量较大，例如 Word、写字板。音频与视频的优势在于可调节教学内容播放进度，格式多样，其中有 AVI、MPEG、RMVB 等格式。动画类素材利用了人的视觉，播放动作连续变化的图形图像，例如 Flash、3ds Max。

（二）引进教学成品类资源

结合教学实践，教师日常利用到的网络教学成品类资源，包含了网络课件、案例、教学计划、大纲、题库以及常见问题解答等资源。教学成品类资源主要用于体育教师的教学活动中，备课所用到的课件、案例、教学计划、教学大纲所用到的网络资源，有利于教师丰富课堂内容，提高教学效率，带领学生学习课本上不曾了解的内容。同时也提升自己的专业素养，贯彻活到老学到老的思想。

（三）引进网络课程

网络课程是通过网络所表现的体育学科的教学内容和实施体育教学活动的综合。作者积累了一些优质网络课程，包括爱课程网站上精品资源共享课视频、精品课程网站上的视频、腾讯课堂中的视频以及其他网站上的网络课程视频等。以腾讯课堂中的视频为例，软件平台中包含大量的且丰富的课程。运动健康模块中，其中有体育休闲、健身训练、舞蹈健美、武术格斗以及电子竞技等课程。课程的类型又分为随到随学、正在直播和系列课等三种。课程内容包含直播授课、录播视频、课件资料、习题检测以及可试听部分。可根据自己的不同需求进行选择，提高了学习者的主观能动性。

（四）引进学术文献数据库

一直以来，深受广大高校所热爱的中文数据库不亚于中国知网、万方学位论文等数据库。另外还有外文数据库，例如国外博硕论文库、人文库等等，这些数据库提供的文献资料，为本科论文的撰写、硕博论文的撰写打下了基石。教师的科研与学生的学习都离不开这些数据库的资料，给人们的生活、工作以及学习都带来了非常大的便利，拥有了这些数据库能更好地满足学校管理、教师教学、学生学习的需要。

二、完善体育教学管理系统

系统应该拥有教育信息门户、教学资源应用商店、开放式学习平台等功能，将为用户带来教学信息、资源分享、教务管理及个人课程定制等与教学相关的全方位的基于移动平台的多媒体服务。为了满足教学的要求，平台应包含以下三个主要功能模块。分别是教师模块、学生模块、管理者模块等。

教师模块的主要作用是教师利用管理系统，辅助教学活动的进行。教师管理子模块主要包括上传学生成绩、教学质量评估、教师信息查询以及其他等。学生成绩包括选修课成绩、必修课成绩以及补考成绩三方面。教师可以根据实际需求对该系统进行利用。教学质量评估是指在课程结束后，学校或者学生对上课的质量、上课的内容的评价。通过查询可以看到自己的教学评估成绩以及教学评估成绩的排名。通过这样的方式，教师可以反省自己的不足，也可以加大自己的讲课优势，更有利于教师教学。教师信息查询可以查询到教师个人信息、在职信息以及教学任务信息。

学生模块是面对学生开放，它的子模块更为详细，功能更多。必修课是通过教学培养计划直接安排到每学期的课表中，网上选课是指公共课、专业课、专项课以及选修课。网上报名模块中包含各种体育考试报名时间、报名信息以及报名网址，例如英语四六级考试、教师资格证考试、教练员以及裁判证等等。教学质量评价是针对教师的业务水平、教学态度、教学风格以及教学方式等，在课程结束后对教师进行全方位评价。个人信息查询包含学生学期注册、个人基本信息、个人信息修改、学籍异动申请、入学登记、照片信息核对等等一系列相关信息。毕业和学位子模块是指毕业论文有关信息的，例如开题报告申请和录入、答辩和盲审结果、上传学位论文、学位授予数据核对以及毕业申请等等。需要登记的相关信息如发表论文、科研成果、专利情况和获奖情况等都需要用教育系统来进行统计。

管理者模块是体育教学管理系统中最关键的节点，它具有维护学生用户和教师用户正常使用的功能，对体育教学管理系统中的各个功能结构模块可以进行删除、增加、分类、修改、查询或者移动等操作。体育运动的种类繁多，体育学院对选择不同专项的小班要进行安排上课时间，可以直接对学生的课表信息进行管理，避免重课、漏课等现象的出现；也可以对课表中的信息、上课教室或者上课时间进行删除或者增加；还可以对教师的奖惩信息、科研成果、专利情况进行查询或者分类。管理者还要针对特殊情况对系统进行维护，在学生选理论课和技能课时，系统登录用户过多，要做好协调各方的准备。

三、开设信息检索类课程

从高校角度出发，应该大力开发信息检索类课程，为毕业生、做科研的学生以及教师进行有针对性地培训。学校也应该有针对性地进行入学教育，加强新生的体育网络教学资源使用培训，积极开设信息检索类课程或者讲座，提高学生和教师的信息素养和科研素养。通过学校自身，加强图书馆在信息检索能力培养过程中的作用，鼓励教师和学生通过多途径获取知识，提升自主构建学习体系的能力。同时，加大宣传力度，鼓励教师在实践教学活动中加入体育网络教学资源，建立考核机制，例如检查教师在教学过程中利用体育网络课程、媒体素材、文献资料等等的频率。积极引导学生在学习过程中利用体育网络资源，督促学生参加信息检索类课程或者讲座，做好笔记，让学校和教师、教师和学生、学校和学生三方之间建立资源共享渠道。

四、提升相关培训的实效性

教师掌握新媒体技术的能力直接影响着教师利用网络教学资源的效率和频率。因此，培训教师掌握网络检索方式，提升教学过程中所有参与者的信息资源处理能力是十分重要的。在过去 20 年里，现代信息技术和通信技术在改善现代化教育系统方面仍然是一个问题。最引人注目的是，采用了相对便宜的方法，使可用的个人电脑，既能连接到本地网络，又可以连接到全球互联网。对于成功的教育现代化方案的实施，很大程度上是基于计算机化和“互联网化”，不仅需要教育机构的现代化技术装备，还需要经历过系统教育的教师和组织者的适当培训。然而，最重要的任务是确保尽可能广泛获得现有设备和其他培训资源。

培训的最主要目的就是使教师熟悉并掌握新媒体技术，在教学过程中促进教师对网络教学资源以及教学设备的高效率运用；明确教师对利用网络教学资源的目的，提高培训的实际作用，扩大培训范围，丰富培训内容。

同时，通过培训转变资深教师对新媒体技术利用的态度，正值传统教学方式和新颖的网络教学方式转变之际，要树立对新老教师的正确的体育网络教学资源的观念，从而促使教师主动学习、科研发展等。计算机和网络的普及，特别是多年来教育技术培训工作的大面积铺开，为教师运用信息技术、使用数字资源奠定了能力和主观认识上的基础。

五、教案分析

在大学体育健美操课程教学中，应用翻转课堂模式，对于提升大学体育健美操课程教学效果带来积极作用。同时，又能实现对传统大学体育健美操课程的改革和创新。

（一）翻转课堂模式在大学体育健美操课程中应用的价值

在大学体育健美操课程中应用翻转课堂模式，其主要意义和价值从以下几方面呈现出来。

1.有利于提升大学体育健美操课程教学的直观性

在传统大学体育健美操课程中，通常是采用教师示范和讲解的方式，让学生了解体育健美操课程的相关知识内容。这种方式虽然能够增强学生对知识的记忆，但是不利于学生直观感受健美操的动感美和力量美。在应用发展课堂模式的过程中，教师可以采用结合教学视频、教学课件的方式，向学生展示更加生动形象的健美操知识和内容，增强学生对健美操美感的直观了解和认知，又能使学生在欣赏和学习中，感受健美操的力量美、韵律美、律动美，强化学生的鉴赏能力和素养。翻转课堂教学模式还具有学生自主学习和预习的优势，比如，教师可以结合大学体育健美操课程的相关知识，为学生制作教学课件，然后通过翻转课堂平台分享给学生。学生通过下载的方式，在课前直观地预习与了解课堂所要学习的内容。也可以通过与教师之间随时随地沟通的方式，培育学生在大学体育健美操课程方面的自主学习能力，学生的学习兴趣也会明显增加，让学生更加积极主动地参与到自我学习中。

2.有助于实现教师和学生之间的互动教学

在翻转课堂课前教学环节，是学生自主学习和探究阶段。此时，能够培养学生的自主学习能力和素养。而在翻转课堂的课中教学阶段，是学生与学生之间和学生与教师之间的互动过程。教师可以结合翻转课堂教学中健美操的课前预习视频和课件，向学生讲解相关知识内容，并针对学生记不清和不理解的相关动作情况进行示范，让学生更加了解体育课程健美操知识。教师在教学期间，也可以采用视频讲解和案例分析的方式，多次标准地让学生进行健美操课程知识的示范与理解。也可以让学生通过反复学习和观看动作的方式，加强学生之间的互动和交流，帮助学生全面看清比较难的动作，增强学生对技术动作的理解。让学生在不知不觉中动作更加规范，提升教师与学生在翻转课堂教学中的学习水平。

3.有益于大学体育健美操课程的延伸教学

在传统大学体育健美操课程中，主要以单一的方式，让学生进行健美操的教学和练习，未能给予学生更多自主学习和课下巩固的机会，而且很多学生由于课下练习的种种原因，缺乏对技术要领和相关动作的正确理解。而在应用翻转课堂教学模式中，可以全面转变学生以往学习的程序，让学生能够通过课下进行知识的巩固和复习。比如，学生可以通过微信、QQ 等网络社交工具，复习与巩固课堂教学知识。也可以通过对视频反复学习和练习的方式，了解课程的教学内容。另外，翻转课堂还具有学生学习情况评价和布置课后作业的优势。教师可以结合翻转课堂教学中的课程教学内容，为学生设计课后复习的习题。为防止学生出现遗忘动作和错误姿态的问题发生，也可以让学生通过回答课后习题和完成课后学习任务等方式，提升学生学习水平，进而也能间接地强化学生在大学体育健美操课程学习方面的创新能力。

（二）翻转课堂模式在大学体育健美操课程中应用的现状

在大学体育健美操课程教学中，对于翻转课堂教学模式的应用还存在许多不足。

一方面是教师在现代化教学方式和信息技术的使用方面成熟度较低，而且翻转课堂作为信息时代的产物，也需要通过一定的信息技术应用能力和素养，才能更好地制作教学视频和课件。当前很多教师在翻转课堂教学模式的应用中，还是以 PPT 课件制作的方式为主，有一定的局限性，未能结合学生的学习需求，进行有效的视频和制作。普遍存在教师有关视频剪辑、视频编辑等方面的应用问题。同时，健美操教学视频在设计的过程中，还需要加强动作与音乐的结合。但由于相关教师对于信息技术操作能力有待提升，进而也导致翻转课堂教学模式的应用效果不理想。

另一方面，未能做好课前预习与自学的工作。在大学体育健美操课程中，还是以单一的课堂方式为主，未能通过翻转课堂教学模式，做好学生课前预习与自主学习工作。同时，也没有根据学生的学习需要，加强与学生在课中讲解方面的互动教学，以及在课后学生知识复习和巩固阶段也存在不足，这对培养学生健美操学习能力和水平产生不利影响。因此，需要结合翻转课堂教学模式的应用问题，加强大学体育课程的改革力度，以此实现对学生的有效培养，提升大学体育健美操课程的教学水平和效果。

（三）翻转课堂模式在大学体育健美操课程中的应用

1. 课前预习与自学阶段

翻转课堂教学模式在应用中，也需要结合大学体育健美操课程的教学特点，积极完善学生课前预习和自学等方面的工作内容。首先，在课前预习与自学阶段中，教师可以结合体育健美操课程的教学内容，为学生制作翻转课堂教学视频、教学课件，加强体育健美操课程视频与音乐之间的结合。教师还要具有视频剪辑、制作、分类等能力，合理为学生设计大学体育健美操课程教学视频。然后通过翻转课堂教学平台，将所制作好的大学体育健美操课程视频分享给学生，引导学生通过自主预习和分析课程教学内容的方式，合理学习大学体育健美操课程的视频内容。也可以采用与其他学生进行互动和交流的方式，提升自主学习能力和预习能力。同时，学生在翻转课堂模式的课前预习中，也可以引导学生将学习过程中的困难问题记录下来，最后在翻转课堂教学课中互动请教教师，提升学生的问题分析能力，让学生所遇到的问题能够得到快速解决，提升学生良好的学习效果和能力。在大学体育健美操课程教学中，为提升学生的学习素养，还需要在大学体育健美操课程的教学视频设计中，为学生设置相关的学习问题，让学生结合问题更好地参与到大学体育健美操课程的学习中，让学生了解更加规范的健美操技术和动作，提升学生良好的学习素养。

2. 课中讲解与互动阶段

翻转课堂的重要环节是课中讲解与互动阶段，在此阶段的教学中，需要教师根据大学体育健美操课程内容，与学生之间进行有效的互动和交流，培育学生合作学习能力和创新精神。

一方面，学生在课前自主学习的过程中，已经了解课上所学相关内容，而且也对于学习过程中的相关问题作出总结。为更好帮助学生解决学习问题，则可以在翻转课堂的教学互动中，让学生将学习过程中遇到的问题提出来，由教师进行针对性解答和分析，帮助学生及时解决相关问题。也可以通过亲自指导学生纠正动作细节的方式，增强学生在健美操学习方面的肌肉记忆，提升学生的学习效果，让学生的健美操动作能够达到标准。同时，教师可以结合课前所制作的翻转课堂教学课件，为学生讲解大学体育健美操课程的动作要领，辅导学生进行有效的动作示范和模仿，加强与学生之间的互动和交流。

另一方面，在翻转课堂教学环节中，教师也可以采用让学生合作学习的方式，以小组合作形式，针对某一健美操课程内容和动作要领进行讨论与阐述。也可以采用提出疑问的方式，由小组合作共同完成相关问题和任务，从而培养学生合作学习能力和问题分析能力。在加深学生对动作要领理解的过程中，也可以采用为学生营造良好教学氛围的方式，运用翻转课堂教学视频创设健美操教学情境，让学生跟随教学视频进行动作技巧的学习，实现学生与学生之间的互动，增强学生学习效果，这样也有利于促进健美操课堂教学水平和效率增强。

3. 课后评价与巩固阶段

在大学体育健美操课程教学中运用翻转课堂，可以做好课后评价与巩固阶段的教学工作。针对课前和课中的学生学习情况，对学生进行有效的整体评价和总结，让学生能够了解相关学习问题和自身学习不足。比如，教师可以在课后评价工作中，结合学生在课前自主学习和课中互动学习的情况，作出整体评价和结果总结。然后通过翻转课堂的教学平台分享给学生，让学生了解自己学习存在的问题和不足。同时，教师也可以采用为学生提供有效评价和评分的方式，引导学生在技术方面解决和改正自己的问题。也可以通过布置课后健美操复习作业和巩固作业的方式，增强学生动作技巧和理论知识的总结归纳能力，在有效的复习中，提升学习效果。除此之外，课后评价与巩固阶段，也可以通过学生自评和小组评价的方式，强化学生的学习能力。

第四节　网络课程的质量管理

一、体育网络课程质量管理体系构建的基本策略

策略，即对策，是人们为实现某个目标，面对某件事物或某项任务时所采取的态度、方法或对策。体育网络课程开发质量管理的策略，就是为了提高体育网络课程的质量，而采取的相应的对策。体育网络课程开发质量管理的策略，应该从学校组织与课程开发的本身两个层面来看待。

（一）整体规划与分步推进相结合的策略

1. 系统分析

系统分析是体育网络课程软件开发过程中必不可少的一个环节，它为高质量体育网络课程软件平台的开发奠定了基础，其目标是将对课程的应用系统的需求转化成实际的物理实现。若想开发出高质量的体育网络课程，必须对该软件项目进行系统分析。

2. 运用策略

（1）简单—复杂—简单

这是技术型分析人员经常碰到的情况，认为分析出错综复杂的关系，只有花哨的图表才能显示出分析水平高。其实，分析经常要经历简单—复杂—简单的过程。前一个简单表现为分析人员“认为简单”；随着分析的深入，原以为简单的问题会越来越复杂；最后，经过概括、消化、分解，使得需求简单明了。要提高体育网络课程开发的质量，也必须运用这样的策略，首先整体设计，然后分布设计，最后再综合设计。

（2）软件复用技术

新开发的课程软件，要从一开始就考虑其可演化性，以便以后的再工程和构件提取。随着软件复用技术的不断发展，对学校而言，进行体育网络课程的开发，从头开始的软件大量减少，使用的遗产系统相应增多，这就避免了重复的工作，使得已完善的模块遗传下去。

（3）模块化概念

模块化可以增强系统的独立性，使耦合度降低，实现高内聚—松耦合。对于模块的内部，使其高度集中，而模块与模块间的联系相对减少，这样使系统各模块独立地进行运行。

（二）体育网络课程软件生命周期与体育网络课程开发流程结合的开发策略

系统的总体设计是形成软件系统设计总体思路的过程。坚持体育网络课程软件生命周期来开发，首先要求按照软件工程学的一般步骤进行，也就是按计划、开发、运行工艺流程从需求分析、设计、编程、测试、运行从总体上设计规范。

1. 全员参与、全程管理的策略

学校通过对教职员工进行全员培训和骨干培训，使每位员工了解学校体育网络课程的质量方针与目标，熟悉自己的岗位职责和工作程序。

具体来说，就是要学校把每一项要求细化和落实，使每一位教职员工都知道体育网络课程总的质量方针与目标是什么，然后再明白大目标下自己的小目标是什么，以便减少开发的盲目性，提高开发的自觉性。比如说做每一件事都要求有计划、有记录、有追溯，这对体育网络课程质量的提高是很有帮助的。

2. 制度化、标准化、文件化策略

体育网络课程质量管理中一个重要的问题，就是要依托一个科学、合理、精干、高效的组织结构，用文件化、制度化和标准化的管理模式，完善有效的职责管理、资源管理、课程实现并努力实现持续改进，最终建立体育网络课程质量管理体系。通俗地说，就是在确立了质量方针、目标后，为了达到这个方针、目标，写你所做的—做你所写的—记录你所做的—查验你所做的—更改不符合的。依靠这种文件化、制度化和标准化的管理方式，不断在开发实施中完善，提高其质量。

3. 自我完善与改进并举的策略

针对体育网络课程的开发，学校必须不断地进行内部质量审核、管理评审和采取预防、纠正措施，开展由学校最高管理者、内审员实施和参加的，并通过具体改进措施加以落实质量改进活动，及时发现问题并采取纠正或预防措施，对质量文件进行不断修改、完善、改进，形成闭环管理。当然，学校也必须在组织体制、运行机制、人员素质、体育网络课程开发与实现等方面进行改进，改善总体业绩、提高竞争实力，才能使体育网络课程持续、健康地发展。

二、体育网络课程项目开发的质量管理流程——项目管理

一般指，在规定的时限和投资强度下，为使被实施的项目达到规定的性能指标而对有限的资源进行管理、分配，对项目的进程进行计划、调度、监视和控制。这个过程覆盖了项目开发中的各种活动，涉及人的因素、项目组织、资源管理、质量管理、项目进度计划和控制、报表与文档、交付验收等诸多方面。项目管理的质量管理就是将质量融入项目管理核心过程，并进行管理的过程，而不是事后简单的使用质量工具检验和评估工作。体育网络课程项目的质量管理是一个系统的过程。为了让体育网络课程项目的顺利进行，达到预期的质量要求，我们有必要按照一定的规范或规章制度，依据体育网络课程项目的生命周期（从立项、分析、设计、编码、测试、运行、验收、维护全过程），对项目进行指挥、协调与控制。

体育网络课程项目的质量管理是围绕体育网络课程的质量所进行的指挥、协调和控制等活动，其目的是按照项目既定的质量方针与目标去实施，确保课程开发按照规定的要求满意地实现。因此，它要求项目各参与者、教职员工必须保证其工作质量，做到工作流程化、标准化。

（一）立项管理

体育网络课程项目的立项管理包括了立项流程、管理要求以及记录的文档。立项工作包括三个方面：立项申请、项目的评审、项目启动。项目立项申请阶段主要考虑项目的立项问题，具体任务是完成问题的定义与项目的可行性分析、研究与论证工作。项目的评审通过项目的可行性分析研究确定项目是否立项。项目启动阶段指项目的可行性研究表明项目可行后，就应该立即启动。

立项前期由课程项目负责人与学生进行沟通，以明确对体育网络课程的要求与期望；项目启动阶段包括项目计划的制订、系统开发环境与运行环境的确定、项目团队的计划和组织、各种合同的签订等一系列项目开发前的准备工作和基础性工作。项目启动以任务通知书下达为标志，任务通知书由课程负责人填写，并及时把任务通知书下达到课程开发组和质量管理负责人，同时编发任务通知书后应向财务部、综合部和质保部报备；任务通知书下达项目组后，课程负责人需在规定的时间内完成项目策划，并从下达之日起开始向质保部提交项目周报，以便学校用来监控计划进度。

总之，立项阶段要根据学校对体育网络课程的质量方针来制订课程的质量计划，涉及从项目立项到项目结束各个阶段的质量保证活动。计划一定要做到细致全面，涉及项目开发的每个阶段、每一个任务、每一个过程。所以说，在项目立项阶段课程质量负责人的工作必须做

到位。

（二）计划管理

体育网络课程项目计划管理在开发过程中之所以处于十分重要的地位，是因为项目计划体现了对学生需求的理解，而且为项目的管理和运作提供可行的计划，是有条不紊地开展项目活动的基础和跟踪、监督、评审计划执行情况的依据。

体育网络课程项目计划管理大体上可以由以下几种计划组成，项目开发进程计划、项目变更控制、配置管理计划、项目质量计划、项目集成计划、测试或确认计划。

（三）阶段管理

阶段管理在项目开发的生命模型中，项目被分阶段进行开发。在通常情况下，首先开发最重要的功能。阶段性交付并不能减少软件产品研发所需要的时间，但是它能充分降低软件研发中的风险，而且能够提供管理层评价项目状态时所需要的标记。

体育网络课程项目实施阶段，应该及时填写项目周报、追踪项目进度计划、提交工作量统计、汇总部门工作量统计。同时，应该提交一些变更的记录，包括计划、设计、需求的变更。在这个阶段还应该充分利用配置管理，进行配置管理监控。另外，对于课程软件的质量管理控制，应该采用过程质量监控，及时进行缺陷追踪、测试评价等等。

三、体育网络课程质量管理体系的策划

策划是对未来的一种构思。质量策划是为确定质量和质量管理体系要素的应用的目标和要求的活动，即为使产品、项目满足要求而采取的方法。质量体系策划是为最终建立并完善质量体系的系统、全面的谋划。质量管理体系策划是实现质量目标的保证，是设定质量目标、规定必要的操作过程和资源的活动。体育网络课程质量管理体系策划在学校尚未建立质量管理体系而需要建立时，或虽已建立却需要进行重大改进时，由学校最高管理者根据学校所处的外部环境、内部资源以及未来的体育网络课程发展的方针与战略，围绕课程质量，落实质量管理的职责与权限，制定体育网络课程质量方针与质量目标，并规定必要的运行过程和相关资源以实现体育网络课程的质量目标而进行的一种事先的安排和部署。

体育网络课程质量体系策划，要求明确学校、学生及其相关方的要求和期望，建立或完善以学生为中心的组织运作机构，明确体育网络课程开发管理职责与权限；建立质量方针和目标，分析和建立内部运作流程，明确内部、外部用户的概念，并在运作中转化和分解用户要求。在落实质量管理的职责与权限上，如果在体育网络课程项目开发某一个过程中，所涉及的质量管理的职能不能明确，没有文件给予具体规定，这种情况事实上是经常出现的，也是责任得不到落实、出现相互推诿混乱的根源；在质量方针上，应突出重点、简明扼要。在质量目标上，应当具体明确、切合实际。通过对质量管理体系的策划确定质量管理体系的适宜性、充分性和完整性，以保证体系运行结果有效。

（一）质量管理体系策划人员及其职责

质量管理体系策划是一项十分复杂的工作，不仅需要有专门的机构和人员来进行，而且需要组织所有的部门和全体员工予以配合。质量管理体系策划人员包括最高管理者、管理者代

表、策划领导小组、具体策划人员以及与体育网络课程相关的全体教师。

1. 最高管理者

一般来说，对质量管理体系的策划，必须由学校最高管理者亲自主持。因为很大程度上，学校的最高管理者对质量体系策划态度的好坏，决定了学校对质量重视与否，是学校对质量态度的代表，或“温度计”。其职责如下：

决定进行质量管理体系策划，启动质量管理体系策划的开关。

为质量管理体系策划提供必要的资源，包括人员和聘请专家顾问等。

制定质量方针，明确质量目标。

对策划中机构设置、人员调动、质量职能分配等问题作出最终决定。

学校对策划形成的方案和计划进行评审，并进行最后的审定和批准。

2. 管理者

管理者代表由学校最高管理者指定，专门负责提议网络课程质量管理的人员。在质量管理体系策划中，他代表最高管理者实施学校的权利，必须自始至终参与策划。也就是说，整个策划过程都由他来负责组织，直接由他来负责策划。其具体职责如下：

向学校最高管理者提供建立或改进质量管理体系的建议、建议启动质量管理体系策划。

组织质量管理体系策划小组，研究和制定质量管理体系的方案。

提出质量方针和质量目标预案，供最高管理者决策。

在职权范围内解决学校机构调整、人员调动、质量职能分配等问题。

负责编制策划方案和计划，并提交最高管理者组织评审。

3. 策划领导小组

领导小组参与策划，对策划形成的方案和计划进行评审，重点在于两个评审：

一是对策划的输入进行评审。

二是充分利用他们的知识和经验，对策划形成的方案和计划进行评审，协调处理所产生的矛盾和问题。

4. 具体策划人员质量管理体系

策划人员负责具体的策划工作，负责编制方案和计划。参与具体策划的人员可以组成一个小组，由管理者代表任组长，必要时还可以聘请有关专家顾问指导或参与策划。

5. 与之相关的全体教师

体育网络课程的开发，质量管理体系的建立，都需要全体相关教师的参与，其策划过程当然也不能将这些教师完全排斥在外，而应当吸引他们参与，使策划过程民主化。学校应采用必要的形式，向教师宣传建立和保持质量管理体系的意义，并深入实际调查，广泛听取教师的意见，将其中合理的部分吸收到方案之中。必要时，还可以将质量方针、质量目标和有关质量管理体系的要素等方案，公开向教师征求意见；当策划的方案需要进行试验验证时，要动员学校教师予以配合，以验证方案的可行性。体育教师是高校体育课程建设中开发人力资源的主力军、先锋队，是核心力量。在编写教材、教学大纲、制订教学计划、体育课程的组织与实施等环节中，都倾注了教师大量的精力，均离不开体育教师一系列的教研活动。

（二）体育网络课程质量管理体系策划的任务

通过对质量管理体系策划，使体育网络课程质量能满足学生及其相关方的要求，并识别和计划所需的作业过程与资源，从而实现体育网络课程质量目标，确保质量管理体系的持续改进。

体育网络课程质量管理体系策划的任务如下：

根据质量方针，建立明确的质量目标。

确定质量管理体系所需的过程，并按过程方法管理质量管理体系。

确定所需的资源、文件。资源包括教师、体育教学资源、资金、技术、方法等等。

确定所需的测量、监控、分析活动。

质量管理体系的持续改进。

四、体育网络课程质量管理体系的过程方法

每个组织都有自己的产品，用户要求产品应当具有满足其需求和期望的特性，同时组织也面临技术不断发展、用户期望和需求的不断变化的情况，在组织的产品实现过程中这些都将通过产品规范来促使组织持续改进其产品。体育网络课程质量管理体系的建立和实施就是提高质量管理体系的有效性与持续改进的框架，提供学生满意的体育网络课程，帮助学校增强学生满意度与向学生提供信任。

（一）质量管理体系方法的说明

质量管理体系方法是为帮助组织致力于质量管理，建立一个协调的、有效运行的质量管理体系，从而实现组织的质量方针和质量目标而提出的一套系统而严谨的逻辑步骤和运作程序或方法。

体育网络课程质量管理体系方法在于鼓励学校分析学生及其相关方要求与期望，规定满足学生及其相关方要求的实现过程及相关的支持过程，并使其受控，以实现并提供学生满意的课程，帮助学校建立一个适合学校并能有效运行的体育网络课程质量管理体系，从而提高体育网络课程实现过程能力，为持续改进提供基础，最终得到学生与其他相关方满意。

体育网络课程质量管理体系方法的逻辑步骤是首先分析学生的需求和期望，建立学校体育网络课程的质量方针与目标；确定实现质量目标必需的过程和职责，提供实现质量目标必需的资源，规定测量每个过程的有效性和效率的方法，并应用这些测量方法确定每个过程的有效性和效率；防止不合格并消除产生原因的措施；建立和应用持续改进质量管理体系的过程。

（二）质量管理体系过程方法的引入

过程是通过利用资源和管理，将输入转化为输出的一组彼此相关的资源和活动。体育网络课程质量管理体系采用过程方法，按项目管理的方式，从立项管理、计划管理、阶段管理一直到最后的交付，确保各个阶段影响过程质量的所有因素，同时从职责、资源、课程实现、分析改进各大过程以及各大过程中的小过程处于受控状态。其开发它的优点在于对过程系统中单个过程之间的联系以及过程的组合和相互作用进行连续的控制，体现其目标定向性以及预防与持续改进的原则。

（三）过程方法的运用

1. 识别过程

识别过程，首先要突出主要过程，并对其进行重点控制，这对体育网络课程质量管理来说尤为重要。一般要求学校下一级的管理层对过程的定义比上一级更准确些；其次是要将主要过程分解为较简单的小过程。比如：在体育网络课程质量管理体系中，首先将整个复杂的过程分为若干个主要过程，如管理职责、资源管理这就是主要过程，然后在这些主要过程中间分解出若干个小过程。比如资源管理中，教师资源、体育教学资源等等。突出主要过程，再分解主要过程，这样做是为了便于管理并进行质量改进。

2. 执行过程的程序并落实职责

要使过程的输出满足规定的质量要求，必须制定执行过程的程序。对体育网络课程质量管理体系的主要过程和关键过程的程序要求形成书面文件。同时，任何一个过程都必须规定由谁去“做”。这种规定必须严格执行，对各相关部门责任人执行规定的结果应当进行适当的监督、检查。

3. 控制并改进过程

控制的目的是为了防止运行的过程出现异常。比如：如果在管理职责过程中，不对其进行控制，就容易造成责任得不到落实现象的出现。改进过程主要是针对过程存在不足（例如：未能充分发挥所投入的资源的潜力）通过测量和分析来发现问题，并采取措施来解决，达到持续改进的目的。

五、在线课程教学提质增效

随着科技信息发展以及互联网的普及应用，在线教学作为当前高校教育的辅助和补充方式受到师生们的广泛喜爱。一般而言，在线课程包括慕课、公开课、课程直播、课程录播等形式。在 2020 年初，新冠病毒造成的重大公共卫生事件导致我国许多高校延迟开学，教育部也印发了《关于疫情防控期间做好普通高等学校在线教学组织与管理工作的指导意见》，在线课程成为高校体育教学的主要形式，是“停课不停教、停课不停学”的主要实践措施。

（一）开设高校体育在线课程的意义

开设高校体育在线课程对于高校体育教学发展具有重要意义。

首先，高校体育在线课程是对传统高校体育教学的补充和完善。“互联网 +”视域下，高校体育教育中的慕课、微课等，充分利用了互联网打破时空地域桎梏的特点，能够让学生利用碎片时间进行课程选择、教师选择，随时随地学习课程、练习动作技能，提高了体育学习的自主性和积极性。在线课程内容丰富、形式多样，解决了高校传统体育教学中理论课枯燥乏味的问题，且动态视频形式呈现的动作示范、技术分解与讲解以及错误纠正，能让学生更直观高效地掌握动作技术要领。

其次，体育在线课程推动了高校体育教育、社会体育教育的互联互通和资源共享。高校体育在线课程具有一定的社会效益与经济效益，实现了体育教育的均等化以及终身化，构建了更为通畅的人才成长通道。如“东西部高校课程共享联盟”现在加盟高校已经超过 70 所，开发的在线体育课程广受师生好评。超星、优学院等推广的运动解剖学、运动生理学、体育心理学等课程不但补充了高校学生的体育学习，也为校外普通城乡居民提供了接受体育教育的途径。

再次，在线课程和考试系统的建立，也完善了在突发性事件发生时高校体育教育应急管理机制和人才培养质量控制机制，应对了突发疫情时期不能到校进行体育教学的问题。

（二）高校体育在线课程开展存在的问题

1. 课程建设标准混乱

近年来，随着互联网发展和应用的普及，慕课平台以及慕课教学方式蓬勃发展。其中全国规模较大的慕课平台有 20 多个，如中国大学 MOOC、学习通、学银在线、钉钉等，上传有 2 万多门高校课程。然而其中体育相关课程却仅有 240 种，仍未涵盖目前我国高校开设的体育类课程，其他学科较为普遍的“MOOC + SPCO”模式也未在体育领域普及，许多地域性和民族性的体育教学内容未得到体现。在线课程建设标准混乱，存在内容匮乏、重复建设、重训练轻理论、教学缺乏针对性、考核形式单一的情况。

此外，由于部分一线体育教师仍对在线课程等持有观望和怀疑态度，使得在线课程的应用在课堂中开展得并不理想，其内容也与实际教学知识和动作技术相脱离。

2. 缺乏有效的网络技术支持

目前的在线课程应用到互联网宽带资源、云服务主机资源、教学平台等诸多技术，各种技术仍有待进一步完善。如在这次疫情防控期间，就有部分学校的部分在线课程平台出现“崩盘”现象，许多音视频延迟、模糊，学生无法登录，课程直播卡顿，平台功能缺失。此外，对于体育在线课程而言，还缺乏实时视频互动功能，导致教师不能及时指正学生的动作技术错误。以上技术问题需要高校和社会在网络、运营、平台方面进行资金、人力和物力的扶持。

3. 教师在线教学能力有待提高

在线课程是新兴的教学方式，其顺利开展离不开授课教师的信息素养以及信息教学能力。一般而言，相比其他专业课教师，高校体育教师的信息素养相对薄弱。且即使经过信息技术理论和技能培训后，很多体育教师开展在线课程时，仍无法满足课程设计要求的互动性、现场性。体育教师需要将一节体育课进行压缩、整理、素材剪辑、寻找配套辅助资料、组织学生、在线答疑、设备调试、平台维护管理、教学信息反馈等，如此种种在线教学技能水平要求，难倒了很多体育教师，从而导致课程开展不顺利，未达到预期教学效果。

4. 在线教学管理制度有待完善

目前高校在线教学管理制度尚未完善。首先从学生角度，在线体育课程让学生的学习环境从集体学习转变为自主学习，这就给了学生很大的自由性。在缺乏教师监督以及教师无法及时纠正学生错误动作并给予针对性指导以及测评的环境下，学生往往抱着试一试的心态去尝试，很难做到持之以恒，这就导致学生在线学习效率和效果大打折扣。其次从教师角度，在线课程因为是新兴事物，还缺乏统一的评估制度，无法对教师直播内容、质量、教学效果等进行准确评估。

（三）高校体育在线课程提质增效实践路径

1. 制定在线课程建设标准

在线课程的提质增效需要教育相关部门以及高校管理层转变观念和教学模式创新，坚持

“以学习者为中心”和“有效教学理念”，将在线体育课程作为高校体育教学的辅助和必要补充。目前各在线平台中的在线体育课程存在大量重复建设的情况，尽管给了学生更多的选择，但在选择过程中，学生往往无法判断课程质量，也浪费了选择时间。因此，课程体系的设计应依赖于教育行政部门宏观引导，各联盟高校、体育协会通力合作，共享课程资源。根据教育部颁布的《全国普通高等学校体育课程教学指导纲要》中要求，对体育在线课程进行全面规划，制定课程建设标准，遵循课程目标与学习体育理论知识、促进身心健康的体育教学目标相契合；保证各环节中学生始终作为教学过程主体，能够自主学习；循序渐进、从易到难，注意培养和激发学生自主学习兴趣；注重线上课程与课堂教学的有机结合，避免从单纯的课堂教学走向极端的只在线课程教学，而是将二者结合，发挥“1 + 1 > 2”合力作用。

2. 组建专业技术人员队伍，加大在线课程技术和资金保障

高校体育在线课程是以信息技术为驱动的，其关联到互联网宽带资源、云服务主机资源以及教学平台等诸多技术。随着用户数量增多，高校体育在线课程逐渐暴露诸如音频模糊、卡顿等技术环境问题。因此，高校应组织专门的在线课程技术人员队伍，负责管理维护相关主机资源、教学平台、网络环境以及终端设备等。并与时俱进，将最先进的5G、3D成像、物联网、大数据以及人工智能等新兴技术与在线体育课程相结合，实现在线教学平台支持慕课、课程直播、课程录播、在线讨论等多种教学形式；实现手机、IPad等终端设备访问的版面转换以及视频清晰度转换，使学生能摆脱台式机依赖；实现教师智能排课、教学报告、班级管理、问卷调查等功能；实现视频动作考核功能，以帮助教师通过视频给学生的学习情况进行评估。此外，高校还可以与体育俱乐部、多媒体企业等社会力量、科研机构开展技术共享和商业合作。既提高了相关企业的知名度和影响力，也切实为高校体育在线课程提供了技术支持和资金保障，实现了强强联合、互利共赢。

3. 定期开展教师信息技术培训

在线课程教学中，教师占据主导地位，因此教师职业素质和技能水平直接影响到课程开展效果。高校应联合体育协会，利用在线课程网站等，定期开展教师培训，内容包括教师信息技术素养、在线课程设计、组织与管理等，并通过认证教师技能水平的方式，进一步考核、提高教师在线课程授课水平。

4. 完善在线教学管理制度

科学完善的管理制度是高校体育在线课程提质增效的根本保障。根据体育教学特点，以全员参与、全过程管理为原则，从课程管理、条件保障、过程管理、质量控制与评估四个方面构建管理制度。其中，课程管理方面应包括课程目标设定、课程内容规划、课程考核管理等内容；条件保障方面应包括平台管理、平台测试评估、教师技能培训认证；过程管理包括教师工作规范、学生课程组织管理、教学监督、课堂数据实时监控；质量控制与评估包括教学质量评估、教学绩效评价、教学事故认定等。

参考文献

[1] 冯雅男，何秋鸿，孙葆丽 . 困境与视角：对我国基础教育体育课程改革的思考 [J]. 北京体育大学学报，2017，40（8）：76-82，90.

[2] 李丹，张志成 . 论体育课程改革的文化失语与立场 [J]. 东北师大学报（哲学社会科学版），2014（4）：255-257.

[3] 张勤 . 高校体育课程课内外一体化改革试探 [J]. 体育文化导刊，2013（1）：104-107.

[4] 李铭函，姚蕾 . 学校体育课程改革的制度逻辑与实践进路——基于历史制度主义的视角 [J]. 北京体育大学学报，2020，43（11）：63-73.

[5] 孙德朝，孙庆祝 . 我国基础教育体育课程百年演进历程的身体社会学解析 [J]. 首都体育学院学报，2015，27（6）：525-531.

[6] 张洪潭 . 体育基本理论研究 [M]. 桂林：广西师范大学出版社，2014.

[7] 崔洁，贾洪洲，刘超，等 . 基础教育体育与健康课程改革的理论基础及其体现 [J]. 北京体育大学学报，2019，42（3）：121-129.

[8] 杨志成 . 核心素养的本质追问与实践探析 [J]. 教育研究，2017，38（7）：14-20.

[9] 林崇德 . 中国学生核心素养研究 [J]. 心理与行为研究，2017，15（2）：145-154.

[10] 李亚君 . 论健美操课对女大学生心理素质的影响 [J]. 体育科技文献通报，2017，25（6）：118-120.

[11] 蔡向阳 . 浅谈健美操训练对大学生身心和谐发展的影响 [J]. 当代体育科技，2017，7（8）：43，45.

[12] 任秀红 . 高校选修健美操课大学生自我效能感研究——以贵州省高校为例 [J]. 黑龙江生态工程职业学院学报，2016，29（4）：131-133.

[13] 张瑞鑫，黄琦 . 浅析健美操运动对高校大学生自信心的影响 [J]. 体育科技文献通报，2019，27（10）：108-110.

[14] 董元卿 . 健美操对大学生自信心的影响研究 [J]. 体育科技文献通报，2017，25（11）：55-56.

[15] 李献军 . 高校体育教学和运动训练的协调发展 [J]. 商丘职业技术学院学报，2017，16（4）：106-108.

[16] 程少宇 . 浅谈高校体育教学和运动训练协调发展 [J]. 新西部：理论版，2015（12）：154-155.

[17] 金海伟 . 对高职院校体育教学与运动训练协调发展的研究 [J]. 运动，2015（10）：113-114.

[18] 尚艳红 . 在二十四节气中感知语文之美 [J]. 语文课内外，2019（3）：8.

[19] 赵婷 . 浅谈二十四节气与小学语文教学的结合——感受中国诗歌的抒情艺术 [J]. 课外语文（上），2019（1）：33-34.

[20] 丁芳 . 开发二十四节气资源，开展小学语文综合性学习——小学高年级二十四节气语文综合性学习初探 [J]. 小学教学研究：教研版，2018（9）：52-54.

[21] 王锦，李海琴 . 浅析高校体育教学与运动训练的关系 [J]. 体育时空，2018（5）：172.

[22] 李斌 . 浅析高校体育教学和运动训练的协调发展 [J]. 文体用品与科技，2017，21（21）：66-67.

[23] 王小元 . 浅析运动训练与体育教学中的互补 [J]. 河北企业，2016（12）：218-219.

[24] 赖晓珍 . 高校体育教学与运动训练异同互补的研究 [J]. 科技资讯，2020，18（7）：118，120.

[25] 张高参 . 探索普通高校体育教学与运动训练的互动 [J]. 科技资讯，2020，18（13）：163，165.

[26] 许弘，马丽 . 新时代学校体育治理体系和治理能力现代化研究 [J]. 体育学研究，2020，34（3）：47-52.

[27] 王登峰 . 深入学习习近平总书记在全国教育大会上的讲话精神，推动学校体育革命性变革——在全国高等学校体育教学指导委员会副主任以上委员会议上的讲话 [J]. 天津体育学院学报，2019，34（3）：185-187.

[28] 马希银 . 中学体育教学改革办法探讨 [J]. 课程教育研究，2019（45）：233-234.

[29] 孟建花 . 公共体育课程创新性教学方法探析——以健美操为例 [J]. 晋城职业技术学院学报，2020，13（2）：54-56.

[30] 柳磊 . 新时代体育教学手段的新理念——评《体育教学方法手段新视野》[J]. 教育与职业，2020（3）：114.

[31] 赵鸿博 . 创新教育理念下体育教学方法实施 [J]. 黑河学院学报，2017，8（3）：97-98.

[32] 郭佳男 . 游戏教学法在小学足球教学中的应用研究 [D]. 山西师范大学，2019.

[33] 贾荣光 . 游戏教学法对高中足球课技术教学效果影响的实验研究 [D]. 山西师范大学，2019.

[34] 刘飞 . 体育训练理论和方法探讨——评《学校体育教学的多维度分析与阐释》[J]. 中国教育学刊，2020（11）：149.

[35] 张本家 . 高校篮球教学与训练的新方法研究 [J]. 当代体育科技，2018，008（008）：18-19.

[36] 王毅，吴涛，黄宇飞 . 高校篮球教学与训练的新方法研究——评《篮球教学与训练》[J]. 新闻爱好者，2020（3）：I0015-I0016.

[37] 刘博，吕赟 . 试论热身环节在体育课堂中的重要性 [J]. 当代体育科技，2020，10（15）：149+151.

[38] 刘林 . 体育运动中准备活动的生理基础研究及建议 [J]. 辽宁高职学报，2008（09）：105-106.

[39] 曹伟 . 体育运动中准备活动的生理基础研究 [J]. 长春师范大学学报，2015，34（04）：

82-84.

[40] 王峰 . 热身活动对肌肉力量与伸展的影响 [D]. 太原理工大学，2008.

[41] 任卉，刘凤枝 . 谈运动前的“热身”[J]. 郑州铁路职业技术学院学报，2002（02）：63-64.

[42] 陶成，李伟 . 伸展运动、热身运动、放松运动的生理学审视 [J]. 哈尔滨师范大学自然科学学报，2005（06）：109-112.

[43] 体能训练理论 [M] 与方法 / 赵焕彬，魏宏文主编 .——北京：高等教育出版社，2020.4.

[44] 徐建华，程丽平 . 拉伸训练对力量表现的效应和机制的研究进展 [J]. 中国体育科技，2010，46（02）：76-81.

[45] 鲍冉，蔡玉军，陆莉敏，陈思同，王丽娟，刘阳，袁书利 . 不同拉伸方式对 7～8 岁儿童下肢柔韧性及爆发力的影响 [J]. 中国体育教练员，2020，28（03）：18-23.

[46] 谢永民，顾佳晴，王卫星，周爱国 . 女子职业篮球运动员赛前准备活动中最佳拉伸方式研究 [J]. 北京体育大学学报，2018，41（12）：117-122+129.

[47] 郑晓烨 . 静力性拉伸对少儿短距离自由泳打腿急效研究 [J]. 体育科学研究，2015，19（05）：59-63.

[48] 井兰香，朱君，段炼，高士强 . 静态拉伸训练不同阶段对男性排球运动员踝关节动力学及下肢缓冲特征的影响 [J]. 体育科学，2020，40（02）：40-50.

[49] 姜自立，李元 . 静力性拉伸急性效应研究进展：作用、机制和启示 [J]. 中国体育科技，2015，51（02）：3-13+50.

[50] 龚建芳，李山，王宝峰 . 不同拉伸形式及延迟时间对下肢爆发力的影响 [J]. 成都体育学院学报，2012，38（06）：83-87.

[51] 黄浩洁，侯莉娟，刘晓莉，张雁航，杨硕，魏梦娴，乔德才 . 泡沫轴滚动和静态拉伸对成年男性下肢运动能力的急性影响 [J]. 北京体育大学学报，2020，43（02）：135-148.

[52] 徐盛嘉 . 热身方式对运动表现提升的影响研究 [J]. 南京体育学院学报，2019，2（12）：48-53.

[53] 吴明杰，阮棉芳 . 准备活动中该不该进行静态拉伸？——静态拉伸短时效果的研究综述 [J]. 浙江体育科学，2018，40（01）：97-104.

[54] 姚晨 . 动态拉伸对女子篮球运动员弹跳成绩的影响 [J]. 体育师友，2021，44（01）：37-40.

[55] 温泉 . 不同热身方法对于纵跳成绩的急性及延迟性影响 [D]. 北京：北京体育大学，2011.

[56] 刘晓阳，陈乐琴 . 肌肉拉伸对运动表现急性效应和机制的研究进展 [J]. 河北体育学院学报，2021，35（02）：72-82.

[57] 焦建利，周晓清，陈泽璇 . 疫情防控背景下“停课不停学”在线教学案例研究 [J]. 中国电化教育，2020（3）：106-113.

[58] 宋灵青，许林，李雅瑄 . 精准在线教学 + 居家学习模式：疫情时期学生学习质量提升

的途径 [J]. 山西电教，2020（2）：25-32.

[59] 王运武，王宇茹，李炎鑫，等 . 疫情防控期间提升在线教育质量的对策与建议 [J]. 中国医学教育技术，2020，34（2）：119-124+128.

[60] 崔裕静，马凡 . 网络直播作为慕课学习支持服务的模式及应用 [J]. 现代教育技术，2019（12）：110-115.

[61] 张端鸿 . 在线教学是一场长期教学革命 [N]. 中国科学报，2020-02-18（5）.

[62] 谭颖思 . 国内外混合式教学研究现状综述 [J]. 中国多媒体与网络教学学报，2019（8）：42-43.

[63] 樊汶桦 . 青少年乒乓球训练中身体素质训练要点研究 [J]. 青少年体育，2019（9）：102-103.

[64] 颉小文 . 核心力量训练对提高乒乓球运动员专项素质训练效果分析 [J]. 体育科技文献通报，2018，26（7）：41-43.

[65] 杨萌勐 . 核心力量训练在乒乓球运动员训练中的作用及其具体训练方法 [J]. 体育师友，2016，39（6）：35-37.